スイ

JN007610

SCOA

総合適性検査

2026年度版

就職試験情報研究会

TAC出版
TAC PUBLISHING Group

本書の特長

①　大手企業などの採用試験で使用されている採用テスト「SCOA-A」（5尺度）の大学生版を徹底研究し，「SCOA-A」の尺度別・分野別出題数および出題傾向と対策を詳細に示した。

②「SCOA-A」で実際に出題された問題の情報に基づき，全分野にわたり類似問題を同一の出題形式で再現した。
　また同時に，これらの問題を解く際の基礎知識，ポイント，テクニックを詳細に解説した。

③　限られたページ数の中で，多数の頻出問題を掲載した。SCOAの問題をマスターするための最大の手段は多くの問題にあたることである。

④「パーソナリティ検査」の概要と対策を詳細に示した。ここでの結論は，数多くの質問文に対して“正直に回答しましょう”ということ。自分で回答を操作しようなどと決して考えないこと。

CONTENTS

Section 1

SCOA
プロローグ

SCOA SCOA SCOA SCOA

1 SCOA の構成

SCOA（スコア）とは，SCOA 総合適性検査の略称である。SCOA は NOMA 総研（正式名称，株式会社　日本経営協会総合研究所）が 1985 年に開発・作成した適性検査で，約 40 年の伝統を有している。このため，SCOA は伝統ある大手企業が採用試験を実施する際に使うことが多い。なお，一部の大手企業では SCOA に加え，その企業が独自に作成した問題を出題することもある。

SCOA は，**「基礎能力検査」（SCOA-A，SCOA-F）**，**「パーソナリティ検査」（SCOA-B）**，**「事務能力検査」（SCOA-C）**の３つから構成されている。ただし，各企業の採用試験においては**「基礎能力検査」**と**「パーソナリティ検査」**の２つが課されることが大半である。

2 基礎能力検査（SCOA-A・F）

SCOA の基礎能力検査には，「SCOA-A」と「SCOA-F」の２種類がある。両者の違いは次のように出題形式にある。

「SCOA-A」においては，「言語」「数理」などの各尺度の問題が交互に出題され，すべての尺度の検査を一括して行うスパイラル方式を採用している。

一方，「SCOA-F」においては，「言語」の検査が終わったら次が「数理」というように，各尺度の検査を時間を区切って別々に行うセパレート方式を採用している。

また，「SCOA-A」には，検査対象尺度が５つのもの（言語，数理，論理，常識，英語）と，３つのもの（言語，数理，論理）とがある。本書が対象とした基礎能力検査は「SCOA-A」の５つのもの，いわゆる「SCOA-A」の「５尺度」といわれるものである。

一方，「SCOA-F」には，検査対象尺度が４つのもの（言語，数理，論理，英語）と，３つのもの（言語，数理，論理）とがある。

＜スパイラル方式の配列例＞

No. 1 〜 No. 5 言語	No. 6 〜 No.10 数理	No.11 〜 No.15 常識
No.16 〜 No.20 論理	No.21 〜 No.25 英語	No.26 〜 No.30 論理
⋮	⋮	⋮
No.106 〜 No.110 常識	No.111 〜 No.115 数理	No.116 〜 No.120 言語

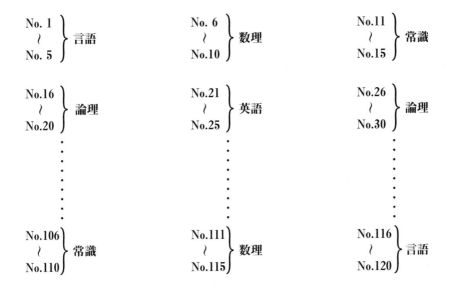

従来の基礎能力検査「SCOA-A」は，上記のように各尺度の問題が各５問ずつ出題されていた。ただし，上記を見てわかるように，途中で出題の順は変わる。

「SCOA-A」では，P9 の「尺度別・分野別の出題数」に示されているように，〈パターン１〉では，「言語―20 問」「数理―25 問」「論理―25 問」「常識―20 問」「英語―30 問」，それぞれ出題される。よって，近年は例えば，「数理」の問題が出題された場合，５問ではなく，10 問連続で出題されるケースもみられる。これは「言語」「論理」などについてもいえる。したがって，各尺度の問題は５問〜10 問連続で出題されると考えておくとよい。

なお，「SCOA-A」の場合，試験用紙の１枚に問題が数問並べてあり，通常，試験用紙１〜２枚で問題が５問掲載されている。別言すれば，同じ１枚の試験用紙には同じ尺度の問題しか掲載されていない。

3　パーソナリティ検査（SCOA-B）

パーソナリティ検査は，「SCOA-A」「SCOA-F」に共通する性格テストである。そのため，「SCOA-A」あるいは「SCOA-F」といった基礎能力検査と合わせて，同時に実施される。また，SCOA の種類はいろいろあるが，「SCOA-A」の「５尺度」と「SCOA-B」のセットが最も多く使われている。

パーソナリティ検査は右図に示すように，受検者の適性を「気質」「性格特徴」「意欲・態度」の３側面から測定し，評価するものである。

このうち，「気質」とは「生まれつき備わっている性格」のことで，右図に示すように「性格特徴」「意欲・態度」を規定するものである。したがって，パーソナリティ検査は，「気質」を重視したものとなっている。

意欲・態度
性格特徴
気　　質

SCOA 基礎能力検査の概要と対策

1　基礎能力検査の問題数は 120 問

「SCOA-A（５尺度）」の基礎能力検査は，「言語」「数理」「論理」「常識」「英語」の５つの尺度から問題が出題される。

問題数は全部で **120 問**，制限時間は **60 分**。

・各問題とも５つの選択肢の中から１つを選ぶ，**５肢択一式**である。

・できるだけ１番から順に解くことが望ましいとされているが，結論が出ない問題は後回しにするほかない。ただし，その場合，必ず問題に立ち返り，回答することを忘れないこと。

・回答用紙のマーク欄にマークする場合，下のように濃く塗りつぶすこと。

＜よい例＞

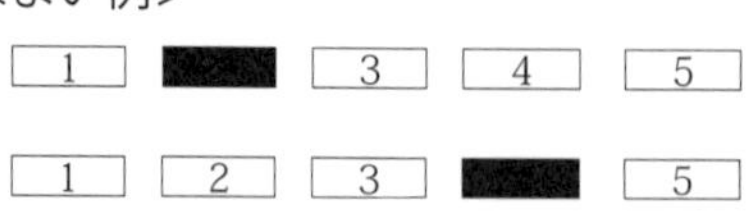

＜悪い例＞

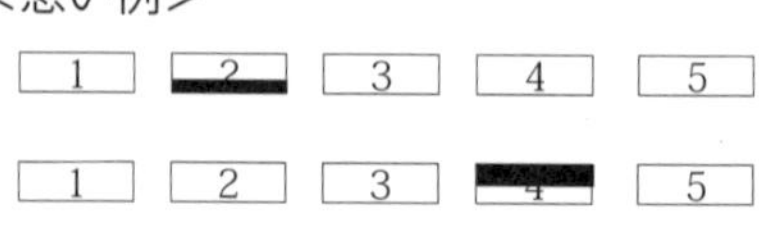

2 尺度別・分野別の出題数

尺度別・分野別の出題数は**いくつかのパターン**がある。下記はそれらのうちの，2つのパターンを示したものである。

<パターン1>

尺度・分野	出題数
言　語	20問
文章理解	10
読み方，語意	3
同音・同訓	2
対義語	1
四字熟語	2
ことわざ・慣用句	2

尺度・分野	出題数
数　理	25問
四則計算	5
方程式・不等式	5
数　列	5
※数的推理Ⅰ	5
※数的推理Ⅱ・Ⅲ	5

（注1）各尺度の各分野の出題数は受検年度により若干異なる。

尺度・分野	出題数
論　理	25問
推　論	10
立体の展開図と回転	5
※判断推理Ⅰ	5
※判断推理Ⅲ	5

尺度・分野	出題数
英　語	30問
発　音	5
英単語の意味	10
英会話	5
空欄補充	5
英作文	5

尺度・分野	出題数
常　識	20問
社　会	10
理　科	10

❈　社会と理科の科目別出題数　❈

・公民……3問　・歴史……4問

・地理……3問

・物理……2問　・化学……2問

・生物……3問　・地学……3問

（注2）科目別出題数も受検年度により異なる。これらのほかに，文学作品などが出題されることもある。出題数1～2問。

※　数的推理Ⅰは「文章問題」

数的推理Ⅱは「数の性質」

数的推理Ⅲは「図形」

判断推理Ⅰは「比較・順序，道順・試合」

判断推理Ⅲは「平面図形，空間把握」

＜パターン２＞

尺度・分野	出題数
言　語	20問
文章理解	10
読み方，語意	5
同音・同訓	2
四字熟語	2
ことわざ・慣用句	1

尺度・分野	出題数
数　理	25問
四則計算	10
方程式・不等式	5
数　列	5
※数的推理Ⅰ	2
※数的推理Ⅱ・Ⅲ	3

尺度・分野	出題数
論　理	25問
推　論	5
ウソつき問題，天びんに関する問題	3
立体の展開図と回転	7
立体の切断	3
※判断推理Ⅰ	6
※判断推理Ⅱ	1

尺度・分野	出題数
常　識	20問
社　会	10
時　事	5
理　科	5

（注１）各尺度の各分野の出題数は受検年度により若干異なる。

◈　社会と理科の科目別出題数　◈

・公民……６問　・歴史……２問
・地理……２問
・物理……１問　・化学……１問
・生物……１問　・地学……２問

（注２）科目別出題数も受検年度により異なる。これらのほかに，文学作品などが出題されることもある。出題数１～２問。

※　数的推理Ⅰは「文章問題」
数的推理Ⅱは「数の性質」
数的推理Ⅲは「図形」
判断推理Ⅰは「比較・順序，道順・試合」
判断推理Ⅱは「集合」

尺度・分野	出題数
英　語	30問
発　音	5
英単語の意味	10
英会話	5
空欄補充	5
英作文	5

3　尺度別・分野別の出題傾向と対策

各尺度・分野の出題傾向と対策は次の通りである。出題範囲が非常に広いので，どこから手をつければよいか迷う人も多いと思うが，まずは自分の好きな分野から始めた方がよいと思われる。

本書には，実のマークが付いた問題が多々あるが，これは実際に出題された問題形式と同じであること（言語，英語の場合），あるいは実際に出題された問題形式に加え，解き方や内容が類似していること（数理，論理，常識の場合）を示している。

◆　言　語　◆

傾向…　合計20問出題され，そのうちの10問が「文章理解」からの出題である。文章理解では，長文が2つ出され，1つの長文について，それぞれ設問が5つある。長文の内容は平易であるので，ミスしないことがポイントである。

「読み方」は新聞業界の採用試験で出題されるような漢字も出されるので，準備が必要となる。「語意」については，少し難しい二字熟語の意味が問われる。ただし，難しい二字熟語ではあるものの，日常何気なく使われる言葉が大半なので，落ち着いて処理することが肝要となる。漢字のもつ**意味**をよく知っていることがポイント。「同音・同訓」については，漢検の2級や準2級の実問にチャレンジし，このタイプの問題に慣れることが先決である。「対義語」「四字熟語」「ことわざ・慣用句」については一般によく知られているものが大部分である。

対策…　「文章理解」については，これに類似した問題を10問程度解いてみるとよい。出題形式は異なるが，地方初級公務員試験などの文章理解の問題にチャレンジすることをおすすめする。なお，「文章理解の問題はいくらトレーニングしてもなかなか実力が向上しない」と考えている人がたまにいる。しかし，それは間違いで，“どうしてこのような答えになるか”をじっくり考えていけば，そのうち実力は向上する。

「対義語」「四字熟語」「ことわざ・慣用句」については，一般的な対策本でOK。「読み方」は少し難しい漢字もマスターする必要がある。なお，試験によく出る「対義語」「四字熟語」「ことわざ・慣用句」はみなさんが考えているほど多くないので，ぜひチャレンジしてもらいたい。

◆　数　理　◆

傾向…「四則計算」「方程式・不等式」「数列」「数的推理Ⅰ」「数的推理Ⅱ」「数的推理Ⅲ」から出題される。難しい問題はないので，基礎力さえあればスラスラ解けると思われる。

「数的推理Ⅰ」は文章問題で，中学で学ぶ「距離・速度・時間」「濃度の問題」「仕事算」などである。

「数的推理Ⅱ」は，数の性質に関する問題で，このタイプの問題をあまり解いたことがない人もいると思うが，これも慣れてしまえば容易に解ける。

「数的推理Ⅲ」は図形に関する問題である。重要事項を知らないと解けないので，それらをチェックすることから始めよう。

対策…「四則計算」「方程式・不等式」「数列」については，本書に掲載している問題をすべてマスターできれば本番でも OK と考える。これらの問題だけでは不安な人は中学の数学の参考書・問題集をおすすめする。

「数的推理Ⅰ」「数的推理Ⅱ」「数的推理Ⅲ」については，地方初級公務員試験などの数的推理の問題にチャレンジすることをおすすめする。

これらの問題について，みなさんの中には「考えて解いていくもの」と考えている人が多々いるかもしれないが，「解き方を覚えていくもの」という姿勢で臨んでもらいたい。すると，効率よく準備が進むかもしれない。

◆　論　理　◆

傾向…「推論」「ウソつき問題，天びんに関する問題」「立体の展開図と回転」「立体の切断」「判断推理Ⅰ」「判断推理Ⅱ」「判断推理Ⅲ」から出題される。いずれの問題もこれまでにあまり馴染みのないものなので戸惑う人もいると思われるが，これらの問題も少し練習をし慣れてしまえば，確実に解けるようになる。

対策…「推論」の問題は本書の スマートチェック を読み，TEST に掲載した問題にチャレンジすれば，要領をつかむことができる。「ウソつき問題，天びんに関する問題」は，同じタイプの問題を数問解いてみること。「立体の展開図と回転」の問題は，まず「立方体（正六面体）の展開図の基本的性質」をしっかり理解することである。その後，多くの問題を解き，このタイプの問題に慣れていけば，スラスラ解けるようになる。「立体の切断」については，まずは「立方体の切断」について熟知すること。

「判断推理Ⅰ」「判断推理Ⅱ」「判断推理Ⅲ」の問題も問題自体はむしろ易しいので，このタイプの問題に多くあたり，慣れてしまうのが第一である。地方初級公務員試験などの判断推理の問題から，これに類似した問題を選び，チャレンジしてみるのもよい。

なお，問題を解いて理解したら「それでOK」ということで，二度とその問題を解かない人がいるが，解いた問題は数日後に再度解いてもらいたい。解き方を覚えるまでになってもらいたい。

◆ 常　識 ◆

傾向… 社会，時事，理科から出題される。社会と理科の問題内容は中学レベルのものが大半である。社会からは公民，地理，歴史，理科からは物理，化学，生物，地学が出題される。問題の内容は易しいが，出題範囲は広いので，これをいかにカバーするかがポイントとなる。

また，社会，時事，理科のほかに，文学作品の問題が「常識」においてたまに出題されることがある。出題されたときの出題数は１～２問。

対策… 社会，理科ともに，中学レベルからの出題が大半なので，中学の参考書で準備することをおすすめする。公民についてもう少し勉強したい人は，地方初級公務員試験などの政治と経済の問題などにチャレンジするとよい。

理科の場合，数多くの問題を解くのが実力を向上するにはベストであるが，時間の余裕がほとんどないと考えられるので，参考書の中で重要と思われる箇所を１つひとつチェックするのがよい。

なお，公務員試験の場合，出題科目が多いので，これらの科目のうち１～３科目を最初から捨てて，残りの科目で高得点を得るという作戦に出る人がいる。理科のうち，物理，化学などがどうしても苦手という人はこの作戦を参考にする手もある。

時事については，新聞でよく取りあげられる事柄・出来事が出題される。よって，日頃から新聞に目を通しておけば専門分野に関係なく，おおよそ対応できる。

文学作品については基本的な問題が大部分なので，多くの人が知っていると思われる事柄をチェックしておくことである。

◆ 英　語 ◆

傾向… 発音，英単語の意味，英会話，空欄補充，英作文から出題される。発音の問題で出題される英単語は中学で習うものが中心となっている。英単語の意味で出題対象となる英単語は，よく使われる・よく見かける英単語が大半である。英会話の英文は中学レベルのものなので，容易に訳すことができる。空欄補充問題は空欄に該当する単語を５つの選択肢から１つ選ぶもので，英文法の知識をチェックするものである。英作文の問題は日本文の意味を最もよく表す英文を５つの選択肢から１つ選ぶもので，これも英文法の知識があれば容易に解ける。

対策… 発音の問題を苦手とする人が多いが，これも慣れることが重要で，多くの問題にあたれば，そのうち区別がつくようになる。英単語の意味については，５つの単語をよく比較し，消去法で１つひとつ消していくことがベターだと思われる。空欄補充と英作文については，中学で習う英文法を徹底的に復習するとよい。また，中学で習う英熟語も完全マスターしておきたい。

大学受験の際，誰もが英語については相当勉強しているので，実力を回復することをまず目指してもらいたい。準備するとしないでは随分違うので，是非実行してもらいたい。

⦿新しい SCOA

SCOA といえば，本書が対象としている「SCOA-A」ですが，時代の要請により従来のマークシート方式に加え，テストセンター方式（P319 参照），SCOA cross 方式が登場しています。

SCOA cross 方式とは，「テストセンター方式」と「オンライン監督官付 Web 方式」のいずれかを受検者が選択できるというものです。

また，2020 年に登場した「SCOA-i」は，自宅受検型 Web テストで実施されている基礎能力検査です。「SCOA-i」では，基本的認知能力（知能）を「言語」「数・論理」「空間」「知覚の正確さ」という４つの尺度で測定します。

Section 2

SCOA
言　語

文章理解

スマートチェック

☞ 文章理解の問題は練習すればできるようになる

高校時代，長文読解を苦手とした人も多いと思うけれど，大学４年間という歳月は無駄には過ぎていない。その間，いくら読まないとはいえ，書籍，新聞，雑誌などを少しは読んでいるわけだから，読解力はかなりアップしているはずである。

したがって，自信をもって，本書の問題を解くと，“意外に簡単だった”ということになると思われる。もし，本書に掲載した問題だけでは足りない人は，初級地方公務員の問題集などにチャレンジしてもらいたい。公務員の文章理解の出題形式は１題につき１問の出題（五肢択一式）ではあるが，内容的には同じようなものである。

☞ 問題文を読む前に，設問を読む

設問を読まないで，先に問題文をドンドン読んでいく人が多い。それでも正解にたどりつくことはできるが，**「設問を先に読んで，問題文を読む」**のに比べ，正解にたどりつくのに多くの時間を要することになる。

また，設問を読むと，問題文にどんな内容のことが書かれているのか少しはわかるし，どこが・どのようなことが問題になっているかもつかめる。文章理解攻略のカギの１つは“どっしり構える”ことである。

☞ “筆者が最も主張したいことは何か”を常に意識しながら読む

文章理解に出題される文章は，「評論文（ある問題について，自説を展開する文章）」「説明的文章（事実を伝えることを主たる目的とした文章）」「文学・芸術論（小説，芸術などについて論じた文章）」が大部分である。

ただ，いかなるジャンルの文章であっても，**「筆者が最も主張したいことは何か」**を常に意識しながら，問題文を読むことがポイントである。そうした姿勢で問題文を読めば，「問題文の主旨として最も妥当なものは，次のうちどれか」

などの設問にも容易に対処できる。また,「主たる内容」と「そうではないもの」とをはっきり区別でき，文章全体の構成も容易に把握できる。

☞ キーワード，およびキーセンテンスを見つけよう！

文章理解の問題を解くカギの１つは，**キーワード，およびキーセンテンスを見つけること**である。キーワードは，繰り返し登場する言葉がそれにあたることが高い。キーセンテンスについては，下に示すように，____線を引いておくとよい。

次の問題はかつて「初級地方公務員」で出題されてものである。“力だめし”に解いてみよう。

◎　次の文章の要旨として，最も妥当なものはどれか。

人間の営む社会は言葉を使用することによって成り立つ。とりわけ集団生活において言葉は不可欠だ。相互に相通じる言葉を介して意思伝達することによって集団が形成され，集団生活が可能となる。狩猟・採集をしていた原始社会であろうと，農耕社会が成立して以後の社会であろうと同様だ。言葉は個人に属するものではなく，個人が日々生活する社会によって規定されるものである。 個人は言葉を自在に使用することはできるが，言葉を規定することは許されないのである。「はじめに言葉ありき」という箴言は，本来この意味で解釈されるべきものである。

(1)　言葉ができてから，個人と社会との関係はさらに複雑化してきた。
(2)　言葉は文化が進展するに伴い，その重要性がますます増大した。
(3)　言葉を自由にあやつれる人は，社会についてもよく熟知している。
(4)　言葉によって集団生活が営まれるが，言葉は個人のものではない。
(5)　言葉をあやつる能力が個人にそなわっていないから，個人は言葉そのものを左右することができない。

解説　問題文のキーセンテンスは上に示したように，「言葉は個人に属するものではなく，個人が日々生活する社会によって規定されるものである」。つまり，要旨となりうる選択肢には，これに関する事柄が含まれていなければならない。したがって，正解は (4)。

実 ◎　**次の文章を読んで，下の問いに答えなさい。**

私の人生において，ずっと絶え間なく私自身の心を動かしているのは，a 未知の世界を求める感情である。私自身はそれは美しいかけがえのない世界であると確信している。科学者ではない一般の人にとって，それはたいして魅力を感じない平凡な世界であるだろう。私以外の他の科学者にとっては，心を惹かれることもないのかも知れぬ。他の科学者は自分が観察した自然の事象が実験結果に違わなければそれでかまわないのだから。

心を動かされる世界とは何なのか。サイエンスにおいてそのはっきりとした答えはない。ある程度定まった単純明快な［ A ］を持つ法則に支配される世界というのが，平凡ながら簡にして明な答えといえるかも知れぬ。だが，だとするならサイエンス以外の領域では，何をもって美しいとするのかが定まっているのか。いや，定まっている道理がない。美術の分野では，美術家の美に対する感覚はそれぞれ異なるものだ。サイエンスの世界においても，宇宙物理学・応用数学においては，研究者それぞれの美に対する感覚がものをいうのは確かなようだ。

［ B ］応用数学においては，論理として完結していなければ，学問として成り立たない。さらに宇宙物理学では，いっそう高度で緻密な理論体系となる。そのような未知の難解な領域を解き明かそうとする人間のたゆまぬ努力の積み重ねによって，思いがけず b 創り出されるものであるがゆえに，研ぎ澄まされて完成度の高い美しさが現出するといえるだろう。

それは子供向けの絵本の世界のような，透き通った美しさとは明らかに異なった性質をもつものである。だが，絵本作家が優れた作品を書き上げるには，才能だけではなく不断の努力も必要とされよう。そして，そのような努力以前にいわゆる童心というものが必要だ。童心には新鮮な想像力や好奇心が包含されている。それはサイエンスを志す者には不要なものだと思われがちだ。だが，私はそのような童心こそが重要だと考えている。童心こそがサイエンスの源だとさえ感じるのだ。

私はサイエンスの研究は幻想的で浪漫的であると感じる。私がそのように感じるのは，童心があればこそだと思えるのだ。私は幼いころ，絵本を読むのを好み，将来は絵本作家になりたいと思った。幼いころにそのような願望を抱いたことと，その後サイエンスの道を歩んだことは，深いところでつながっていると思えるのだ。

1 下線部ａの「未知の世界」とは，筆者にとってどういう世界であるのか。最も適当なものを選びなさい。

ア 自分の主張していることが，真実であることを証明してくれる世界である。

イ 科学を研究していない人にとっては，美しいと思えぬ世界である。

ウ 美しい世界ではあるが，他の科学者にとっては美しいとは思えぬ世界であるかもしれない。

エ 理論と実験とが一致する世界である。

オ 多くの科学者にとっては，美しいとは思えぬ世界である。

2 空欄Ａに該当するものは，次のうちどれか。

ア 特殊性　　**イ** 一般性

ウ 合理性　　**エ** 普遍性

オ 共通性

3 空欄Ｂに該当するものは，次のうちどれか。

ア　ところで　　イ　しかも

ウ　すると　　エ　けれども

オ　もちろん

4 下線部ｂの「創り出される」とは，何が創り出されるのか。次のうち，適当なものを選びなさい。

ア　好奇心や空想力に富んだ絵本

イ　応用数学や宇宙物理学において発見される理論体系

ウ　美に対する感覚によって創られる芸術作品

エ　あらゆるジャンルを超越する真理

オ　未知の世界の輪郭

5 問題文の主旨として最も妥当なものは，次のうちどれか。

ア　新しい研究成果を得るためには持続的な努力とともに，童心を持ち続けることが大切である。

イ　科学の世界においては，未知の世界へのあこがれを持ち続けることが大切である。

ウ　科学であれ，芸術であれ，美に対する感受性があるかないかが最も大切である。

エ　科学者と絵本の作家に共通していえることは，童心を持っている人が大きな成果を残しているということである。

オ　科学者の研究成果がすばらしいものかどうかは，その成果が美しいものかどうかにより判断できる。

ANSWER 1

1 ウ

第1段落に，「……，ずっと絶え間なく私自身の心を動かしているのは，未知の世界を求める感情である。私自身はそれは美しいかけがえのない世界であると確信している」と書いてある。「それ」とは「未知の世界」のこと。よって，筆者にとって，「未知の世界は美しいかけがえのない世界である」。ただ，他の人は未知の世界について，そう考えないかもしれないとも述べている。

2 エ

「特殊性」と「合理性」はすぐに該当しないとわかる。よって，「一般性」「普遍性」「共通性」のうちどれかとなるが，通常，「一般性を持つ法則」あるいは「共通性を持つ法則」とはいわない。

3 オ

Bの空欄の後に，「応用数学においては，論理として完結していなければ，学問として成り立たない」と書いてある。これは自明のことであるので，空欄には「もちろん」という副詞が入ることになる。

4 イ

「創り出される」の前には，応用数学と宇宙物理学に関することが書かれ，「そのような未知の難解な領域を解き明かそうとする人間のたゆまぬ努力の積み重ねによって，思いがけず創り出される」というのだから，当然，応用数学や宇宙物理学に関する理論体系が創り出されることになる。

5 ア

主旨を問う問題を解く場合，問題文のキーワードが何かをまず考えることである。本文の場合，「美に対する感覚」「たゆまぬ努力」「童心」がキーワードである。**ウ**には「美に対する感受性」，**エ**には「童心」という言葉が使われているが，主旨としては，**ア**のほうがより妥当と考えられる。

TEST 2

実 ◎　次の文章を読んで，下の問いに答えなさい。

言葉を発するとき呼吸を伴う。呼吸は体内の臓器と体外の大気中を往還する。すなわち，人間の生命活動と自然界をつないで有機的に結びつけているのが呼吸作用だ。そして，生命活動たる呼吸作用が言葉として表現されるのである。

人間の身体の内側と外側を自由に通行するものが空気であり，呼吸作用だ。すなわち，呼吸を伴う言葉である。A言葉は人間の内的世界の表現行為であり，そうであるが故に言葉は人間存在にとって大きな意味と影響がある。近年では言葉を媒介とした表現行為は，映像を媒介とした表現に取って代わられつつあるといわれる。Bそれはたとえば，ネット動画の流行やブログの衰退といった現象に見られるのだろう。だが，ネット動画の再生数がどれだけ上がったとしても，映像の表現は人間の外面に過ぎない。Cその内面は言葉を用いずして表現できるものではなく，映像のみでは豊かな表現など望むべくもないのだ。

Dある評論家が映像による表現に対して a皮肉を述べたことがある。自分が飼っている猫について，「うちの猫はとても美しい」と述べた場合，それを聞いた人はその猫の美しさについてどのようにでも想像することができる。毛の色について，毛並みの艶やかさについて，その所作の気品について，さまざまな想像が膨らむことだろう。Eだが，これをネット動画に収録したならばどうだろうか。日本中を探して，どんな美しい猫を連れてきたとしても，もっと美しい別の猫が見つかるかもしれない。映像による表現は，このようにとりとめのないものなのだとこの評論家は語った。もちろん，これは b□□であるが，なかなか当を得た b□□であるといって差し支えないであろう。

こう考えてみると，P言葉とはそれぞれの人の顔であると考えられる。人間の顔というものは構成されるパーツも定まっており，そこには一定の規格が存在する。だが，人間の顔にはそれぞれの個性がある。私たちが人間の顔を見るとき，それぞれの表情を読み取るものであり，その顔をもった人物の心や内面を理解する。なぜなら，人の顔には多かれ少なかれその人の内面や精神が反映されるからである。「四十歳を過ぎれば自分の顔に責任を持て。それまで生きてきた年月が顔に現れるものだ」といわれるのは，人の顔にはその内面や精神が反映されるからなのだ。顔は人間の見かけでしかないが，顔と精神はやはり連結している。だから，顔をおろそかにすることはできない。同様に，言葉もまたおろそかにしてはならない。言葉を見ることは，その人の内面を見ることでもあるのだ。

1 次の文は，傍線A，B，C，D，Eのどの文に続けるのが最も適当であるか。記号で答えなさい。
「それはたとえば告白が言葉を用いて行われることに端的に表れている。」

ア A　　イ B
ウ C　　エ D
オ E

2 傍線部のａの「皮肉」の反対語は次のうちどれか。

ア 風刺　　イ 嫌味
ウ 嘲笑　　エ 世辞
オ 冷笑

③　空欄ｂに入るものとして適当なものはどれか。

ア　虚偽　　　イ　事実

ウ　駄弁　　　エ　滑稽

オ　冗談

④　傍線部Ｐの「言葉とはそれぞれの人の顔である」とは，どういう理由によるものか。

ア　いずれも，理解するのが難しいから。

イ　いずれも，人間の内面・精神を表現しているから。

ウ　いずれも，非常に便利なものがあるから。

エ　いずれも，映像よりもすぐれたものであるから。

オ　いずれも，生命活動によるものであるから。

⑤　問題文の内容と一致しているものは，次のうちどれか。

ア　言葉と呼吸作用とは，無関係なものである。

イ　映像は言葉と同様に，人間の内面を表現できる。

ウ　人間四十代になると，その顔には人生に対する取り組みが出てくる。

エ　美しい猫は，映像の中でしか見ることができない。

オ　人間の内面的な意志は，顔の表情に出るものではない。

ANSWER 2

1 ア

傍線Aから続く文中に,「言葉は人間の内的世界の表現行為」と書いてある。これを言い換えたものが,「告白が言葉を用いて行われる」である。

2 エ

「皮肉」とは,「わざと反対のことを言ったり, 遠回しに意地悪を言ったりすること」。よって,反対語は「世辞」となる。「風刺」「嫌味」「嘲笑」「冷笑」はいずれも,「皮肉」の類義語である。

3 オ

こういう場合, 消去法を使うとよい。**ア**の「虚偽」, **イ**の「事実」はすぐに該当しないとわかるはず。**ウ**の「駄弁」とは「むだなおしゃべり」であるので,ピッタリとこない。**エ**の「滑稽」もピッタリとこないとなると,残るは**オ**の「冗談」ということになる。

4 イ

第4段落に,「……顔を見るとき,それぞれの表情を読み取るものであり,その顔をもった人物の心や内面を理解する。なぜなら, 人の顔には多かれ少なかれその人の内面や精神が反映されるからである」とある。

5 ウ

ア:第1段落に,「呼吸作用が言葉として表現されたものである」という意味のことが書いてある。

イ:映像は言葉ほど, 人間の内面を表現できない。

ウ:第4段落に「四十歳を過ぎれば自分の顔に責任を持て。それまで生きてきた年月が顔に現れるものだ」と書いてある。

エ:映像の場合, 次々に, それより美しい猫が出現する可能性がある。

オ:人間の内面的な意志は, 自ずと顔の表情に出ることになる。

読み方，語意

スマートチェック

☞ 試験によく出る読み

- □ 吹雪　ふぶき
- □ 芝生　しばふ
- □ 建立　こんりゅう
- □ 日和　ひより
- □ 更迭　こうてつ
- □ 行脚　あんぎゃ
- □ 数珠　じゅず
- □ 解熱　げねつ
- □ 収賄　しゅうわい
- □ 市井　しせい
- □ 疾病　しっぺい
- □ 団扇　うちわ
- □ 火傷　やけど
- □ 流鏑馬　やぶさめ
- □ 相殺　そうさい
- □ 出納　すいとう
- □ 辛辣　しんらつ
- □ 安穏　あんのん
- □ 流布　るふ
- □ 思惑　おもわく
- □ 奔放　ほんぽう
- □ 矢面　やおもて
- □ 冬至　とうじ
- □ 海原　うなばら
- □ 舌禍　ぜっか
- □ 砂利　じゃり
- □ 漁火　いさりび
- □ 僻地　へきち
- □ 大凡　おおよそ
- □ 杜撰　ずさん
- □ 所以　ゆえん
- □ 貼付　ちょうふ
- □ 白湯　さゆ
- □ 厨房　ちゅうぼう
- □ 浜木綿　はまゆう
- □ 気質　かたぎ
- □ 木魚　もくぎょ
- □ 歪曲　わいきょく
- □ 校倉　あぜくら
- □ 黒子　ほくろ
- □ 遊説　ゆうぜい
- □ 流石　さすが
- □ 所謂　いわゆる
- □ 些事　さじ
- □ 乖離　かいり
- □ 減殺　げんさい
- □ 独楽　こま
- □ 反古　ほご
- □ 軋轢　あつれき
- □ 十六夜　いざよい
- □ 紫陽花　あじさい
- □ 刷毛　はけ
- □ 成就　じょうじゅ
- □ 暖簾　のれん
- □ 土筆　つくし
- □ 南風　はえ
- □ 噴煙　ふんえん
- □ 煙草　たばこ
- □ 弛緩　しかん
- □ 上手　じょうず
- □ 眼鏡　めがね
- □ 匿名　とくめい
- □ 生姜　しょうが
- □ 秋刀魚　さんま
- □ 貪欲　どんよく
- □ 布団　ふとん
- □ 繁盛　はんじょう
- □ 生憎　あいにく
- □ 頼母子　たのもし
- □ 梨園　りえん
- □ 諮問　しもん
- □ 五月雨　さみだれ
- □ 断食　だんじき
- □ 従兄弟　いとこ
- □ 供養　くよう
- □ 案山子　かかし
- □ 悪戯　いたずら
- □ 境内　けいだい
- □ 旅籠　はたご
- □ 素麺　そうめん
- □ 白眉　はくび
- □ 強靱　きょうじん
- □ 昔日　せきじつ
- □ 返戻　へんれい
- □ 科白　せりふ
- □ 結納　ゆいのう
- □ 荘厳　そうごん

□ 伝播 でんぱ
□ 陶冶 とうや
□ 合掌 がっしょう
□ 瓦解 がかい
□ 捨象 しゃしょう
□ 好好爺 こうこうや
□ 剃刀 かみそり
□ 行方 ゆくえ
□ 弾劾 だんがい
□ 言質 げんち
□ 健気 けなげ
□ 献立 こんだて
□ 厭世 えんせい
□ 端境期 はざかいき
□ 脆弱 ぜいじゃく
□ 早乙女 さおとめ
□ 定款 ていかん
□ 兵糧 ひょうろう
□ 草鞋 わらじ
□ 由緒 ゆいしょ
□ 逝去 せいきょ
□ 刺青 しせい(いれずみ)
□ 不知火 しらぬい
□ 完膚 かんぷ
□ 権化 ごんげ
□ 追風 おいて
□ 冥利 みょうり
□ 無垢 むく
□ 聴聞 ちょうもん
□ 桟敷 さじき
□ 頒布 はんぷ
□ 末期 まつご
□ 東風 こち
□ 盤石 ばんじゃく
□ 提灯 ちょうちん
□ 凋落 ちょうらく
□ 天邪鬼 あまのじゃく

□ 失墜 しっつい
□ 可憐 かれん
□ 恣意 しい
□ 給湯 きゅうとう
□ 払拭 ふっしょく
□ 狼煙 のろし
□ 草履 ぞうり
□ 捺印 なついん
□ 鍛冶 かじ
□ 凌駕 りょうが
□ 添削 てんさく
□ 築山 つきやま
□ 捏造 ねつぞう
□ 一蹴 いっしゅう
□ 常磐 ときわ
□ 翻意 ほんい
□ 長閑 のどか
□ 海人 あま
□ 云云 うんぬん
□ 惜敗 せきはい
□ 硝子 がらす
□ 補塡 ほてん
□ 掌握 しょうあく
□ 法被 はっぴ
□ 読経 どきょう
□ 固唾 かたず
□ 河豚 ふぐ
□ 疾風 はやて
□ 椿事 ちんじ
□ 緑青 ろくしょう
□ 自惚れ うぬぼ(れ)
□ 矮小 わいしょう
□ 産土 うぶすな
□ 内裏 だいり
□ 倦怠 けんたい
□ 謁見 えっけん
□ 贋作 がんさく

□ 所望 しょもう
□ 納戸 なんど
□ 悪寒 おかん
□ 帰依 きえ
□ 達磨 だるま
□ 天晴 あっぱれ
□ 庫裏 くり
□ 従容 しょうよう
□ 大晦日 おおみそか
□ 煩悶 はんもん
□ 誤謬 ごびゅう
□ 仮病 けびょう
□ 名残 なごり
□ 慶弔 けいちょう
□ 会得 えとく
□ 防人 さきもり
□ 鼓舞 こぶ
□ 斡旋 あっせん
□ 灰汁 あく
□ 嫡子 ちゃくし
□ 似非 えせ
□ 杜氏 とうじ
□ 末裔 まつえい
□ 許嫁 いいなずけ
□ 侮蔑 ぶべつ
□ 仄聞 そくぶん
□ 就中 なかんずく
□ 暫時 ざんじ
□ 野点 のだて
□ 東雲 しののめ
□ 神酒 みき
□ 撫子 なでしこ
□ 薙刀 なぎなた
□ 羨望 せんぼう
□ 眩暈 めまい
□ 磊落 らいらく
□ 譫言 うわごと

TEST 1

実 [1] 次の熟語の読み方で，誤っているものはどれか。

① 柔和（にゅうわ）　② 憎悪（ぞうお）
③ 境内（けいだい）　④ 祝詞（のりと）
⑤ 廉売（けんばい）

実 [2] 次の熟語の読み方で，正しいものはどれか。

① 凡例（ぼんれい）　② 演繹（えんたく）
③ 外題（げだい）　④ 回向（かいこう）
⑤ 好悪（こうあく）

実 [3] 次の漢字の読み方で，誤っているものはどれか。

① 虐げる（しいたげる）　② 窮める（きわめる）
③ 携える（たずさえる）　④ 醸す（いぶす）
⑤ 諫める（いさめる）

実 [4] 次の熟語の読み方で，誤っているものはどれか。

① 造詣（ぞうけい）　② 婉曲（わんきょく）
③ 漸次（ぜんじ）　④ 膠着（こうちゃく）
⑤ 曇天（どんてん）

ANSWER 1

1 ⑤

「廉売」の正しい読み方は（れんばい）。

2 ③

誤りを訂正すると，次のようになる。
「凡例」（ぼんれい→はんれい）
「演繹」（えんたく→えんえき）
「回向」（かいこう→えこう）
「好悪」（こうあく→こうお）

3 ④

「醸す」の正しい読み方は（かもす）。

4 ②

「婉曲」の正しい読み方は（えんきょく）。

試験によく出る熟字訓など

- □ 小豆　あずき
- □ 海女　あま
- □ 硫黄　いおう
- □ 息吹　いぶき
- □ 神楽　かぐら
- □ 風邪　かぜ
- □ 蚊帳　かや
- □ 河原　かわら
- □ 玄人　くろうと
- □ 雑魚　ざこ
- □ 早苗　さなえ
- □ 時雨　しぐれ
- □ 竹刀　しない
- □ 白髪　しらが
- □ 素人　しろうと
- □ 師走　しわす・しはす
- □ 山車　だし
- □ 太刀　たち
- □ 足袋　たび
- □ 稚児　ちご
- □ 凸凹　でこぼこ
- □ 投網　とあみ
- □ 雪崩　なだれ
- □ 野良　のら
- □ 祝詞　のりと
- □ 下手　へた
- □ 土産　みやげ
- □ 猛者　もさ
- □ 木綿　もめん
- □ 八百屋　やおや
- □ 浴衣　ゆかた
- □ 寄席　よせ
- □ 若人　わこうど
- □ 欠伸　あくび
- □ 稲荷　いなり
- □ 陽炎　かげろう
- □ 河童　かっぱ
- □ 気障　きざ
- □ 怪我　けが
- □ 時化　しけ
- □ 老舗　しにせ
- □ 松明　たいまつ
- □ 黄昏　たそがれ
- □ 氷柱　つらら
- □ 目論見　もくろみ

TEST 2

実 1 次の熟語の読み方で，誤っているものはどれか。

① 化身（けしん）　② 必定（ひつじょう）
③ 行灯（あんどん）　④ 御利益（ごりやく）
⑤ 脚立（きゃくりつ）

実 2 次の漢字の読み方で，誤っているものはどれか。

① 遮る（さえぎる）　② 育む（はぐくむ）
③ 弄ぶ（もてあそぶ）　④ 誂える（こしらえる）
⑤ 轟く（とどろく）

実 3 次の熟語の読み方で，正しいものはどれか。

① 卑下（ひか）　② 参内（さんない）
③ 控除（くうじょ）　④ 凌駕（りょうが）
⑤ 瓦解（ごかい）

実 4 次の熟語の読み方で，誤っているものはどれか。

① 清澄（せいちょう）　② 添付（てんぷ）
③ 排泄（はいせつ）　④ 嗜好（しこう）
⑤ 蟄居（しっきょ）

ANSWER 2

1 ⑤

「脚立」の正しい読み方は（きゃたつ）。

2 ④

「誂える」の正しい読み方は（あつらえる）。

3 ④

誤りを訂正すると，次のようになる。
「卑下」（ひか→ひげ）
「参内」（さんない→さんだい）
「控除」（くうじょ→こうじょ）
「瓦解」（ごかい→がかい）

4 ⑤

「蟄居」の正しい読み方は（ちっきょ）。

難しい訓読み

□ 贖　う	あがな(う)	□ 諫める	いさ(める)	□ 抉　る	えぐ(る)
□ 頷　く	うなず(く)	□ 俯　く	うつむ(く)	□ 葬　る	ほうむ(る)
□ 諾　う	うべな(う)	□ 穿　つ	うが(つ)	□ 培　う	つちか(う)
□ 統べる	す(べる)	□ 堆　い	うずたか(い)	□ 弁える	わきま(える)
□ 寿　ぐ	ことほ(ぐ)	□ 恭しい	うやうや(しい)	□ 恰　も	あたか(も)
□ 佇　む	たたず(む)	□ 紡　ぐ	つむ(ぐ)	□ 頑　な	かたく(な)
□ 弛　む	ゆる(む)	□ 朽ちる	く(ちる)	□ 媚びる	こ(びる)
□ 専　ら	もっぱ(ら)	□ 副　う	そ(う)	□ 溢れる	あふ(れる)
□ 稼　ぐ	かせ(ぐ)	□ 扶ける	たす(ける)	□ 纏　う	まと(う)
□ 罵　る	ののし(る)	□ 拵える	こしら(える)	□ 喩える	たと(える)
□ 萎れる	しお(れる)	□ 紛　う	まが(う)	□ 厭　う	いと(う)
□ 祓　う	はら(う)	□ 翻　る	ひるがえ(る)	□ 戒める	いまし(める)
□ 宛　ら	さなが(ら)	□ 煽てる	おだ(てる)	□ 疎　か	おろそ(か)
□ 訝　る	いぶか(る)	□ 囁　く	ささや(く)	□ 怯　む	ひる(む)
□ 悶える	もだ(える)	□ 憚　る	はばか(る)	□ 寛　ぐ	くつろ(ぐ)

TEST 3

実 1　次の熟語の読み方で，誤っているものはどれか。

① 柔弱（にゅうじゃく）　② 因業（いんごう）
③ 精舎（しょうじゃ）　④ 飯事（ままごと）
⑤ 把手（からめて）

実 2　次の熟語の読み方で，正しいものはどれか。

① 出立（しゅつりゅう）　② 遡及（さっきゅう）
③ 法主（ほうしゅう）　④ 慟哭（どうもく）
⑤ 潮汐（ちょうせき）

実 3　次の漢字の読み方で，誤っているものはどれか。

① 慌てる（あわてる）　② 嗜む（たわむ）
③ 驕る（おごる）　④ 漲る（みなぎる）
⑤ 斥ける（しりぞける）

実 4　次の熟語の読み方で，誤っているものはどれか。

① 沃野（よくの）　② 鳴子（なるこ）
③ 推敲（すいこう）　④ 昵懇（じっこん）
⑤ 領袖（りょうしゅう）

ANSWER 3

1 ⑤

「把手」の正しい読み方は（とって）。（からめて）の漢字は「搦手」。

2 ⑤

誤りを訂正すると，次のようになる。

「出立」（しゅつりゅう→しゅったつ）

「遡及」（さっきゅう→そきゅう）

「法主」（ほうしゅう→ほっす）

「慟哭」（どうもく→どうこく）

3 ②

「嗜む」の正しい読み方は（たしなむ）。

4 ①

「沃野」の正しい読み方は（よくや）。

間違いやすい読み方

□ 嗚咽	おえつ	□ 快哉	かいさい	□ 朱鷺	とき
□ 独活	うど	□ 忖度	そんたく	□ 訴追	そつい
□ 実生	みしょう	□ 風見鶏	かざみどり	□ 店屋物	てんやもの
□ 贔屓	ひいき	□ 向日葵	ひまわり	□ 傀儡	かいらい
□ 黎明	れいめい	□ 誰何	すいか	□ 激昂	げっこう
□ 時鳥	ほととぎす	□ 疾駆	しっく	□ 政所	まんどころ
□ 和布	わかめ	□ 瓦礫	がれき	□ 斟酌	しんしゃく
□ 一家言	いっかげん	□ 饅頭	まんじゅう	□ 戴冠	たいかん
□ 薬研	やげん	□ 賦課	ふか	□ 閨閥	けいばつ
□ 巷間	こうかん	□ 落款	らっかん	□ 痩身	そうしん
□ 漆喰	しっくい	□ 職掌	しょくしょう	□ 尚更	なおさら
□ 閘門	こうもん	□ 雪渓	せっけい	□ 筆舌	ひつぜつ
□ 庇護	ひご	□ 轟音	ごうおん	□ 鞍馬	あんば(くらま)
□ 雑駁	ざっぱく	□ 錯綜	さくそう	□ 還俗	げんぞく

TEST 4

実 [1] 「奥義」の意味として正しいものはどれか。

① 非常にすぐれた出来ばえであること。
② 物事の筋道のこと。
③ 学問，技術などで最も重要で難解な事柄のこと。
④ ある主張に対してそれを否定する主張のこと。
⑤ 芸術作品のもとになる資料・材料のこと。

[2] 「物事に感動し共鳴する心のこと」
上記に該当する語句は次のうちどれか。

① 下心　② 琴線
③ 恣意　④ 本懐
⑤ 高揚

実 [3] 「僭越」の意味として正しいものはどれか。

① 気位が高くて威張っていること。
② 控え目なつつましい態度でふるまうこと。
③ 許されている権限をこえること。
④ 思い上がった態度を取ること。
⑤ 自分の身分や資格をこえて，出過ぎたことをすること。

[4] 「道理に反したこと」
上記に該当する語句は次のうちどれか。

① 確執　② 横車
③ 変節　④ 刻苦
⑤ 拘泥

ANSWER 4

1 ③

「奥義（おうぎ）」は「極意」のことで,「奥義をきわめる」などで使われる。

2 ②

「琴線（きんせん）」は,「心の琴線に触れる」などとして使われる。
「下心（したごころ）」の意味は,「本心, 特に悪だくみ。かねてからのたくらみ」。例文「何の下心もない」
「恣意（しい）」の意味は,「自分勝手な考え。思いついたままの考え」。
例文「恣意的な判断」
「本懐（ほんかい）」の意味は,「本望。かねてからの願い」。
例文「本懐を遂げる」
「高揚（こうよう）」の意味は,「気分などが高まり強くなること」。
例文「士気の高揚」

3 ⑤

「僭越（せんえつ）」は,「僭越ですが……」「僭越な振舞い」などで使われる。

4 ②

「横車（よこぐるま）」は,「横車を押す」などとして使われる。
「確執(かくしつ)」の意味は,「自分の意見を強く主張してゆずらないこと」。
例文「嫁と姑との確執」
「変節（へんせつ）」の意味は,「従来の自分の主義, 主張を変えること」。
例文「変節漢」
「刻苦（こっく）」の意味は,「非常に骨を折ること」。
例文「刻苦勉励する」
「拘泥（こうでい）」の意味は,「あることを気にして, それにこだわること」。
例文「勝敗に拘泥しない」

TEST 5

実 ① 「造詣」の意味として正しいものはどれか。

① 学問などについて深い理解や優れた技量をもっていること。
② 鋭い判断に基づく優れた意見のこと。
③ 作品の価値を鑑定する能力のこと。
④ 詩歌・書画などを楽しむこと。
⑤ 非常に上手な技術のこと。

② 「他人の心中を推しはかること」
上記に該当する語句は次のうちどれか。

① 憶測　② 邪推
③ 妄想　④ 忖度
⑤ 雑念

③ 「することがなくひまであること」
上記に該当する語句は次のうちどれか。

① 窮屈　② 業腹
③ 無聊　④ 無窮
⑤ 長閑

実 ④ 「軋轢」の意味として正しいものはどれか。

① もめごと。
② 争い合って仲が悪くなること。
③ 力などがほぼ対等で互いに張り合っていること。
④ 立場や意見が対立して争うこと。
⑤ 事情の入り組んだもめごと。

ANSWER 5

1 ①

「造詣（ぞうけい）」は，「文学に造詣が深い」などで使われる。

2 ④

「忖度（そんたく）」は，「彼女の心中を忖度しかねる」などとして使われる。
「憶測（おくそく）」の意味は，「想像に基づくいい加減な推測のこと」。
例文「彼の心理を憶測する」
「邪推（じゃすい）」の意味は，「他人の言葉や行為に対して間違った推測をすること」。例文「友人が裏切ったのではないかと邪推する」
「妄想（もうそう）」の意味は，「根拠のない想像のこと」。
例文「誇大妄想」
「雑念（ざつねん）」の意味は，「いろいろな余計な考えのこと」。
例文「雑念を去る」

3 ③

「無聊（ぶりょう）」は，「無聊をかこつ」「無聊を慰める」などと使われる。
「窮屈（きゅうくつ）」の意味は，「動きがとれないさまのこと」。
例文「お偉方の前は窮屈だ」「物事を窮屈に考える」
「業腹（ごうはら）」の意味は，「腹が立って仕方がないこと」。
例文「あんなやつに勝てないとは業腹だ」
「無窮（むきゅう）」の意味は，「無限。果てのないこと」。
例文「無窮の天」「天壌無窮」
「長閑（のどか）」の意味は，「心がくつろいでのびのびしているさまのこと」。
例文「長閑な天気」「都会と違って長閑なものだ」

4 ②

「軋轢（あつれき）」は，「親子の軋轢」「両者間の軋轢が激しくなる」などとして使われる。

同音・同訓，対義語

スマートチェック

☞ 試験によく出る同音異字

「カン」

胸部疾カンと診断される	患
安カンとしてはいられない	閑
城がカン落する	陥
遺カンに堪えない	憾
カン告に従う	勧
ストをカン行する	敢

「コウ」

力尽きてコウ参する	降
精コウな細工	巧
文化コウ労者	功
コウ行な青年	孝
容疑者をコウ禁する	拘
炭コウ労働者	鉱

「ソウ」

空気が乾ソウする	燥
遠隔ソウ作	操
山でソウ難する	遭
浴ソウにつかる	槽
病ソウを摘出する	巣
家宅ソウ索	捜

「キョウ」

キョウ気の沙汰	狂
キョウ悪犯人	凶
助けを求めて絶キョウする	叫
黒部キョウ谷	峡
彼の考えは偏キョウだ	狭
両面からキョウ撃される	挟

「ケイ」

ケイ流で遊ぶ	渓
上官にケイ礼する	敬
世論をケイ発する	啓
先代の意志をケイ承する	継
京都ケイ由鳥取行	経
公園のケイ路	径

「シン」

不可シン条約	侵
シン水家屋	浸
自宅謹シン	慎
税制シン議会	審
東日本大シン災	震
空気のシン動	振

「セン」

セン抜試験	選
全員の推センを受ける	薦
閑職に左センされる	遷
セン面所	洗
セン鉄の生産量	銑
セン維産業	繊

「トウ」

人気が沸トウする	騰
戸籍トウ本	謄
水トウを携行する	筒
水トウ栽培	稲
種トウの跡	痘
トウ治客	湯

「ホウ」

絵馬を**ホウ**納する	奉
ホウ沫候補	泡
将来の**ホウ**負を語る	抱
一億の同**ホウ**	胞
建物が**ホウ**壊する	崩
ホウ合手術	縫

「ハイ」

人材**ハイ**出	輩
退**ハイ**的生活	廃
偶像崇**ハイ**	拝
ハイ信行為	背
祝**ハイ**をあげる	杯
政治の腐**ハイ**	敗

「エン」

エン起をかつぐ	縁
工場の**エン**突	煙
エン席を設ける	宴
エン岸漁業	沿
エン症を起こす	炎
隣家に**エン**焼する	延

「サク」

予算を**サク**減する	削
サク略家	策
中間**サク**取	搾
時代**サク**誤	錯
サク引を付ける	索
サク意があったのではない	作

「テイ」

記念品を進**テイ**する	呈
テイ当に入れる	抵
人口の**テイ**減傾向	逓
首相官**テイ**	邸
条約の**テイ**結	締
敵情を**テイ**察する	偵

「リョウ」

荒**リョウ**たる風景	涼
リョウ奇的な事件	猟
代金を受**リョウ**する	領
リョウ解を得る	了
会社の同**リョウ**	僚
食事**リョウ**法	療

試験によく出る対義語（1）

□ 実質 ⟷ 名目	□ 一般 ⟷ 特殊	□ 倹約 ⟷ 浪費
□ 権利 ⟷ 義務	□ 遵守 ⟷ 違反	□ 暗(あん)愚(ぐ) ⟷ 賢明
□ 絶対 ⟷ 相対	□ 保守 ⟷ 革新	□ 建設 ⟷ 破壊
□ 地味 ⟷ 派手	□ 正統 ⟷ 異端	□ 短縮 ⟷ 延長
□ 急性 ⟷ 慢性	□ 支配 ⟷ 従属	□ 質素 ⟷ 華(か)美(び)
□ 柔軟 ⟷ 硬直	□ 平等 ⟷ 差別	□ 淡泊 ⟷ 濃厚（淡白でも可。）
□ 実践 ⟷ 理論	□ 原因 ⟷ 結果	□ 削除 ⟷ 添加
□ 総合 ⟷ 分析	□ 抑制 ⟷ 促進	□ 繁栄 ⟷ 衰(すい)微(び)
□ 慎重 ⟷ 軽率	□ 創造 ⟷ 模倣	□ 虐待 ⟷ 愛護
□ 保護 ⟷ 迫害	□ 苦痛 ⟷ 快楽	□ 能動 ⟷ 受動
□ 精密 ⟷ 粗雑	□ 主観 ⟷ 客観	□ 故意 ⟷ 過失
□ 穏(おん)健(けん) ⟷ 過激	□ 鋭角 ⟷ 鈍角	□ 遠心 ⟷ 求心

☞ 試験によく出る同音異義語

- □ 利潤のツイキュウ　追求
- □ 余罪のツイキュウ　追及
- □ 原因のツイキュウ　追究

- □ ほとほとカンシンする　感心
- □ カンシンを買う　歓心
- □ カンシンをもつ　関心

- □ 領土をシンショクする　侵食
- □ 河川のシンショク作用　浸食
- □ シンショクを忘れる　寝食

- □ 名曲カンショウ　鑑賞
- □ カンショウ用植物　観賞
- □ カンショウ地帯　緩衝

- □ 政治フシン　不信
- □ 経営フシン　不振
- □ 挙動フシン　不審

- □ 借金をセイサンする　清算
- □ 運賃をセイサンする　精算
- □ 勝利のセイサンがある　成算

- □ タイショウ的な性格　対照
- □ タイショウ図形　対称
- □ 研究のタイショウ　対象

- □ コウセイ年金　厚生
- □ コウセイな裁判　公正
- □ コウセイを誓う　更生

- □ 時代コウショウ　考証
- □ コウショウな趣味　高尚
- □ コウショウ扱い　公傷

- □ 自説をコジする　固持
- □ 受賞をコジする　固辞
- □ 国力をコジする　誇示

☞ 間違いやすい同音異義語

- □ 人跡ミトウの地　未踏
- □ 前人ミトウの記録　未到

- □ コウキの目を向ける　好奇
- □ コウキを逸する　好機

- □ イシ薄弱　意志
- □ イシの疎通を欠く　意思

- □ ヘイコウ移動　平行
- □ ヘイコウ感覚　平衡

- □ コウカン神経　交感
- □ コウカンをもつ　好感

- □ カンキの声　歓喜
- □ 注意をカンキする　喚起

- □ 不法トウキ　投棄
- □ トウキ市場　投機

- □ 品質のホショウ　保証
- □ 損害ホショウ　補償

- □ 諸行ムジョウ　無常
- □ ムジョウの喜び　無上

- □ 現金ケッサイ　決済
- □ 社長のケッサイを仰ぐ　決裁

☞ 間違いやすい同訓異字

□ 時間をハカる	計
□ 水深をハカる	測
□ 容積をハカる	量
□ 暗殺をハカる	謀
□ 議会にハカる	諮

□ 挨拶にカえる	代
□ 顔色をカえる	変
□ 担当をカえる	替
□ 車を乗りカえる	換

□ 朝からアツい	暑
□ アツい友情	厚
□ アツい風呂	熱

□ 解決にツトめる	努
□ 会社にツトめる	勤
□ 役員をツトめる	務

□ 消息をタつ	絶
□ 酒をタつ	断
□ 席をタつ	立
□ 小屋がタつ	建
□ 月日がタつ	経

□ 国をオサめる	治
□ 税をオサめる	納
□ 成功をオサめる	収
□ 技術をオサめる	修

□ 研究をススめる	進
□ 入会をススめる	勧(奨)
□ 良書をススめる	薦

□ 法をオカす	犯
□ 危険をオカす	冒
□ 権利をオカす	侵

試験によく出る対義語（2）

□ 内容 ⟷ 形式	□ 無理 ⟷ 道理	□ 黙秘 ⟷ 供述
□ 安全 ⟷ 危険	□ 収入 ⟷ 支出	□ 精神 ⟷ 肉体
□ 放任 ⟷ 干渉	□ 専任 ⟷ 兼任	□ 抵抗 ⟷ 屈服
□ 拡大 ⟷ 縮小	□ 公開 ⟷ 秘密	□ 予算 ⟷ 決算
□ 栄達 ⟷ 零(れい)落(らく)	□ 貧(ひん)賤(せん) ⟷ 富(ふう)貴(き)	□ 独立 ⟷ 依存
□ 遺失 ⟷ 拾得	□ 共同 ⟷ 単独	□ 愛好 ⟷ 嫌悪
□ 受理 ⟷ 却下	□ 表面 ⟷ 裏面	□ 質問 ⟷ 回答
□ 極楽 ⟷ 地獄	□ 本業 ⟷ 副業	□ 豊作 ⟷ 凶作
□ 紳士 ⟷ 淑女	□ 安定 ⟷ 動揺	□ 空虚 ⟷ 充実
□ 肯定 ⟷ 否定	□ 需要 ⟷ 供給	□ 直系 ⟷ 傍(ぼう)系(けい)
□ 子孫 ⟷ 祖先	□ 許可 ⟷ 禁止	□ 浮揚 ⟷ 沈降
□ 緊張 ⟷ 弛(し)緩(かん)	□ 尊大 ⟷ 卑下	□ 主催 ⟷ 後援
□ 分解 ⟷ 合成	□ 円満 ⟷ 不和	□ 雇用 ⟷ 解雇
□ 根幹 ⟷ 枝(し)葉(よう)	□ 尊重 ⟷ 無視	□ 明確 ⟷ 曖昧

TEST 1

実 ① 次のカタカナの部分にあたる漢字はどれか。
青春時代をカイ顧する。

① 回　② 介　③ 悔
④ 懐　⑤ 壊

実 ② 次のカタカナの部分にあたる漢字はどれか。
駐米大使を本国にショウ還する。

① 照　② 紹　③ 尚
④ 召　⑤ 肖

実 ③ 次の文で漢字表記の誤っているものはどれか。

① 百貨店で既製服を買う。
② 泥水が床上にまで浸水する。
③ 本品は食品添加物は使っていません。
④ 会社再建に普請する。
⑤ 国会の解散は必至である。

実 ④ 次のカタカナの部分にあたる漢字はどれか。
会費を徴シュウする。

① 衆　② 集　③ 収
④ 拾　⑤ 酬

ANSWER 1

1 ①

「回」は「回覧」「回想」「迂回」，**「介」**は「介在」「介抱」「仲介」などで使われる。**「悔」**は「悔恨」「後悔」，**「懐」**は「懐古」「懐疑」「述懐」，**「壊」**は「壊滅」「破壊」などで使われる。

2 ④

「照」は「照明」「照合」「参照」，**「紹」**は「紹介」，**「尚」**は「尚古」「高尚」，**「召」**は「召喚」「召集」，**「肖」**は「肖像」「不肖」などで使われる。

3 ④

「会社再建に**普請**（×）する」→「会社再建に**腐心**（○）する」

「普請」は「建築，土木の工事」の意味で，「本堂を普請する」「家を普請する」などとして使われる。また，「フシン」の同音異義語には，「普請」「腐心」のほかに，「不信」「不振」「不審」などがある。「不信」については，「不信の念をいだく」などで使われる。

4 ③

「衆」は「観衆」「衆生」，**「集」**は「集会」「徴集」「招集」，**「収」**は「収穫」「収納」，**「拾」**は「拾得」「収拾」，**「酬」**は「応酬」「報酬」などで使われる。

チェックしておきたい同音異字（1）

「カク」

覚	感覚，覚悟
隔	隔離，遠隔
確	確固，明確
獲	獲得，捕獲
穫	収穫

「シャ」

写	描写，模写
射	射撃，反射
捨	捨象，取捨
遮	遮断
謝	陳謝，謝絶

「スイ」

炊	炊飯，自炊
粋	抜粋，無粋
衰	衰弱，盛衰
酔	泥酔，陶酔
睡	睡魔，熟睡

「タイ」

耐	耐乏，忍耐
待	待遇，接待
怠	怠惰，怠慢
胎	胎児，胎動
退	退却，撃退

「フク」

伏	起伏，伏線
服	克服，服用
腹	腹痛，腹心
複	複製，重複
覆	覆面，転覆

「ユウ」

悠	悠然，悠久
猶	猶予
誘	誘惑，勧誘
憂	憂愁，憂慮
融	融合，融通

TEST 2

実 1　次のうち，対義語でないものはどれか。

① 鎮静－興奮　② 歓喜－悲哀
③ 起工－落成　④ 使命－任務
⑤ 記憶－忘却

実 2　次のうち，対義語であるものはどれか。

① 摘発－看過　② 推移－変遷
③ 漂泊－放浪　④ 消息－音信
⑤ 盛衰－興廃

3　（　）の中に漢字を入れ，対義語を完成しなさい。

① 光明－（　）黒　② 実在－（　）空
③ 就任－（　）任　④ 自由－束（　）
⑤ 現実－理（　）

実 4　次のうち，対義語でないものはどれか。

① 債権－債務　② 故意－過失
③ 絶賛－酷評　④ 鋭敏－愚鈍
⑤ 突然－不意

ANSWER 2

1 ④

「使命」と「任務」は類義語である。

2 ①

②・③・④・⑤はいずれも類義語である。

3

①暗　②架　③退（辞）　④縛　⑤想

4 ⑤

「突然」と「不意」は類義語である。

試験によく出る対義語（3）

□邪悪 ⟷ 善良	□国産 ⟷ 舶来	□緩慢 ⟷ 急激
□莫大 ⟷ 僅少（きんしょう）	□簡潔 ⟷ 冗漫（じょうまん）	□豪胆（ごうたん） ⟷ 臆病
□徴収 ⟷ 納入	□文明 ⟷ 野蛮	□真実 ⟷ 虚偽
□湿潤 ⟷ 乾燥	□保留 ⟷ 決定	□優勝 ⟷ 劣敗（れっぱい）
□成功 ⟷ 失敗	□拒否 ⟷ 承認	□婉曲 ⟷ 露骨
□固執 ⟷ 譲歩	□親切 ⟷ 冷淡	□散在 ⟷ 密集
□起伏 ⟷ 平坦	□陥没 ⟷ 隆起	□貫徹 ⟷ 挫折
□起床 ⟷ 就寝	□修繕 ⟷ 破損	□高貴 ⟷ 下賤（げせん）

よく見かける類義語（1）

□倫理 ⟷ 道徳	□辛酸 ⟷ 困苦	□架空 ⟷ 虚構
□降格 ⟷ 左遷	□機転 ⟷ 才覚	□残念 ⟷ 遺憾
□抜群 ⟷ 屈指	□監禁 ⟷ 幽閉	□外聞 ⟷ 風評
□卑俗 ⟷ 下品	□踏襲 ⟷ 継承	□貢献 ⟷ 寄与
□沿革 ⟷ 変遷	□逆境 ⟷ 不遇	□重体 ⟷ 危篤
□風潮 ⟷ 傾向	□傍観 ⟷ 座視	□無事 ⟷ 息災
□承知 ⟷ 首肯	□伝道 ⟷ 布教	□豊富 ⟷ 潤沢
□邪心 ⟷ 悪意	□雄図 ⟷ 壮挙	□追憶 ⟷ 回想

TEST 3

実 1　次のカタカナの部分にあたる漢字はどれか。
当局の責任をキュウ弾する。

①　給　②　窮　③　救
④　糾　⑤　朽

2　次のカタカナの部分を漢字に直しなさい。

①　けが人をカイホウする。
②　病気がカイホウに向かう。
③　庭園を一般カイホウする。
④　民族カイホウ運動を展開する。
⑤　カイホウを町内に回す。

実 3　次のうち，対義語でないものはどれか。

①　漠然－歴然　②　払底－潤沢　③　間口－奥行
④　軽微－甚大　⑤　追従－迎合

4　次の(　)の中に漢字を入れて，対義語を完成しなさい。

①　汚染－洗(　)　②　混乱－(　)序　③　決裂－(　)結
④　感情－(　)性　⑤　現象－(　)質

実 5　次のカタカナの部分にあたる漢字はどれか。
走者を二塁でサす。

①　刺　②　指　③　差
④　挿　⑤　注

ANSWER3

1 ④

「**給**」は「支給」「給水」,「**窮**」は「窮乏」「困窮」,「**救**」は「救済」「救助」,「**糾**」は「糾明」「紛糾」,「**朽**」は「不朽」「老朽」などで使われる。

2

①介抱　②快方　③開放　④解放　⑤回報

3 ⑤

「追従」と「迎合」は類義語である。

4

①浄　②秩　③妥　④理　⑤本

5 ①

「針が正午を**指**す」「傘を**差**す」「花を花瓶に**挿**す」「話に水を**注**す」，などとして使われる。

チェックしておきたい同音異字（2）

「セツ」

折	折半，屈折
拙	拙劣，稚拙
窃	窃盗
摂	摂取，摂政

「ニン」

任	就任，任意
忍	堪忍，残忍
認	認可，容認

「ロウ」

浪	波浪，浪費
廊	廊下，回廊
漏	漏水，遺漏

「イン」

印	押印，調印
因	因果，勝因
陰	陰湿，陰謀
隠	隠匿，隠居

「キン」

緊	緊縮，緊迫
謹	謹賀，謹慎
襟	開襟，胸襟

「タン」

淡	濃淡，冷淡
嘆	嘆願，驚嘆
端	端緒，端正

「ヨウ」

要	概要，強要
様	様相，異様
養	培養，養生
擁	擁立，抱擁

「ジン」

甚	甚大，幸甚
陣	陣頭，円陣
尋	尋問，尋常

「コク」

告	告知，被告
黒	漆黒，黒白
酷	酷使，過酷

TEST 4

実 ① 次のうち，対義語ではないものはどれか。

① 交渉－折衝　② 拙速－巧遅
③ 雄飛－雌伏　④ 召還－派遣
⑤ 恭順－反逆

実 ② 次のカタカナの部分にあたる漢字はどれか。
胸のコ動が高まる。

① 呼　② 庫　③ 鼓
④ 顧　⑤ 故

実 ③ 次のカタカナの部分にあたる漢字はどれか。
命をカけて戦う。

① 賭　② 懸　③ 掛
④ 架　⑤ 駆

④ （　）の中に漢字を入れ，対義語を完成しなさい。

① 酸化－（　）元　② 凡才－（　）材
③ 栽培－（　）生　④ 潜在－（　）在
⑤ 多弁－（　）黙

実 ⑤ 次のカタカナの部分にあたる漢字はどれか。
書状をヒ見する。

① 批　② 否　③ 卑
④ 被　⑤ 披

ANSWER 4

1 ①

「交渉」と「折衝」は類義語である。

2 ③

「呼」は「呼吸」「歓呼」「連呼」，**「庫」**は「倉庫」「車庫」，**「鼓」**は「太鼓」「鼓舞」，**「顧」**は「顧慮」「回顧」，**「故」**は「故郷」「故障」「故意」などで使われる。

3 ②

「賭」……「競馬で３万円を賭ける」
「懸」……「賞金を懸ける」「思いを懸ける」「優勝が懸かる」
「掛」……「保険を掛ける」「ブレーキを掛ける」「混乱に輪を掛ける」
「架」……「橋を架ける」「電線が架かる」
「駆」……「馬が駆ける」

4

①**還**　②**逸**　③**自**　④**顕**　⑤**寡**

5 ⑤

「批」は「批判」「批准」，**「否」**は「否認」「安否」，**「卑」**は「卑劣」「卑屈」，**「被」**は「被害」「被服」，**「披」**は「披露」「直披」などで使われる。

よく見かける類義語（2）

□対等 ⟷ 互角	□歳月 ⟷ 星霜（せいそう）	□煽動（せんどう） ⟷ 教唆（きょうさ）
□幼稚 ⟷ 稚拙（ちせつ）	□企画 ⟷ 構想	□妥当 ⟷ 適切
□倹約 ⟷ 節約	□器量 ⟷ 容貌	□施行 ⟷ 実施
□品行（ひんこう） ⟷ 行状	□体裁 ⟷ 評判	□結束 ⟷ 団結
□介入 ⟷ 干渉	□承知 ⟷ 了承	□許可 ⟷ 許諾
□決心 ⟷ 覚悟	□貢献 ⟷ 寄与	□従順 ⟷ 温和
□無茶 ⟷ 無謀	□名誉 ⟷ 栄光	□陳述 ⟷ 具申（ぐしん）

TEST 5

実 [1] 次の文で漢字表記の誤っているものはどれか。

① 自然界の驚異をまざまざと知る。
② 父が生起を取り戻す。
③ 大勢にはまったく影響がない。
④ ご健勝のことと存じます。
⑤ 詳細は小社あて，ご照会ください。

実 [2] 次のカタカナの部分にあたる漢字はどれか。
洗レンされた立ち居振る舞いを身につける。

① 恋　② 連　③ 廉
④ 練　⑤ 錬

[3] 次の同音異義語を書きなさい。

① 衆議院でキョウコウ（　　）採決がなされる。
② 部長が新提案にキョウコウ（　　）に反対する。

③ 山野にジセイ（　　）する植物は美しい。
④ 欲望をジセイ（　　）する。

⑤ 定年を待たずにユウタイ（　　）する。
⑥ ユウタイ（　　）券を関係者に配布する。

⑦ 事のシンギ（　　）を確かめる。
⑧ 重要案件をシンギ（　　）する。

実 [4] 次のカタカナの部分にあたる漢字はどれか。
管理職について毎日が繁ボウを極める。

① 忙　② 謀　③ 傍
④ 忘　⑤ 房

ANSWER 5

1 ②

① 「キョウイ」の同音異義語には,「驚異」「脅威」「胸囲」がある。「脅威」は「敵に脅威を与える」などで使われる。

② 「父が生起（×）→ 生気（○）を取り戻す」となる。「生気」とは「いきいきとした気力のこと」。「生起」とは「事件や現象が現れ起こること」。「生起」は「事件が生起する」などで使われる。

「セイキ」の同音異義語には,「生気」「生起」のほかに「精気」「盛期」「正規」「世紀」「西紀」などがある。

③ 「タイセイ」の同音異義語には,「大勢」「大成」「体制」「体勢」「態勢」「耐性」「胎生」などがある。

④ 「ケンショウ」の同音異義語には,「健勝」「検証」「憲章」「顕彰」「懸賞」などがある。「検証」は「現場検証に立ちあう」などで使われる。

⑤ 「ショウカイ」の同音異義語には,「照会」「紹介」「詳解」がある。「紹介」は「テレビ番組で紹介された店」などで使われる。

2 ④

①**「恋」**を使った熟語には,「恋愛」「悲恋」「恋慕」などがある。

②**「連」**を使った熟語には,「連携」「連載」「連綿」などがある。

③**「廉」**を使った熟語には,「清廉」「廉価」「廉潔」などがある。

④**「練」**を使った熟語には,「練習」「試練」「熟練」などがある。

⑤**「錬」**を使った熟語には,「錬磨」「錬成」「錬金術」などがある。

3

①強行　②強硬　③自生　④自制　⑤勇退　⑥優待　⑦真偽　⑧審議

4 ①

①**「忙」**を使った熟語には,「多忙」「忙殺」などがある。

②**「謀」**を使った熟語には,「参謀」「無謀」「謀略」などがある。

③**「傍」**を使った熟語には,「傍観」「路傍」「傍系」などがある。

④**「忘」**を使った熟語には,「忘年会」「忘却」「備忘録」などがある。

⑤**「房」**を使った熟語には,「茶房」「工房」「暖房」などがある。

四字熟語

スマートチェック

☞ 試験によく出る四字熟語の読み

□ 天変地異	てんぺんちい
□ 無我夢中	むがむちゅう
□ 単刀直入	たんとうちょくにゅう
□ 堅忍不抜	けんにんふばつ
□ 言語道断	ごんごどうだん
□ 大同小異	だいどうしょうい
□ 一騎当千	いっきとうせん
□ 明鏡止水	めいきょうしすい
□ 巧言令色	こうげんれいしょく
□ 驚天動地	きょうてんどうち
□ 疑心暗鬼	ぎしんあんき
□ 意味深長	いみしんちょう
□ 薄利多売	はくりたばい
□ 創意工夫	そういくふう
□ 因果応報	いんがおうほう
□ 以心伝心	いしんでんしん
□ 羊頭狗肉	ようとうくにく
□ 我田引水	がでんいんすい
□ 捲土重来	けんどちょうらい
□ 夜郎自大	やろうじだい
□ 虚心坦懐	きょしんたんかい
□ 勇猛果敢	ゆうもうかかん
□ 抱(捧)腹絶倒	ほうふくぜっとう
□ 順風満帆	じゅんぷうまんぱん
□ 秋霜烈日	しゅうそうれつじつ
□ 比翼連理	ひよくれんり
□ 支離滅裂	しりめつれつ
□ 馬耳東風	ばじとうふう
□ 七転八起	しちてんはっき

□ 金科玉条	きんかぎょくじょう
□ 無病息災	むびょうそくさい
□ 才気煥発	さいきかんぱつ
□ 山紫水明	さんしすいめい
□ 温厚篤実	おんこうとくじつ
□ 朝令暮改	ちょうれいぼかい
□ 同床異夢	どうしょういむ
□ 晴耕雨読	せいこううどく
□ 本末転倒	ほんまつてんとう
□ 自然淘汰	しぜんとうた
□ 枝葉末節	しようまっせつ
□ 森羅万象	しんらばんしょう
□ 唯我独尊	ゆいがどくそん
□ 内憂外患	ないゆうがいかん
□ 弱肉強食	じゃくにくきょうしょく
□ 粉骨砕身	ふんこつさいしん
□ 栄枯盛衰	えいこせいすい
□ 感慨無量	かんがいむりょう
□ 隠忍自重	いんにんじちょう
□ 権謀術数	けんぼうじゅっすう
□ 泰然自若	たいぜんじじゃく
□ 誇大妄想	こだいもうそう
□ 同工異曲	どうこういきょく
□ 大胆不敵	だいたんふてき
□ 東奔西走	とうほんせいそう
□ 多岐亡羊	たきぼうよう
□ 空中楼閣	くうちゅうろうかく
□ 用意周到	よういしゅうとう
□ 率先垂範	そっせんすいはん

- □ 呉越同舟　ごえつどうしゅう
- □ 軽挙妄動　けいきょもうどう
- □ 清廉潔白　せいれんけっぱく
- □ 悠悠自適　ゆうゆうじてき
- □ 時代錯誤　じだいさくご
- □ 有為転変　ういてんぺん
- □ 針小棒大　しんしょうぼうだい
- □ 画竜点睛　がりょうてんせい
- □ 疾風迅雷　しっぷうじんらい
- □ 綱紀粛正　こうきしゅくせい
- □ 花鳥風月　かちょうふうげつ
- □ 主客転倒　しゅかくてんとう
- □ 猪突猛進　ちょとつもうしん
- □ 大言壮語　たいげんそうご
- □ 変幻自在　へんげんじざい
- □ 風光明媚　ふうこうめいび
- □ 国士無双　こくしむそう
- □ 百鬼夜行　ひゃっきやこう（やぎょう）
- □ 孤軍奮闘　こぐんふんとう
- □ 玉石混淆　ぎょくせきこんこう
- □ 自家撞着　じかどうちゃく
- □ 片言隻語　へんげんせきご
- □ 牛飲馬食　ぎゅういんばしょく
- □ 切磋琢磨　せっさたくま
- □ 容姿端麗　ようしたんれい
- □ 取捨選択　しゅしゃせんたく
- □ 南船北馬　なんせんほくば
- □ 青天霹靂　せいてんのへきれき
- □ 百戦錬磨　ひゃくせんれんま
- □ 和光同塵　わこうどうじん
- □ 斬新奇抜　ざんしんきばつ
- □ 文人墨客　ぶんじんぼっかく
- □ 波瀾万丈　はらんばんじょう
- □ 二人三脚　ににんさんきゃく
- □ 海千山千　うみせんやません
- □ 盛者必衰　じょうしゃひっすい

「盛者」は「しょうじゃ」「しょうしゃ」ともいう。

- □ 暗中模索　あんちゅうもさく
- □ 鶏口牛後　けいこうぎゅうご
- □ 艱難辛苦　かんなんしんく
- □ 有象無象　うぞうむぞう
- □ 大願成就　たいがんじょうじゅ
- □ 夏炉冬扇　かろとうせん
- □ 新進気鋭　しんしんきえい
- □ 旗幟鮮明　きしせんめい
- □ 臥薪嘗胆　がしんしょうたん
- □ 一朝一夕　いっちょういっせき
- □ 美辞麗句　びじれいく
- □ 平身低頭　へいしんていとう
- □ 酒池肉林　しゅちにくりん
- □ 破邪顕正　はじゃけんしょう
- □ 生生流転　せいせいるてん
- □ 閑話休題　かんわきゅうだい
- □ 深山幽谷　しんざんゆうこく
- □ 唯唯諾諾　いいだくだく
- □ 雲散霧消　うんさんむしょう
- □ 興味津津　きょうみしんしん
- □ 不易流行　ふえきりゅうこう
- □ 二律背反　にりつはいはん
- □ 電光石火　でんこうせっか
- □ 沈思黙考　ちんしもっこう
- □ 酔生夢死　すいせいむし
- □ 正真正銘　しょうしんしょうめい
- □ 危急存亡　ききゅうそんぼう
- □ 運否天賦　うんぷてんぷ
- □ 悪口雑言　あっこうぞうごん
- □ 青息吐息　あおいきといき
- □ 未来永劫　みらいえいごう
- □ 面従腹背　めんじゅうふくはい
- □ 竜頭蛇尾　りゅうとうだび
- □ 難攻不落　なんこうふらく
- □ 知行合一　ちこうごういつ
- □ 魑魅魍魎　ちみもうりょう

☞ 試験によく出る四字熟語の意味

□ 天変地異	自然現象によって起こるさまざまな変動や異変のこと。
□ 単刀直入	ずばりと本題に入ること。
□ 堅忍不抜	困難に屈せず，物に動じないこと。
□ 明鏡止水	心にわだかまりがなく，落ち着いた心境のこと。
□ 巧言令色	相手の気に入るように言葉をうまく飾り，顔色をつくろうこと。
□ 因果応報	善いことをすれば必ず善い報いがあり，悪いことをすれば必ず悪い報いがあるということ。
□ 羊頭狗肉	立派なものをおとりに使って，実は似てはいるものの別のものをごまかして売っていること。
□ 我田引水	もっぱら自分の利益になるように言ったり行ったりすること。
□ 捲土重来	敗れた者が再び勢いを盛り返し，攻めて来ること。
□ 虚心坦懐	すなおな心で物事に対すること。
□ 抱（捧）腹絶倒	腹をかかえて倒れそうになるほど笑うこと。
□ 秋霜烈日	刑罰や権威などが非常に厳しいこと。
□ 馬耳東風	人の意見をまったく心にとめずに聞き流すこと。
□ 山紫水明	山や川の景色がこの上もなく美しいこと。
□ 温厚篤実	人柄が穏やかで情け深く，誠実であること。
□ 朝令暮改	法律や命令などがすぐに改められて,いっこうに定まらないこと。
□ 晴耕雨読	田園で悠々自適の生活を送ること。
□ 森羅万象	宇宙に存在するすべてのもののこと。
□ 粉骨砕身	全力を尽くして事に当たること。
□ 栄枯盛衰	盛んになったり，衰えたりすること。
□ 隠忍自重	苦しみなどを心におさめて，じっと我慢すること。
□ 泰然自若	落ち着きはらって，ものに動じないこと。
□ 誇大妄想	実際よりもはるかにおおげさに空想して，それを事実のように思い込むこと。
□ 同工異曲	見かけは違ってはいても，実際はだいたい同じであること。
□ 東奔西走	ある目的のために，あちこち忙しく駆けずりまわること。
□ 多岐亡羊	方針が多いがために，考えが定まらないこと。
□ 空中楼閣	根拠のないこと。
□ 呉越同舟	仲の悪い者どうしが同じ場所に居合わせること。
□ 軽挙妄動	軽はずみな行動のこと。
□ 清廉潔白	まったくやましいところがないこと。
□ 時代錯誤	時代遅れのこと。
□ 有為転変	万物が常に変化してはかないこと。

□ 針小棒大　物事を大げさに言うこと。
□ 画竜点睛　物事を完成するうえで，最後に行う大切な仕上げのこと。
□ 疾風迅雷　事態が急速に変化するさまのこと。
□ 綱紀粛正　規律をはっきりさせ，不正を厳しく取り締まること。
□ 猪突猛進　あとさきのことも考えずに，目的に向かって，がむしゃらに突き進むこと。
□ 大言壮語　自分の能力ではおよびもつかない大きなことを言うこと。
□ 国士無双　国中に二人といないすぐれた人物のこと。
□ 百鬼夜行　多くの悪者がのさばって，わがもの顔にふるまっていること。
□ 玉石混淆　すぐれたものと，つまらないものがいっしょにまじっていること。
□ 片言隻語　ほんのちょっとした短い言葉のこと。
□ 牛飲馬食　多量の飲食のこと。
□ 切磋琢磨　互いに励まし合い努力し合って，競争すること。
□ 南船北馬　忙しくあちこち旅行すること。
□ 青天霹靂　突発的な出来事のこと。
□ 海千山千　長年にわたりさまざまなことを経験して，悪がしこく抜け目がなく，したたかになっていること。
□ 暗中模索　手がかりのないまま，いろいろと試してみて，探し求めること。
□ 有象無象　くだらない物やつまらない人間のこと。
□ 夏炉冬扇　時機に合わない無用なもののこと。
□ 臥薪嘗胆　目的を遂げるため，長い間苦労すること。
□ 破邪顕正　誤った考えを打破し，正しい考えを世に広めること。
□ 唯唯諾諾　相手の言いなりになること。
□ 雲散霧消　ちりぢりにあとかたもなく消えてなくなること。
□ 電光石火　行動などがまたたくまに行われること。
□ 酔生夢死　仕事らしい仕事もすることなく，ただぼんやりといたずらに一生を過ごすこと。
□ 危急存亡　危機が迫り，生き残れるか滅びるかの瀬戸際のこと。
□ 運否天賦　運のよい，わるいを天に任せきりにすること。
□ 青息吐息　ほとほと困り果てること。
□ 面従腹背　表面は服従しているように見せかけて，内心は反発していること。
□ 竜頭蛇尾　初めは勢いがよいが，終わりが振るわないこと。

TEST 1

実 [1] 次の四字熟語のうち，表記の正しいものはどれか。

① 換骨脱胎　② 粉骨砕身
③ 厚顔無知　④ 針小膨大
⑤ 不和雷同

[2] 次の□内に該当する漢字を入れ，四字熟語を完成しなさい。

① 因果□報　② 温□知新
③ 群雄□拠　④ 空前□後
⑤ 青天□日　⑥ 有□転変
⑦ 起□転結　⑧ 質実剛□
⑨ □学阿世　⑩ □余曲折

[3] 次の（　）の中に漢数字を入れて，四字熟語を完成しなさい。

①（　）日（　）秋　②（　）拝（　）拝
③（　）死（　）生　④（　）挙（　）動
⑤（　）発（　）中　⑥（　）載（　）遇
⑦（　）臓（　）腑　⑧（　）変（　）化
⑨（　）刻（　）金　⑩（　）寒（　）温

実 [4] 次の四字熟語のうち，表記の正しいものはどれか。

① 不倶載天　② 暴若無人
③ 臨気応変　④ 天心爛漫
⑤ 神出鬼没

ANSWER 1

1 ②

誤りを訂正すると，次のようになる。「換骨**脱**胎」→「換骨**奪**胎」，「厚顔無**知**」→「厚顔無**恥**」，「針小**膨**大」→「針小**棒**大」，「**不**和雷同」→「**付**和雷同」

2

①応　②故　③割　④絶　⑤白　⑥為　⑦承　⑧健　⑨曲　⑩紆

3

①一，千（「三」でも可）　②三，九　③九，一　④一，一　⑤百，百　⑥千，一　⑦五，六　⑧千，万　⑨一，千　⑩三，四

4 ⑤

誤りを訂正すると，次のようになる。「不倶**載**天」→「不倶**戴**天」，「**暴**若無人」→「**傍**若無人」，「臨**気**応変」→「臨**機**応変」，「天**心**爛漫」→「天**真**爛漫」

間違いやすい四字熟語

	誤→正		誤→正		誤→正
□ 時機尚早	機→期	□ 晴天白日	晴→青	□ 絶対絶命	対→体
□ 勧善徴悪	徴→懲	□ 異句同音	句→口	□ 千遍一律	遍→篇
□ 一陽来福	福→復	□ 意気統合	統→投	□ 縦横無人	人→尽
□ 旧体依然	体→態	□ 画竜点晴	晴→睛	□ 博覧強気	気→記
□ 疾風迅来	来→雷	□ 危機一発	発→髪	□ 当為即妙	為→意
□ 優従不断	従→柔	□ 五里夢中	夢→霧	□ 意気昇天	昇→衝
□ 一触速発	速→即	□ 自我自賛	我→画	□ 焚書抗儒	抗→坑
□ 和洋接衷	接→折	□ 四面疎歌	疎→楚	□ 大器晩生	生→成
□ 百花争鳴	花→家	□ 流言非語	非→飛	□ 前代未問	問→聞
□ 豊年万作	万→満	□ 文明開花	花→化	□ 諸行無情	情→常
□ 難行苦業	業→行	□ 不測不離	測→即	□ 心気一転	気→機
□ 日新月歩	新→進	□ 独断先行	先→専	□ 人面獣身	身→心
□ 天衣無法	法→縫	□ 天地無要	要→用	□ 急天直下	天→転

TEST 2

実 [1] 次の四字熟語のうち，表記の正しいものはどれか。

① 栄古盛衰　② 朝礼暮改
③ 酔生夢死　④ 綱紀粛清
⑤ 虚心担懐

実 [2] 「抱腹絶倒」の意味として，正しいものはどれか。

① 苦しみを表にあらわさず耐えて，自分の言動に気をつけること。
② 腹をかかえて大笑いすること。
③ 表面だけ立派に見せかけて，内容が伴わないこと。
④ 穏やかで情が厚く，誠実であること。
⑤ 全力を尽くして事に当たること。

[3] 次の四字熟語のうち，正しいものには○をつけ，誤っているものにはその誤りを訂正しなさい。

① 意味深重（　→　）　② 意心伝心（　→　）
③ 勧善微悪（　→　）　④ 短刀直入（　→　）
⑤ 率先垂範（　→　）　⑥ 古事来歴（　→　）
⑦ 生成流転（　→　）　⑧ 言語同断（　→　）
⑨ 獅子心中（　→　）　⑩ 面渋腹背（　→　）

実 [4] 次の四字熟語のうち，表記の正しいものはどれか。

① 抗成物質　② 人跡未到
③ 人生行路　④ 陰忍自重
⑤ 不遍不党

ANSWER 2

1 ③

誤りを訂正すると，次のようになる。「栄**古**盛衰」→「栄**枯**盛衰」，「朝**礼**暮改」→「朝**令**暮改」，「綱紀粛**清**」→「綱紀粛**正**」，「虚心**担**懐」→「虚心**坦**懐」。

2 ②

「抱腹」は「捧腹」とも書く。「絶倒」は，「気絶して倒れるということ」。「抱腹絶倒」の類語に「破顔大笑」がある。

3

①重→長　②意→以　③徴→懲　④短→単　⑤○　⑥古→故　⑦成→生　⑧同→道　⑨心→身　⑩渋→従

4 ③

誤りを訂正すると，次のようになる。「抗**成**物質」→「抗**生**物質」，「人跡未**到**」→「人跡未**踏**」，「**陰**忍自重」→「**隠**忍自重」，「不**遍**不党」→「不**偏**不党」。

数字の入った四字熟語

□	□朝□夕	一, 一	□	□人□脚	二, 三	□	□死□生	九, 一
□	□寒□温	三, 四	□	□者択□	二, 一	□	□載□遇	千, 一
□	□宿□飯	一, 一	□	□篇□律	千, 一	□	遮□無□	二, 二
□	□束□文	二, 三	□	□苦□苦	四, 八	□	□長□短	一, 一
□	□石□鳥	一, 二	□	□騎当□	一, 千	□	□世□代	一, 一
□	再□再□	三, 四	□	□方□方	四, 八	□	□転□起	七, 八
□	□進□退	一, 一	□	□風□雨	五, 十	□	□辛□苦	千, 万
□	□利□害	一, 一	□	□人□様	百, 百	□	朝□暮□	三, 四
□	□差□別	千, 万	□	□通□達	四, 八	□	□期□会	一, 一
□	□人□色	十, 十	□	□位□体	三, 一	□	□天□地	九, 九
□	□三□度	三, 九	□	□分□裂	四, 五	□	□紫□紅	千, 万
□	□□時中	四, 六	□	□拝□拝	三, 九	□	唯□無□	一, 二
□	□牛□毛	九, 一	□	□喜□憂	一, 一	□	□難□苦	七, 八
□	□客□来	千, 万	□	□分□厘	九, 九	□	□臓□腑	五, 六
□	□三□五	三, 五	□	□面□臂	三(八), 六	□	張□李□	三, 四

TEST 3

実 1　次の四字熟語のうち，表記の正しいものはどれか。

①　読書百篇　　②　多士斉斉　　③　温古知新
④　画竜点晴　　⑤　危急存亡

実 2　「朝三暮四」の意味として，正しいものはどれか。

①　刑罰や規則などがひどく厳しいこと。
②　表面に現れないところに，深い意味が含まれていること。
③　宇宙に存在するすべてのもの。
④　当事者より第三者のほうが正確な判断ができること。
⑤　目先の利益にとらわれて，全体をとらえられないこと。

3　文中のカタカナを漢字に直し，四字熟語を完成しなさい。

①　コンゼンイッタイ（　　　　　）となって相手チームにぶつかる。
②　高い地位につくと，ギシンアンキ（　　　　　）になりやすい。
③　この主張はケンキョウフカイ（　　　　　）のきらいがある。
④　場内をイフウドウドウ（　　　　　）と行進する。
⑤　密輸組織の一味をイチモウダジン（　　　　　）に逮捕する。
⑥　それは販売員のジョウトウシュダン（　　　　　）である。
⑦　ブンジンボッカク（　　　　　）の定宿として知られる。
⑧　わが社の社長はユイガドクソン（　　　　　）もはなはだしい。

実 4　「傍若無人」の意味として，正しいものはどれか。

①　他人の意見に軽々しく同調すること。
②　時期はずれでまるで役に立たないこと。
③　勝手気ままにふるまうこと。
④　黙って静かに，深く考えにふけること。
⑤　多くの人がみな，口をそろえて同じことを言うこと。

ANSWER 3

1 ⑤

誤りを訂正すると,次のようになる。「読書百**篇**」→「読書百**遍**」,「多士**斉斉**」→「多士**済済**」,「温**古**知新」→「温**故**知新」,「画竜点**晴**」→「画竜点**睛**」。

2 ⑤

「朝三暮四」は,春秋時代の狙公が飼っていた猿に,どんぐりを朝に3つ,暮れに4つ与えたところ猿が怒ったので,朝に4つ,暮れに3つ与えたら猿が喜んだという故事による。

3

①**渾然一体**　②**疑心暗鬼**　③**牽強付会**　④**威風堂堂**
⑤**一網打尽**　⑥**常套手段**　⑦**文人墨客**　⑧**唯我独尊**

4 ③

「傍若無人(ぼうじゃくぶじん)」は,「傍(かたわ)らに人無(な)きが若(ごと)し」とも読む。

重ね字を含む四字熟語

- □ **興味津津**　きょうみしんしん
- □ **唯唯諾諾**　いいだくだく
- □ **是是非非**　ぜぜひひ
- □ **多士済済**　たしせいせい
- □ **威風堂堂**　いふうどうどう
- □ **明明白白**　めいめいはくはく
- □ **意気揚揚**　いきようよう
- □ **奇奇怪怪**　ききかいかい
- □ **徹頭徹尾**　てっとうてつび
- □ **諸説紛紛**　しょせつふんぷん
- □ **悠悠自適**　ゆうゆうじてき
- □ **多事多難**　たじたなん
- □ **空理空論**　くうりくうろん
- □ **自画自賛**　じがじさん
- □ **年年歳歳**　ねんねんさいさい
- □ **小心翼翼**　しょうしんよくよく
- □ **自暴自棄**　じぼうじき
- □ **平平凡凡**　へいへいぼんぼん
- □ **虚虚実実**　きょきょじつじつ
- □ **全身全霊**　ぜんしんぜんれい
- □ **本家本元**　ほんけほんもと
- □ **無理無体**　むりむたい
- □ **不即不離**　ふそくふり
- □ **無為無策**　むいむさく
- □ **粒粒辛苦**　りゅうりゅうしんく
- □ **和気藹藹**　わきあいあい

ことわざ・慣用句

スマートチェック

☞ 意味が似ていることわざ・慣用句

- □ 弘法にも筆の誤り ……………………… 上手の手から水が漏れる
- □ 石の上にも三年 ………………………… 辛抱する木に金がなる
- □ 月とすっぽん …………………………… 提灯に釣鐘
- □ 泣き面に蜂 ……………………………… 弱り目にたたり目
- □ 水は方円の器にしたがう ……………… 朱に交われば赤くなる
- □ 足下から鳥が立つ ……………………… 寝耳に水
- □ 石橋を叩いて渡る ……………………… 浅い川も深く渡れ
- □ 蒔かぬ種は生えぬ ……………………… 火の無い所に煙は立たぬ
- □ 灯台下暗し ……………………………… 負うた子を三年探す
- □ 破れ鍋にとじ蓋 ………………………… 牛は牛連れ馬は馬連れ
- □ 釈迦に説法 ……………………………… 河童に水練
- □ 沈黙は金 ………………………………… 能ある鷹は爪を隠す
- □ 漁夫の利 ………………………………… 濡れ手で粟
- □ 溺れる者は藁をもつかむ ……………… 苦しい時の神頼み
- □ 蛇の道は蛇 ……………………………… 餅は餅屋
- □ 化けの皮がはがれる …………………… 馬脚をあらわす
- □ 仏作って魂入れず ……………………… 画竜点睛を欠く
- □ 光陰矢の如し …………………………… 歳月人を待たず
- □ 邯鄲の歩み ……………………………… 虻蜂取らず
- □ 栴檀は双葉より芳し …………………… 蛇は一寸にして人を呑む

☞ 意味が反対のことわざ・慣用句

- □ 君子危うきに近寄らず ………………… 虎穴に入らずんば虎児を得ず
- □ 後は野となれ山となれ ………………… 立つ鳥跡を濁さず
- □ 蛙の子は蛙 ……………………………… 鳶が鷹を生む
- □ 渇しても盗泉の水は飲まず …………… 衣食足りて礼節を知る
- □ 三人寄れば文殊の知恵 ………………… 船頭多くして船山に上る
- □ 看板に偽りなし ………………………… 羊頭を掲げて狗肉を売る
- □ 危ない橋を渡る ………………………… 石橋を叩いて渡る

□ 群盲象を撫でる …………… 一を聞いて十を知る
□ 寄らば大樹の陰 …………… 鶏口となるも牛後となるなかれ
□ 腐っても鯛 …………… 麒麟も老いては駑馬に劣る
□ 門前市を成す …………… 閑古鳥が鳴く
□ 火事後の火の用心 …………… 暮れぬ先の提灯
□ 恩を以て怨みに報ず …………… 後足で砂を掛ける
□ 泣き面に蜂 …………… 笑う門には福来たる
□ 器用貧乏 …………… 芸は身を助く
□ 下手の横好き …………… 好きこそ物の上手なれ
□ 大器晩成 …………… 栴檀は双葉より芳し
□ 当たって砕けよ …………… 念には念を入れよ
□ 鬼が出るか蛇が出るか …………… 浅い川も深く渡れ
□ 馬子にも衣装 …………… 衣ばかりで和尚はできぬ

☞ 体の一部が入る慣用句

□ (　　)に余る　目
□ (　　)をこまねく　手
□ (　　)も身の内　腹
□ (　　)をすくう　足
□ (　　)が折れる　骨
□ (　　)が滑る　口
□ (　　)が遠のく　足
□ (　　)が飛ぶ　首
□ (　　)をぬぐう　口
□ (　　)に留まる　目
□ (　　)に障る　耳
□ (　　)から火が出る　顔
□ 身の(　　)がよだつ　毛
□ 詰め(　　)を切らせる　腹
□ (　　)が通う　血
□ (　　)をつぶす　肝
□ (　　)を乗り出す　膝
□ (　　)がはずれる　あご
□ (　　)がちぎれる　腸(はらわた)
□ (　　)によりをかける　腕

□ (　　)を明かす　鼻
□ (　　)を出す　舌
□ (　　)で息をする　肩
□ (　　)が砕ける　腰
□ (　　)を借りる　胸
□ (　　)を向ける　背
□ (　　)を冷やす　肝
□ (　　)をもたげる　頭
□ (　　)に覚えがある　腕
□ (　　)折り損のくたびれ儲け　骨
□ (　　)に衣着せぬ　歯
□ 人を(　　)で使う　あご
□ 帳(　　)を合わせる　尻
□ (　　)で風を切る　肩
□ (　　)が渇く　のど
□ (　　)をそばだてる　耳
□ 目と(　　)の先　鼻
□ (　　)身にこたえる　骨
□ (　　)に火を点す　爪
□ 痛くもない(　　)を探られる　腹

TEST 1

実 1 次のことわざの（　）内に入る漢字はどれか。

（　　）の頭も信心から

① 鯛　② 鰯　③ 鯖　④ 鯉　⑤ 鮫

実 2 次のことわざの（　）内に入る漢字はどれか。

角を矯めて（　　）を殺す

① 牛　② 馬　③ 豚　④ 鹿　⑤ 鶏

3 次のことわざの（　）内に生物名を記入しなさい。

① 腐っても（　　）
② （　　）の甲より年の功
③ 俎板（まないた）の（　　）
④ 木によりて（　　）を求む
⑤ はきだめに（　　）
⑥ 生き（　　）の目を抜く
⑦ （　　）に真珠
⑧ （　　）に引かれて善光寺参り
⑨ （　　）の道はへび
⑩ （　　）の威を借る狐

4 次のことわざの（　）内に適当な漢字を記入しなさい。

① （　　）に腕押し
② 提灯に（　　）
③ 枯れ木も（　　）のにぎわい
④ 火中の（　　）を拾う
⑤ 濡れ手で（　　）
⑥ 栴檀は（　　）より芳し
⑦ 青菜に（　　）
⑧ （　　）は小粒でもぴりりと辛い
⑨ 糠に（　　）
⑩ （　　）に冠を正さず

5 次のことわざと意味が似ているものを下から選びなさい。

「医者の不養生」

① 塞翁が馬
② 出藍の誉れ
③ 転ばぬ先の杖
④ 二階から目薬
⑤ 紺屋の白袴

ANSWER 1

1 ②

その意味は，「どんなつまらないものでも，それを信仰する人には非常にありがたく思えるものだということ」。

2 ①

その意味は，「欠点を直そうとして全体をだめにしてしまうこと」。

3

①鯛　②亀　③鯉　④魚　⑤鶴　⑥馬　⑦豚　⑧牛　⑨蛇　⑩虎

4

①暖簾　②釣鐘　③山　④栗　⑤粟　⑥双葉　⑦塩　⑧山椒　⑨釘　⑩李下

5 ⑤

「医者の不養生」の意味は，「人には立派なことを言いながら，自分自身では実践していないこと」。

動物名の入ることわざ

□（　　）に論語	犬	□（　　）は甲羅に似せて穴を掘る	蟹
□泣き面に（　　）	蜂	□井の中の（　　）大海を知らず	蛙
□捕らぬ（　　）の皮算用	狸	□（　　）口となるも牛後となるなかれ	鶏
□（　　）の川流れ	河童	□（　　）に見込まれた（　　）	蛇，蛙
□（　　）に小判	猫	□（　　）を逐う者は山を見ず	鹿
□（　　）に烏帽子	猿	□能ある（　　）は爪を隠す	鷹
□水清ければ（　　）棲まず	魚	□前門の（　　），後門の（　　）	虎，狼
□（　　）につままれる	狐	□鳥無き里の（　　）	蝙蝠（こうもり）
□足下から（　　）が立つ	鳥	□大山鳴動して（　　）一匹	鼠
□獅子身中の（　　）	虫	□（　　）も鳴かずば打たれまい	雉

TEST 2

実 1　次のことわざの意味として，正しいものはどれか。
「肝胆相照らす」

① 人の世の栄華のはかなくむなしいことのたとえ。
② まったく気にしていないこと。
③ 地位や実力が対等になること。
④ 互いにうち解けて交際すること。
⑤ 人のまねばかりしていると，結局なにも身につかないこと。

2　次のことわざ・慣用句の意味を下のア～コの中から選びなさい。

① 春秋に富む　② 木で鼻をくくる
③ 他山の石　④ 窮鼠猫をかむ
⑤ 花より団子　⑥ 水魚の交わり
⑦ 寸鉄人を刺す　⑧ 眼光紙背に徹す
⑨ 中原に鹿を逐う　⑩ 引かれ者の小唄

ア　美しさより実利を重んじること。
イ　負け惜しみで強がりを言うこと。
ウ　ひどく無愛想で，そっけないこと。
エ　つまらない物事でも，自分の修養の役に立つということ。
オ　弱者でも必死になれば，強者を打ち破ることがあるということ。
カ　ある地位・権力を得ようとして互いに争うこと。
キ　読解力の鋭く，すぐれていることのたとえ。
ク　年が若く将来性が豊かなこと。
ケ　短く鋭い言葉で，人の急所を突くこと。
コ　非常に親密な友情のたとえ。

実 3　次のことわざの意味として，正しいものはどれか。
「十日の菊，六日の菖蒲」

① 手ごたえや効き目のないことのたとえ。
② 時期はずれで用をなさないこと。
③ 仕事などが終わり，ひまができること。
④ 似たり寄ったりということ。
⑤ 思い通りにはならないことのたとえ。

ANSWER 2

1 ④

「肝胆」は肝臓と胆のう，のこと。転じて，心の奥底，ということ。

2

①ーク ②ーウ ③ーエ ④ーオ ⑤ーア ⑥ーコ ⑦ーケ ⑧ーキ ⑨ーカ ⑩ーイ

3 ②

菊は９月９日の重陽の節句，菖蒲は５月５日の端午の節句に必要とされるが，それが過ぎると意味がないことから，役に立たないことのたとえとして使われる。

ことわざの意味

- □ 青は藍より出でて藍より青し … 弟子がその師匠をしのいで優れていること。
- □ 羹に懲りて膾を吹く …………… 失敗に懲りて必要以上に用心すること。
- □ 人口に膾炙する …………………… 評判となって，広く世間に知れわたること。
- □ 人間万事塞翁が馬 ……………… 人間の禍福の定まりのないこと。
- □ 点滴石を穿つ …………………… 根気よくやれば成功する。
- □ 石に漱ぎ流れに枕す …………… 負け惜しみの強いこと。
- □ 衆寡敵せず ……………………… 少人数では多人数に敵対してもかなわないこと。
- □ 袖振り合うも他生の縁 ………… どんなささいな出会いも大切にせよということ。
- □ 情けは人の為ならず …………… 人に情けをかけておけば，いずれめぐりめぐって自分のためになるということ。
- □ 天網恢々疎にして漏らさず …… 悪事を犯した者は決して天罰をのがれることはできないということ。
- □ 鼎の軽重を問う ………………… 権力あるものの実力を疑うこと。
- □ 三人市虎をなす ………………… 無根のことでもしばしば吹聴していると，結局は本当になること。
- □ 蓼食う虫も好き好き …………… 人の好き嫌いもさまざまであること。
- □ 百年河清を俟つ ………………… いつまで経ってもとうてい実現する見込みのないこと。
- □ 洛陽の紙価を高める …………… 著書の評判がよく，爆発的に売れること。
- □ 庇を貸して母家を取られる …… 恩を仇で返されることのたとえ。

TEST 3

実 [1] 次の慣用句の意味として，正しいものはどれか。
「角が取れる」

① やぼったい感じがなくなること。
② 次第に勢力を得ること。
③ 円満・温厚になること。
④ その場の雰囲気を険悪なものにすること。
⑤ ひときわ際立つこと。

[2] 次の慣用句の意味を下のア～コの中から選びなさい。

① 歯に衣着せぬ
② 手がふさがる
③ 寝耳に水
④ 耳目を集める
⑤ さじを投げる
⑥ 矢も盾もたまらず
⑦ 折紙を付ける
⑧ お茶をにごす
⑨ 相好を崩す
⑩ 身も蓋もない

ア じっと我慢していることができないこと。
イ いいかげんにその場をごまかすこと。
ウ 確かだと保証すること。
エ 心からうれしくてにこにこすること。
オ 思ったままを率直に話すこと。
カ あまりにも露骨でおもむきがないこと。
キ いきなり変事が起きてびっくりすること。
ク もうだめだとあきらめること。
ケ ある事をしている最中で，他のことができないこと。
コ 世間の注目・関心を引くこと。

実 [3] 次の慣用句の意味として，正しいものはどれか。
「虫酸が走る」

① たまらなく不快な感じがすること。
② 気分がすっきりしないこと。
③ ひどく不安な気持ちになること。
④ 不快な気持ちがぬぐい去られること。
⑤ 生きた心地もしなくなること。

ANSWER 3

1 ③

「角が取れる」は,「年を取って角が取れる」などで使われる。

「角」に関する慣用句の中で,「角が立つ」の意味は,「ものの言い方や態度がおだやかでなく,人間関係がとげとげしくなること」。

「角を立てる」の意味は,「その場の雰囲気を険悪なものにすること」。

2

①ーオ ②ーケ ③ーキ ④ーコ ⑤ーク ⑥ーア ⑦ーウ ⑧ーイ ⑨ーエ ⑩ーカ

3 ①

「虫酸」とは,胸がむかむかしたとき,胃から口の中に逆流してくるすっぱい液のこと。

「虫」に関する慣用句には,「虫の息」「虫の居所が悪い」「虫が知らせる」「虫が好かない」「虫が付く」「虫も殺さない」などがある。

慣用句の意味

- □ 青菜に塩 ………………… 元気がなく,しおれているようすのこと。
- □ 泥を被る ………………… 他人が負うべき責任までも自分が負うこと。
- □ あごで使う …………… 威張った態度で人を使うこと。
- □ 目から鼻へ抜ける …… 賢くて物事の理解が早いこと。
- □ 血道(ちみち)をあげる ………… すっかり夢中になること。
- □ 烙印(らくいん)を押される ……… 消すことのできない汚名を受けること。
- □ 羽目を外す …………… 調子にのって度を過ごすこと。
- □ 肝をつぶす …………… ひどくびっくりすること。
- □ 肩の荷が下りる ……… 責任や負担がなくなり,気が楽になること。
- □ 気が置けない ………… 遠慮や気兼ねをしなくてよいこと。
- □ 立つ瀬がない ………… 自分の立場がなくなること。
- □ つむじを曲げる ……… 気分を害し,相手にまともに応じようとしないこと。
- □ 因果を含める ………… よくよく言いきかせること。

TEST 4

1 次の（　）にあてはまる漢字を下から選び，記号で答えなさい。

① （　　）に豆鉄砲
② 石に（　　）は着せられぬ
③ （　　）の蔓に茄子はならぬ
④ 坊主憎けりゃ（　　）まで憎い
⑤ （　　）言わざれども下自から蹊を成す

ア	瓜	イ	菊	ウ	鳩	エ	着物	オ	袈裟
カ	桃李	キ	鳥	ク	布団	ケ	糸瓜	コ	布施

2 次の（　）に適当な漢字を入れて，右の意味をもつ慣用句にしなさい。

① （　　）の差 …………… はなはだしい隔り。
② （　　）を預ける ……… あることの処理を一切任せる。
③ （　　）を押す ………… 自分の考えを強引に押し通すこと。
④ （　　）をつける ……… 失敗して面目を失う。
⑤ （　　）を逸する ……… ふつうのやり方からはずれる。
⑥ （　　）を開く ………… うち解けて自分の気持ちを表す。
⑦ （　　）をしめる ……… 行き過ぎのないよう行動を制御する。
⑧ （　　）で首を絞める … 時間をかけて少しずつ苦しめる。
⑨ （　　）に触れる ……… 心から感動する。
⑩ （　　）に接する ……… 偉い人の話を直接聞く。またはお目にかかる。

実 3 次のことわざの意味として，正しいものはどれか。
「瓜田に履を納れず」

① 人に疑いをもたれるようなことはするなということ。
② 自分の専門外のことにやたらと口を出すなということ。
③ 自分の納得できないことは決してするなということ。
④ 社会全体の利益にならないことはするなということ。
⑤ 新しいことにすぐにとびつくなということ。

ANSWER 4

1 ①－ウ ②－ク ③－ア ④－オ ⑤－カ

「鳩に豆鉄砲」は「鳩が豆鉄砲を食ったよう」と同じ意味である。「豆鉄砲」は，豆を弾にしたおもちゃの鉄砲のこと。「石に布団は着せられぬ」の類義語として,「孝行のしたい時分に親はなし」。「瓜の蔓に茄子はならぬ」の類義語としては「蛙の子は蛙」，対義語としては「鳶が鷹を生む」。

2

①雲泥 ②下駄 ③横車 ④味噌 ⑤常軌 ⑥胸襟（きょうきん） ⑦手綱（たづな） ⑧真綿 ⑨琴線（きんせん） ⑩謦咳（けいがい）

3 ①

類義語に，「李下に冠を正さず」がある。

ことわざ・慣用句の意味

- □ 怒髪天（どはつてん）を衝（つ）く …………………… ものすごい剣幕で怒ること。
- □ 鴨（かも）が葱（ねぎ）を背負（しょ）って来る ……… 好都合なことが重なること。
- □ 団栗（どんぐり）の背競（せいくら）べ …………………… 特に目立つようなすぐれたもののないこと。
- □ 木に竹を接（つ）ぐ …………………… つり合いのとれないことのたとえ。
- □ 柳眉（りゅうび）を逆立（さかだ）てる …………… 美人が細い眉をつり上げて怒ること。
- □ 物議（ぶつぎ）を醸（かも）す …………………… 世間の論議を引き起こすこと。
- □ 中原に鹿を逐（お）う ………………… 地位などを得るため互いに競争すること。
- □ 月夜に釜（かま）を抜かれる ………… ひどく気のゆるんでいることのたとえ。
- □ 縁なき衆生（しゅじょう）は度し難し ……… いくら言ってもだめな人はどうしようもないということ。
- □ 泣く子と地頭には勝てぬ …… 理屈のわからない者や権力を握っている者にはどうしても勝てないということ。
- □ 烏（からす）の頭（かしら）の白くなるまで ……… いつまでたってもその時期のこないことのたとえ。
- □ 傍（かたわ）ら痛い ……………………… わきで見ていて苦々しく，また，こっけいであること。
- □ 歯牙（しが）にもかけない ………… まるで問題にせず，無視すること。

これも覚えておこう！

☞ 三字熟語

大晦日　おおみそか
顕微鏡　けんびきょう
無邪気　むじゃき
返戻金　へんれいきん
横恋慕　よこれんぼ
幾何学　きかがく
端境期　はざかいき
錬金術　れんきんじゅつ
珊瑚礁　さんごしょう
蜃気楼　しんきろう
一隻眼　いっせきがん
荒療治　あらりょうじ
橋頭堡　きょうとうほ
古文書　こもんじょ
金輪際　こんりんざい
日和見　ひよりみ
御多分　ごたぶん
養蚕業　ようさんぎょう
不祥事　ふしょうじ
素封家　そほうか
往生際　おうじょうぎわ
有頂天　うちょうてん
破天荒　はてんこう
守銭奴　しゅせんど
愛弟子　まなでし
極彩色　ごくさいしき
大見得　おおみえ
格子戸　こうしど
疫病神　やくびょうがみ
不如意　ふにょい
湯湯婆　ゆたんぽ
駄洒落　だじゃれ

一家言　いっかげん
砕氷船　さいひょうせん
几帳面　きちょうめん
蛋白質　たんぱくしつ
大袈裟　おおげさ
宮内庁　くないちょう
信憑性　しんぴょうせい
泌尿器　ひにょうき
無頓着　むとんちゃく
菩提寺　ぼだいじ
三十路　みそじ
破魔矢　はまや
格天井　ごうてんじょう
摩天楼　まてんろう
目論見　もくろみ
出無精　でぶしょう
審美眼　しんびがん
円借款　えんしゃっかん
稼働率　かどうりつ
注連縄　しめなわ
袋小路　ふくろこうじ
鉄面皮　てつめんぴ
短兵急　たんぺいきゅう
空手形　からてがた
好事家　こうずか
大音声　だいおんじょう
瀬戸際　せとぎわ
堪忍袋　かんにんぶくろ
御法度　ごはっと
篤志家　とくしか
甲斐性　かいしょう
四方山　よもやま

助太刀　すけだち
小冊子　しょうさっし
軽業師　かるわざし
大時化　おおしけ
下馬評　げばひょう
消火栓　しょうかせん
罹災地　りさいち
金環食　きんかんしょく
独壇場　どくだんじょう
雑魚寝　ざこね
梯子段　はしごだん
再来月　さらいげつ
牡丹雪　ぼたんゆき
断末魔　だんまつま
破廉恥　はれんち
必携書　ひっけいしょ
拾得物　しゅうとくぶつ
健忘症　けんぼうしょう
囲炉裏　いろり
真面目　まじめ
醍醐味　だいごみ
生半可　なまはんか
虚無僧　こむそう
野放図　のほうず
殿上人　てんじょうびと
未曾有　みぞう
桃源郷　とうげんきょう
擦過傷　さっかしょう
遺留品　いりゅうひん
手水場　ちょうずば
素寒貧　すかんぴん
涅槃会　ねはんえ

Section 3

SCOA
数　理

四則計算

スマートチェック

☞ －（＋□）→－□　，　－（－□）→＋□　にかえて計算しよう！
足し算，引き算を計算する場合，プラス，マイナスの符号に十分注意しよう。

例題　$3-(+7)=3-7=-4$　　$3+(-7)=3-7=-4$

$3-(-7)=3+7=10$　　$3+(+7)=3+7=10$

☞ 小数は分数になおして，計算しよう！

例題　$0.5+\frac{1}{3}=\frac{5}{10}+\frac{1}{3}=\frac{1}{2}+\frac{1}{3}=\frac{3}{6}+\frac{2}{6}=\frac{5}{6}$

$1.3+\frac{3}{2}=1\frac{3}{10}+1\frac{1}{2}=1\frac{3}{10}+1\frac{5}{10}=2\frac{8}{10}=2\frac{4}{5}$

☞ 足し算，引き算よりも，かけ算，割り算の計算が先！

例題　$8+4\times3-16\div2=8+12-8=12$

$-25\div5-3+20\div4=-5-3+5=-3$

☞（　　　）が付いている場合，その中の計算が先！

例題　$18\div(9-3)+3\times(8+2)$

$=18\div6+3\times10=3+30=33$

$$\frac{10}{3}\div\left(\frac{1}{2}-\frac{4}{3}\right)=\frac{10}{3}\div\left(\frac{3}{6}-\frac{8}{6}\right)$$

$$=\frac{10}{3}\div\left(-\frac{5}{6}\right)=\frac{10}{3}\times\left(-\frac{6}{5}\right)=-4$$

☞ **マイナスの数をチェックし，プラスかマイナスかを決めておく！**

例題　$(-5)\times 8\times(-3)\div(-4)$

上の計算式の場合，マイナスが3つあるので，答は**マイナス**となる。

よって，計算の結果，答がプラスになると誤りと判る。

$(-5)\times 8\times(-3)\div(-4)=-40\times(-3)\div(-4)$

$=120\div(-4)=-30$

☞ **割り算はかけ算の形になおして計算する！**

例題　$\frac{2}{3}\times\left(-\frac{1}{4}\right)\div\frac{5}{6}=-\frac{1}{6}\times\frac{6}{5}=-\frac{1}{5}$

$-12\div(-6)+(-4)\div\frac{1}{3}$

$=-12\times\left(-\frac{1}{6}\right)+(-4)\times 3=2-12=-10$

☞ **累乗の計算は指数の位置に注意する！**

例題　$(-5)^2=(-5)\times(-5)=25$

この場合，-5を2乗する。

$-5^2=-(5\times 5)=-25$

この場合，5を2乗する。

☞ **根号の中の数を簡単にする場合，$\sqrt{\ }$ の中の数を素因数分解して，平方因数を外に出す！**

例題　$\sqrt{12}=\sqrt{4\times 3}=\sqrt{2\times 2\times 3}=\sqrt{2^2\times 3}=2\sqrt{3}$

$\sqrt{18}=\sqrt{9\times 2}=\sqrt{3\times 3\times 2}=\sqrt{3^2\times 2}=3\sqrt{2}$

☞ **分母が根号を含んだ数であるときは，分母を有理化する！**

例題　$\frac{3}{\sqrt{2}}=\frac{3\times\sqrt{2}}{\sqrt{2}\times\sqrt{2}}=\frac{3\sqrt{2}}{\sqrt{2\times 2}}=\frac{3\sqrt{2}}{\sqrt{2^2}}=\frac{3\sqrt{2}}{2}$

TEST 1

1 次の計算をしなさい。

① $(-15)+(+17)$　　② $(-12)+(-13)$

③ $(+28)-(-43)$　　④ $(-53)+(+53)$

⑤ $-\frac{1}{2}+\left(-\frac{2}{3}\right)$　　⑥ $(-0.5)-\left(-\frac{1}{4}\right)$

実 2 次の計算をしなさい。

$4.2-6\frac{3}{5}$

ア $1\frac{1}{5}$　　イ $-\frac{4}{5}$　　ウ $3\frac{1}{5}$

エ $-2\frac{2}{5}$　　オ $-2\frac{4}{5}$

3 次の計算をしなさい。

① $\frac{1}{2}-\left(\frac{1}{5}-0.3\right)$

② $1\frac{1}{2}-\left(-\frac{3}{4}\right)+\left(-\frac{11}{4}\right)$

③ $4.15-\left(+1\frac{4}{5}\right)$

④ $-3.75-\left(-1\frac{5}{7}\right)$

⑤ $0.8-\left(\frac{1}{3}-\frac{3}{4}\right)$

ANSWER 1

1 ①2　②-25　③71　④0　⑤$-1\frac{1}{6}$　⑥$-\frac{1}{4}$

① $(-15)+(+17)=-15+17=2$

② $(-12)+(-13)=-12-13=-25$

③ $(+28)-(-43)=28+43=71$

④ $(-53)+(+53)=-53+53=0$

⑤ $-\frac{1}{2}+\left(-\frac{2}{3}\right)=-\frac{3}{6}-\frac{4}{6}=-\frac{7}{6}=-1\frac{1}{6}$

⑥ $(-0.5)-\left(-\frac{1}{4}\right)=-\frac{2}{4}+\frac{1}{4}=-\frac{1}{4}$

2 エ

$4.2-6\frac{3}{5}=4\frac{2}{10}-6\frac{6}{10}=\frac{42}{10}-\frac{66}{10}=-\frac{24}{10}=-2\frac{4}{10}=-2\frac{2}{5}$

3 ①$\frac{3}{5}$　②$-\frac{1}{2}$　③$2\frac{7}{20}$　④$-2\frac{1}{28}$　⑤$1\frac{13}{60}$

① $\frac{1}{2}-\left(\frac{1}{5}-0.3\right)=\frac{5-2+3}{10}=\frac{6}{10}=\frac{3}{5}$

② $1\frac{1}{2}-\left(-\frac{3}{4}\right)+\left(-\frac{11}{4}\right)=\frac{3}{2}+\frac{3}{4}-\frac{11}{4}=\frac{6+3-11}{4}=-\frac{1}{2}$

③ $4.15-\left(+1\frac{4}{5}\right)=4\frac{15}{100}-\frac{9}{5}=4\frac{3}{20}-\frac{36}{20}=\frac{47}{20}=2\frac{7}{20}$

④ $(-3.75)-\left(-1\frac{5}{7}\right)=-3\frac{3}{4}+1\frac{5}{7}=-\frac{15}{4}+\frac{12}{7}$

$=\frac{-105+48}{28}=-\frac{57}{28}=-2\frac{1}{28}$

⑤ $0.8-\left(\frac{1}{3}-\frac{3}{4}\right)=\frac{4}{5}-\left(\frac{1}{3}-\frac{3}{4}\right)=\frac{4}{5}-\left(\frac{4-9}{12}\right)$

$=\frac{4}{5}+\frac{5}{12}=\frac{48+25}{60}=\frac{73}{60}=1\frac{13}{60}$

TEST 2

1 次の計算をしなさい。

① $\frac{10}{3} \div \left(\frac{3}{2} - \frac{4}{3} \right)$

② $(-4) \div \left(-\frac{1}{2} \right) \times (-12) \div \left(-\frac{2}{3} \right)$

③ $(-13) \times \left(-\frac{4}{27} \right) \times 6 \times (-9)$

実 2 次の計算をしなさい。

$$-1\frac{2}{3} \div \left(-8\frac{1}{3} \right) \times 2\frac{1}{2} \div \left(-3\frac{1}{4} \right)$$

ア $-\frac{5}{2}$　イ $-\frac{5}{3}$　ウ $\frac{7}{3}$

エ $-\frac{2}{13}$　オ $\frac{7}{13}$

3 次の計算をしなさい。

① $(-2)^2 \times (-3) + 5^2 \times 4$

② $-3^2 \times \left(-\frac{1}{6} \right) \div (-4)$

③ $-4^2 \times 8 - (-6)^2 \times (-7)$

④ $\frac{4}{9} \times \left(-\frac{3}{4} \right)^2 \div \left(-\frac{1}{4} \right)$

⑤ $\left(-\frac{1}{2} \right)^2 \times \frac{8}{3} \div (-2^2)$

ANSWER 2

1 ① **20**　② **144**　③ **− 104**

① $\frac{10}{3} \div \left(\frac{3}{2} - \frac{4}{3} \right) = \frac{10}{3} \div \left(\frac{9-8}{6} \right) = \frac{10}{3} \times 6 = 20$

② $(-4) \div \left(-\frac{1}{2} \right) \times (-12) \div \left(-\frac{2}{3} \right) = 4 \times 2 \times 12 \times \frac{3}{2} = 144$

③ $(-13) \times \left(-\frac{4}{27} \right) \times 6 \times (-9) = (-13) \times \left(-\frac{4}{27} \right) \times (-9) \times 6$

$= (-13) \times \frac{4}{3} \times 6 = (-13) \times 8 = -104$

2 **エ**

$-1\frac{2}{3} \div \left(-8\frac{1}{3} \right) \times 2\frac{1}{2} \div \left(-3\frac{1}{4} \right) = \frac{5}{3} \times \frac{3}{25} \times \frac{5}{2} \times \left(-\frac{4}{13} \right)$

$= \frac{1}{5} \times \frac{5}{2} \times \left(-\frac{4}{13} \right) = \frac{1}{2} \times \left(-\frac{4}{13} \right) = -\frac{2}{13}$

3 ① **88**　② $-\frac{3}{8}$　③ **124**　④ **− 1**　⑤ $-\frac{1}{6}$

① $(-2)^2 \times (-3) + 5^2 \times 4 = 4 \times (-3) + 25 \times 4 = -12 + 100 = 88$

② $-3^2 \times \left(-\frac{1}{6} \right) \div (-4) = -9 \times \left(-\frac{1}{6} \right) \times \left(-\frac{1}{4} \right) = \frac{3}{2} \times \left(-\frac{1}{4} \right)$

$= -\frac{3}{8}$

③ $-4^2 \times 8 - (-6)^2 \times (-7) = -16 \times 8 - 36 \times (-7) = -128 + 252$

$= 124$

④ $\frac{4}{9} \times \left(-\frac{3}{4} \right)^2 \div \left(-\frac{1}{4} \right) = \frac{4}{9} \times \frac{9}{16} \times \left(-\frac{4}{1} \right) = \frac{1}{4} \times (-4) = -1$

⑤ $\left(-\frac{1}{2} \right)^2 \times \frac{8}{3} \div (-2^2) = \frac{1}{4} \times \frac{8}{3} \times \left(-\frac{1}{4} \right) = \frac{2}{3} \times \left(-\frac{1}{4} \right) = -\frac{1}{6}$

TEST 3

実 ① 次の計算をしなさい。

$$\frac{1}{4} \times (5.2 + 4^2 - 6) - (6^2 - 23.2) \div 8$$

ア 2.2　　イ -3.4　　ウ 4.2

エ -4.8　　オ 5.4

② 次の計算をしなさい。

① $-2 \times (-4)^3 - 7 \times 3^2$

② $\left(-\frac{3}{5}\right)^2 \times (-10)^3 \times \left(\frac{1}{3}\right)^2$

③ $(-0.5) \times (-2)^3 \times 12.5 \times (-0.3)^2$

実 ③ 次の計算をしなさい。

$$24 \times \left(-\frac{1}{2}\right)^3 - 81 \times \left(-\frac{1}{3}\right)^2$$

ア 8　　イ -10　　ウ -12

エ 16　　オ -18

④ 次の計算をしなさい。

① $\sqrt{18} + \sqrt{32} - \sqrt{72}$

② $\sqrt{6}(\sqrt{3} + \sqrt{8})$

③ $(\sqrt{3} + \sqrt{2})^2(\sqrt{3} - \sqrt{2})^2$

④ $\sqrt{27} - \frac{\sqrt{6}}{\sqrt{2}}$

ANSWER 3

1 ア

$$\frac{1}{4}\times(5.2+4^2-6)-(6^2-23.2)\div 8=\frac{1}{4}\times(5.2+16-6)$$
$$-(36-23.2)\div 8=\frac{1}{4}\times 15.2-12.8\times\frac{1}{8}=3.8-1.6=2.2$$

2 ① **65**　② **− 40**　③ **4.5**

① $-2\times(-4)^3-7\times 3^2=-2\times(-64)-7\times 9=128-63=65$

② $\left(-\frac{3}{5}\right)^2\times(-10)^3\times\left(\frac{1}{3}\right)^2=\frac{9}{25}\times(-1000)\times\frac{1}{9}=9\times(-40)\times\frac{1}{9}$

$=9\times\frac{1}{9}\times(-40)=-40$

③ $(-0.5)\times(-2)^3\times 12.5\times(-0.3)^2=(-0.5)\times(-8)\times 12.5\times 0.09$

$=4\times 12.5\times 0.09=50\times 0.09=4.5$

3 ウ

$$24\times\left(-\frac{1}{2}\right)^3-81\times\left(-\frac{1}{3}\right)^2=24\times\left(-\frac{1}{8}\right)-81\times\frac{1}{9}$$
$$=-3-9=-12$$

4 ① $\sqrt{2}$　② $3\sqrt{2}+4\sqrt{3}$　③ **1**　④ $2\sqrt{3}$

① $\sqrt{18}+\sqrt{32}-\sqrt{72}=\sqrt{9\times 2}+\sqrt{16\times 2}-\sqrt{36\times 2}=3\sqrt{2}+4\sqrt{2}-6\sqrt{2}=\sqrt{2}$

② $\sqrt{6}(\sqrt{3}+\sqrt{8})=\sqrt{6}\times\sqrt{3}+\sqrt{6}\times\sqrt{8}=\sqrt{6\times 3}+\sqrt{6\times 8}=\sqrt{18}+\sqrt{48}$

$=\sqrt{9\times 2}+\sqrt{16\times 3}=3\sqrt{2}+4\sqrt{3}$

③ $(\sqrt{3}+\sqrt{2})^2(\sqrt{3}+\sqrt{2})^2$

$=\left\{(\sqrt{3})^2+2\times\sqrt{3}\times\sqrt{2}+(\sqrt{2})^2\right\}\left\{(\sqrt{3})^2-2\times\sqrt{3}\times\sqrt{2}+(\sqrt{2})^2\right\}$

$=(5+2\sqrt{6})(5-2\sqrt{6})=5^2-(2\sqrt{6})^2=25-4\times 6=1$

④ $\sqrt{27}-\frac{\sqrt{6}}{\sqrt{2}}=\sqrt{9\times 3}-\frac{\sqrt{6}\times\sqrt{2}}{\sqrt{2}\times\sqrt{2}}=3\sqrt{3}-\frac{\sqrt{12}}{2}=3\sqrt{3}-\frac{\sqrt{4\times 3}}{2}=3\sqrt{3}-\frac{2\sqrt{3}}{2}$

$=3\sqrt{3}-\sqrt{3}=2\sqrt{3}$

TEST 4

実 1　次の計算をしなさい。

$$\sqrt{32}+\frac{12}{\sqrt{3}}+\sqrt{6}\,(2\sqrt{3}-\sqrt{2})$$

ア　$8\sqrt{2}-3\sqrt{3}$　　イ　$8\sqrt{2}+2\sqrt{3}$　　ウ　$10\sqrt{2}-\sqrt{3}$

エ　$10\sqrt{2}+2\sqrt{3}$　　オ　$10\sqrt{2}-5\sqrt{3}$

実 2　$a=3$，$b=-4$ のとき，次の式の値を求めなさい。

$$4(3a-8b)-6(-2a+5b)-46$$

ア　18　　イ　34　　ウ　-64

エ　-222　　オ　274

3　$x=\sqrt{5}+3$ のとき，次の式の値を求めなさい。

① x^2-3x+2

② $-2x^2-4x-5$

③ $\sqrt{5}\,x^2-12x$

実 4　$x=\sqrt{2}$，$y=\sqrt{6}$ のとき，$-2x^2-\sqrt{12}xy+y^2$ の値を求めなさい。

ア　-2　　イ　-10　　ウ　14

エ　20　　オ　-22

ANSWER 4

[1] エ

$\sqrt{32}+\frac{12}{\sqrt{3}}+\sqrt{6}(2\sqrt{3}-\sqrt{2})=4\sqrt{2}+\frac{12\sqrt{3}}{3}+2\sqrt{18}-\sqrt{12}=4\sqrt{2}+4\sqrt{3}$
$+6\sqrt{2}-2\sqrt{3}=4\sqrt{2}+6\sqrt{2}+4\sqrt{3}-2\sqrt{3}=10\sqrt{2}+2\sqrt{3}$

[2] オ

$4(3a-8b)-6(-2a+5b)-46=12a-32b+12a-30b-46$
$=(12a+12a)-(32b+30b)-46=24a-62b-46$
$a=3,\ b=-4$ であることから
$24a-62b-46=24\times3-62\times(-4)-46=72+248-46=274$

[3] ① **$7+3\sqrt{5}$**　② **$-45-16\sqrt{5}$**　③ **$2\sqrt{5}-6$**

① $x^2-3x+2=(\sqrt{5}+3)^2-3(\sqrt{5}+3)+2=(\sqrt{5})^2+2\times\sqrt{5}\times3+3^2$
$-3\times\sqrt{5}-3\times3+2=5+6\sqrt{5}+9-3\sqrt{5}-9+2=(5+9-9+2)$
$+(6\sqrt{5}-3\sqrt{5})=7+3\sqrt{5}$
② $-2x^2-4x-5=-2\times(\sqrt{5}+3)^2-4(\sqrt{5}+3)-5=-2(5+6\sqrt{5}+9)$
$-4\sqrt{5}-12-5=-2\times(14+6\sqrt{5})-4\sqrt{5}-17=-28-12\sqrt{5}-4\sqrt{5}$
$-17=-(28+17)-(12\sqrt{5}+4\sqrt{5})=-45-16\sqrt{5}$
③ $\sqrt{5}x^2-12x=\sqrt{5}(\sqrt{5}+3)^2-12(\sqrt{5}+3)=\sqrt{5}(14+6\sqrt{5})-12(\sqrt{5}+3)$
$=14\sqrt{5}+30-12\sqrt{5}-36=(14\sqrt{5}-12\sqrt{5})+(30-36)=2\sqrt{5}-6$

[4] イ

$-2x^2-\sqrt{12}xy+y^2=-2\times(\sqrt{2})^2-\sqrt{12}\times\sqrt{2}\times\sqrt{6}+(\sqrt{6})^2$
$=-2\times2-\sqrt{12}\times\sqrt{12}+6=-4-12+6=-10$

方程式・不等式

スマートチェック

☞ **文字(x)の項を左辺に，数の項を右辺に移項する！**

例題　$3x - 5 = 10 - 2x$

$3x + 2x = 10 + 5$　← 注目　等号(＝)をこえたとき，符号が変わる。プラスはマイナス，マイナスはプラス，に変わる。

$5x = 15$

$x = \frac{15}{5} = 3$

☞ **連立方程式の解き方には，加減法と代入法がある**

x，y についての連立方程式を解く場合，どちらか一方の文字を消去し，1つの文字だけの方程式をつくることがポイント！

例題

<加減法>

$$\begin{cases} x + 5y = 13 & \cdots\cdots (1) \\ 2x + 3y = 5 & \cdots\cdots (2) \end{cases}$$

$$\begin{array}{rrl} & 2x + 10y = 26 & \cdots\cdots (1)' \\ -) & 2x + 3y = 5 & \cdots\cdots (2) \\ \hline & 7y = 21 & \therefore y = 3 \end{array}$$

$y = 3$ を (1) に代入すると，

$x + 5 \times 3 = 13$　　$x + 15 = 13$　　$\therefore x = -2$

<代入法>

$$\begin{cases} x + 2y = 13 & \cdots\cdots (1) \\ 3x + y = 14 & \cdots\cdots (2) \end{cases}$$

(1)より，$x = 13 - 2y$ $\cdots\cdots$ $(1)'$

$(1)'$ を(2)に代入すると，　$3(13 - 2y) + y = 14$

$-5y = -25$　　$\therefore y = 5$

$y = 5$ を $(1)'$ に代入すると，

$x = 13 - 2 \times 5 = 3$　　$\therefore x = 3$

☞ 解の公式 を使って解く

２次方程式の解き方は２通りある。１つは 解の公式 を使うこと，もう１つは 因数分解 を使うことである。

＜解の公式のメリット・デメリット＞

どんな２次方程式も，この公式で解くことができる。しかし，計算が複雑になるので計算ミスが生じやすい。したがって，まずは因数分解で解いてみて，それで解けない場合，解の公式を利用するとよい。

２次方程式　$ax^2 + bx + c = 0$ $(a \neq 0)$の解は，

解の公式　$x = \dfrac{-b \pm \sqrt{b^2 - 4ac}}{2a}$

例題　$x^2 - 4x - 6 = 0$

この場合，$a = 1$，$b = -4$，$c = -6$ であるので，

$$x = \frac{-(-4) \pm \sqrt{(-4)^2 - 4 \times 1 \times (-6)}}{2 \times 1}$$

$$= \frac{4 \pm \sqrt{16 + 24}}{2} = \frac{4 \pm 2\sqrt{10}}{2} = 2 \pm \sqrt{10}$$

☞ 因数分解 を使って解く

$$x^2 + px + q = 0 \longrightarrow (x + a)(x + b) = 0$$

$$x = -a,\ -b$$

例題　$3x^2 + 4x + 1 = 0$

$(3x + 1)(x + 1) = 0$

$3x + 1 = 0$ より，$x = -\dfrac{1}{3}$　$x + 1 = 0$ より，$x = -1$　$\therefore x = -\dfrac{1}{3},\ -1$

☞ 不等号の向きが変わる！

両辺を，マイナスの数で割った（かけた）とき，不等号の向きが変わる。

例題　$3x - 5 > 5x + 7$

$3x - 5x > 7 + 5$

$-2x > 12$

$x < -6$

TEST 1

実 1　次の方程式を解いたときの解は次のうちどれか。

$$\frac{3x-6}{2}-\frac{2x+3}{3}=0$$

ア　$-4\frac{4}{5}$　　イ　$5\frac{1}{2}$　　ウ　$-5\frac{3}{4}$

エ　$4\frac{4}{5}$　　オ　$-5\frac{1}{2}$

2　次の連立方程式を解きなさい。

① $\begin{cases} 2x+y=6 \\ x-y=3 \end{cases}$　　② $\begin{cases} 2x+5y=11 \\ 4x=5y+7 \end{cases}$

③ $\begin{cases} 5x+7y=-16 \\ 2x+5y=-2 \end{cases}$　　④ $\begin{cases} 2x-3y=-5 \\ -6x+4y=5 \end{cases}$

実 3　次の連立方程式を解いたときの解は次のうちどれか。

$$\begin{cases} \dfrac{x+2y}{2}-\dfrac{4x-3y}{3}=\dfrac{1}{4} \\ \dfrac{3x+y}{2}+\dfrac{-x+3y}{6}=1 \end{cases}$$

ア　$(x,\ y)=\left(\frac{1}{2},\ \frac{1}{3}\right)$　　イ　$(x,\ y)=\left(-\frac{1}{2},\ \frac{1}{3}\right)$

ウ　$(x,\ y)=\left(\frac{1}{3},\ \frac{1}{4}\right)$　　エ　$(x,\ y)=\left(\frac{1}{3},\ -\frac{1}{4}\right)$

オ　$(x,\ y)=\left(\frac{1}{4},\ -\frac{1}{5}\right)$

ANSWER 1

1 エ

$$\frac{3x-6}{2}-\frac{2x+3}{3}=0 \qquad \frac{6(3x-6)}{2}-\frac{6(2x+3)}{3}=0\times 6$$

$$3(3x-6)-2(2x+3)=0 \qquad 9x-18-4x-6=0$$

$$5x=24 \qquad x=\frac{24}{5} \qquad \therefore x=4\frac{4}{5}$$

2 ① $(x,\ y)=(3,\ 0)$　② $(x,\ y)=(3,\ 1)$

③ $(x,\ y)=(-6,\ 2)$　④ $(x,\ y)=\left(\frac{1}{2},\ 2\right)$

① $\begin{cases}2x+y=6\\ x-y=3\end{cases}$

$$\begin{array}{rl} & 2x+\ y=6\\ +) & x-\ y=3\\ \hline & 3x\qquad =9\end{array} \qquad \therefore x=3$$

$2x+y=6$ に，$x=3$ を代入すると，$6+y=6$　$\therefore y=0$

② $\begin{cases}2x+5y=11\\ 4x-5y=7\end{cases}$

$$\begin{array}{rl} & 2x+5y=11\\ +) & 4x-5y=7\\ \hline & 6x\qquad =18\end{array} \qquad \therefore x=3$$

$2x+5y=11$ に，$x=3$ を代入すると，$2\times 3+5y=11$　$\therefore y=1$

③ $\begin{cases}2\times 5x+2\times 7y=2\times(-16)\\ 5\times 2x+5\times 5y=5\times(-2)\end{cases}$

$$\begin{array}{rl} & 10x+14y=-32\\ -) & 10x+25y=-10\\ \hline & -11y=-22\end{array} \qquad \therefore y=2$$

$2x+5y=-2$ に，$y=2$ を代入すると，$2x+5\times 2=-2$　$\therefore x=-6$

④ $\begin{cases}3\times 2x-3\times 3y=3\times(-5)\\ -6x+4y=5\end{cases}$

$$\begin{array}{rl} & 6x-9y=-15\\ +) & -6x+4y=5\\ \hline & -5y=-10\end{array} \qquad \therefore y=2$$

$-6x+4y=5$ に，$y=2$ を代入すると，$-6x+4\times 2=5$　$\therefore x=\frac{1}{2}$

3 ア

$$\begin{cases}\dfrac{12(x+2y)}{2}-\dfrac{12(4x-3y)}{3}=\dfrac{12\times 1}{4}\\[2mm] \dfrac{6(3x+y)}{2}+\dfrac{6(-x+3y)}{6}=1\times 6\end{cases} \qquad \begin{cases}6(x+2y)-4(4x-3y)=3\\ 3(3x+y)+(-x+3y)=6\end{cases}$$

$$\begin{array}{rl} & -10x+24y=3\\ -) & 32x+24y=24\\ \hline & -42x\qquad =-21\end{array} \qquad \therefore x=\frac{1}{2} \qquad -10\times\frac{1}{2}+24y=3 \qquad \therefore y=\frac{1}{3}$$

TEST 2

実 [1] $\begin{cases} ax+by=5 \\ ax-by=-1 \end{cases}$ の解が $x=2$, $y=-1$ のときの, a, b の値はどれか。

ア　$a=1$, $b=-2$　　イ　$a=1$, $b=-3$

ウ　$a=2$, $b=3$　　エ　$a=2$, $b=-3$

オ　$a=2$, $b=-4$

[2] 次の2次方程式を解きなさい。

① $x^2+5x+6=0$

② $3x^2+5x-1=0$

③ $x^2-2x=15$

④ $4x^2-20x+25=0$

⑤ $(x+1)^2+(x-2)^2=8$

⑥ $(x+2)(x-3)=2(x^2-4)$

実 [3] $2(x+3)^2=x(4x+2)+30$ を解いたときの解は次のうちどれか。

ア　$x=1$, 6　　イ　$x=-1$, -6

ウ　$x=2$, 3　　エ　$x=-2$, -3

オ　$x=2$, -3

ANSWER 2

1 イ

$\begin{cases} ax + by = 5 \\ ax - by = -1 \end{cases}$ に，$x = 2$，$y = -1$ を代入すると，

$$\begin{array}{rl} & 2a - b = 5 \\ -) & 2a + b = -1 \\ \hline & -2b = 6 \end{array} \qquad \therefore b = -3$$

$2a - b = 5$ に，$b = -3$ を代入すると，　$2a + 3 = 5$　$\therefore a = 1$

2 ①$x = -2,\ -3$　②$x = \dfrac{-5 \pm \sqrt{37}}{6}$　③$x = -3,\ 5$

④$x = \dfrac{5}{2}$（重解）　⑤$x = \dfrac{1 \pm \sqrt{7}}{2}$　⑥$x = 1,\ -2$

① $x^2 + 5x + 6 = 0$，$(x + 2)(x + 3) = 0$　$\therefore x = -2,\ -3$

② $3x^2 + 5x - 1 = 0$，$x = \dfrac{-5 \pm \sqrt{5^2 - 4 \times 3 \times (-1)}}{2 \times 3}$

$= \dfrac{-5 \pm \sqrt{25 + 12}}{6} = \dfrac{-5 \pm \sqrt{37}}{6}$

③ $x^2 - 2x = 15$，$x^2 - 2x - 15 = 0$，$(x + 3)(x - 5) = 0$

$\therefore x = -3,\ 5$

④ $4x^2 - 20x + 25 = 0$，$(2x - 5)^2 = 0$　$\therefore x = \dfrac{5}{2}$

⑤ $(x + 1)^2 + (x - 2)^2 = 8$，$x^2 + 2x + 1 + x^2 - 4x + 4 - 8 = 0$

$2x^2 - 2x - 3 = 0$，$x = \dfrac{2 \pm \sqrt{(-2)^2 - 4 \times 2 \times (-3)}}{2 \times 2} = \dfrac{2 \pm \sqrt{28}}{4}$

$= \dfrac{2 \pm 2\sqrt{7}}{4} = \dfrac{1 \pm \sqrt{7}}{2}$

⑥ $(x + 2)(x - 3) = 2(x^2 - 4)$，$x^2 - x - 6 = 2x^2 - 8$

$x^2 + x - 2 = 0$，$(x - 1)(x + 2) = 0$　$\therefore x = 1,\ -2$

3 ウ

$2(x + 3)^2 = x(4x + 2) + 30$，$2(x^2 + 6x + 9) = 4x^2 + 2x + 30$

$4x^2 + 2x + 30 - 2x^2 - 12x - 18 = 0$，$2x^2 - 10x + 12 = 0$

$x^2 - 5x + 6 = 0$，$(x - 2)(x - 3) = 0$　$\therefore x = 2,\ 3$

TEST 3

実 1　$\dfrac{x(x-1)}{4}-\dfrac{(x-6)(x+2)}{3}=0$　を解いたときの解は次のうちどれか。

ア　$x=6,\ 8$　　イ　$x=-6,\ 8$

ウ　$x=6,\ -8$　　エ　$x=3,\ -16$

オ　$x=-3,\ 16$

2　次の1次不等式を解きなさい。

① $3(x-5)>2x+7$

② $-4(x-1)+3(x+2)>0$

③ $2(x-3)\leqq 3(2x-1)$

④ $2(x+2)\leqq 7(x-4)+17$

⑤ $\dfrac{x}{3}-\dfrac{1}{2}<\dfrac{x}{4}+\dfrac{1}{3}$

⑥ $\dfrac{2x-1}{3}-\dfrac{4x+5}{5}+2<0$

実 3　$\dfrac{x-5}{7}<\dfrac{x}{3}-2$　を解いたときの解は次のうちどれか。

ア　$x>\dfrac{25}{2}$　　イ　$x<\dfrac{25}{2}$

ウ　$x>\dfrac{27}{4}$　　エ　$x<\dfrac{27}{4}$

オ　$x<-\dfrac{27}{4}$

ANSWER 3

[1] オ

$$\frac{x(x-1)}{4}-\frac{(x-6)(x+2)}{3}=0,\quad \frac{12x(x-1)}{4}-\frac{12(x-6)(x+2)}{3}=0$$

$3x(x-1)-4(x-6)(x+2)=0,\ 3x^2-3x-4(x^2-4x-12)=0$

$3x^2-3x-4x^2+16x+48=0,\ -x^2+13x+48=0$

$x^2-13x-48=0,\ (x+3)(x-16)=0\quad \therefore x=-3,\ 16$

[2] ① $x>22$　② $x<10$　③ $x \geqq -\frac{3}{4}$　④ $x \geqq 3$　⑤ $x<10$
⑥ $x>5$

① $3(x-5)>2x+7,\ 3x-15>2x+7\quad \therefore x>22$

② $-4(x-1)+3(x+2)>0,\ -4x+4+3x+6>0,\ -x+10>0$

$-x>-10$　両辺に(-1)をかけると，$x<10$

③ $2(x-3)\leqq 3(2x-1),\ 2x-6\leqq 6x-3,\ -4x\leqq 3\quad \therefore x\geqq -\frac{3}{4}$

④ $2(x+2)\leqq 7(x-4)+17,\ 2x+4\leqq 7x-28+17$

$2x-7x\leqq -28+17-4,\ -5x\leqq -15\quad \therefore x\geqq 3$

⑤ $\frac{x}{3}-\frac{1}{2}<\frac{x}{4}+\frac{1}{3},\ \frac{12x}{3}-\frac{12}{2}<\frac{12x}{4}+\frac{12}{3}$

$4x-6<3x+4\quad \therefore x<10$

⑥ $\frac{2x-1}{3}-\frac{4x+5}{5}+2<0\quad \frac{15(2x-1)}{3}-\frac{15(4x+5)}{5}+30<0$

$10x-5-12x-15+30<0,\ -2x+10<0\quad \therefore x>5$

[3] ウ

$\frac{x-5}{7}<\frac{x}{3}-2$　両辺に21をかけると，$\frac{21(x-5)}{7}<\frac{21x}{3}-2\times 21$，

$3(x-5)<7x-42,\ 3x-7x<-42+15,\ -4x<-27\quad \therefore x>\frac{27}{4}$

TEST 4

実 1　次の連立不等式を解いたときの解は次のうちどれか。

$$\begin{cases} 5x + 8 > 3x \\ 21 - 6x \geqq -3 \end{cases}$$

ア　$-1 \leqq x < 2$　　イ　$-2 < x \leqq 2$

ウ　$x \geqq 2,\ x < -2$　　エ　$-4 < x \leqq 4$

オ　$x > 4,\ x \leqq -4$

2　次の連立不等式を解きなさい。

① $\begin{cases} 5x + 6 > 3 + 2x \\ 2x + 7 \geqq 4x - 1 \end{cases}$

② $\begin{cases} 4x - 2 \geqq 8 - x \\ 3x + 10 < x + 8 \end{cases}$

③ $\begin{cases} 9x - 3 \geqq 3(x - 1) \\ 3(1 - x) \leqq 5(x + 3) \end{cases}$

④ $\begin{cases} \dfrac{1}{3}x + 4 > x - 1 \\ \dfrac{2}{3}x - 4 < 1 - x \end{cases}$

実 3　$(x+4)(x+5) = 3(x+1)(x+2) - 4$ を解いたときの解は次のうちどれか。

ア　$x = 1,\ -3$　　イ　$x = \pm 3$

ウ　$x = -2,\ 4$　　エ　$x = \pm 4$

オ　$x = -4,\ 3$

ANSWER 4

1 エ

$5x+8>3x$ より， $2x>-8$ $\therefore x>-4$ …(1)

$21-6x \geqq -3$ より， $-6x \geqq -24$ $\therefore x \leqq 4$ …(2)

(1), (2) より，

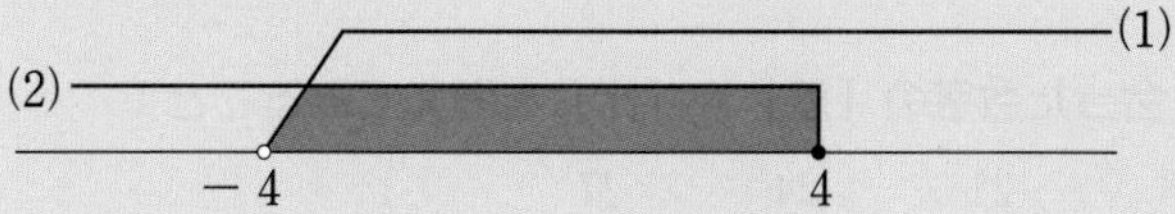

$\therefore -4<x \leqq 4$

2 ① $-1<x \leqq 4$ ② 解なし ③ $x \geqq 0$ ④ $x<3$

① $5x+6>3+2x$ より， $3x>-3$ $\therefore x>-1$ …(1)

$2x+7 \geqq 4x-1$ より， $-2x \geqq -8$ $\therefore x \leqq 4$ …(2)

(1), (2) より， $-1<x \leqq 4$

② $4x-2 \geqq 8-x$ より， $5x \geqq 10$ $\therefore x \geqq 2$ …(1)

$3x+10<x+8$ より， $2x<-2$ $\therefore x<-1$ …(2)

(1), (2) より，解なし

③ $9x-3 \geqq 3(x-1)$ より， $6x \geqq 0$ $\therefore x \geqq 0$ …(1)

$3(1-x) \leqq 5(x+3)$ より， $-8x \leqq 12$ $\therefore x \geqq -\frac{3}{2}$ …(2)

(1), (2) より， $x \geqq 0$

④ $\frac{1}{3}x+4>x-1$ より， $-2x>-15$ $\therefore x<\frac{15}{2}$ …(1)

$\frac{2}{3}x-4<1-x$ より， $5x<15$ $\therefore x<3$ …(2)

(1), (2) より， $x<3$

3 イ

$(x+4)(x+5)=3(x+1)(x+2)-4$ より，

$x^2+9x+20=3(x^2+3x+2)-4$

$x^2+9x+20=3x^2+9x+6-4$

$2x^2=18$

$x^2=9$ $\therefore x=\pm 3$

数　列

スマートチェック

☞ 数列の基本は隣り合った数字の「差」や「比」を考えてみること！

例題 1　15　18　21　24　27　□　□

3　3　3　3　3　3

隣り合った数字の差はいずれも「3」であることから，上の最初の空欄には 27 ＋ 3 ＝ 30 が入ると考える。そして，2 番目の空欄には 30 ＋ 3 ＝ 33 が入ると考える。

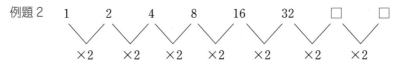

Ans.　30，33

例題 2　1　2　4　8　16　32　□　□

×2　×2　×2　×2　×2　×2　×2

隣り合った数字の比は，$\frac{2}{1}=2$，$\frac{4}{2}=2$，$\frac{8}{4}=2$，つまり「2」である。したがって，最初の空欄には 32 × 2 ＝ 64，2 番目の空欄には 64 × 2 ＝ 128 が入ると考える。

Ans.　64，128

☞ 数列の応用編はどのような規則性があるかを考えること！

これにはさまざまな規則性があるので，多くの問題を解くことで規則性の型を覚えていくことが最大のポイント。

例題 1　12　14　17　21　26　□　□

2　3　4　5　6　7

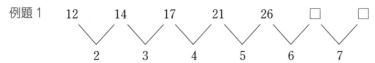

隣り合った数字の差が「2」「3」「4」「5」というように，1 つずつ大きくなっている。よって，その差は「6」「7」「8」…………と続いていくと考える。したがって，空欄には，26 ＋ 6 ＝ 32，32 ＋ 7 ＝ 39，がそれぞれ入ることになる。

Ans.　32，39

例題 2　5　5　5　7　9　13　17　□　□

0　0　2　2　4　4　6　6

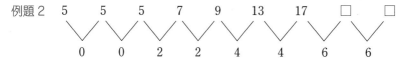

隣り合った数字の差は,「0」「0」「2」「2」「4」「4」となっている。同じ数字が 2 回並び, かつ, 2 つずつ大きくなっている。したがって,「0」「0」「2」「2」「4」「4」の次には,「6」「6」「8」「8」と考えられる。空欄は, 17 ＋ 6 ＝ 23, 23 ＋ 6 ＝ 29　　**Ans. 23, 29**

3　3　3

例題 3　2　1　5　6　8　11　□　□

5　5　5

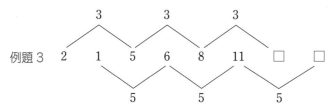

「2」「5」「8」と「1」「6」「11」というように, 2 つのグループに分けるのがポイント。

「2」「5」「8」については, その差は「3」となっている。したがって, 最初の空欄には 8 ＋ 3 ＝ 11 が入る。

「1」「6」「11」については, その差は「5」となっている。したがって, 2 番目の空欄には 11 ＋ 5 ＝ 16 が入る。　　**Ans. 11, 16**

×3　×4　×5

例題 4　4　3　12　6　48　12　□　□

×2　×2　×2

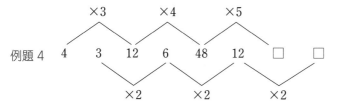

「4」「12」「48」と「3」「6」「12」というように, 2 つのグループに分けて考える。

「4」「12」「48」については, その比が「3」「4」となっている。したがって, 最初の空欄は 48 × 5 ＝ 240 が入る。

「3」「6」「12」については, その比がともに「2」となっている。したがって, 2 番目の空欄は　12 × 2 ＝ 24 が入る。　　**Ans. 240, 24**

TEST 1

実 ◎　次の各系列の数は，ある規則性に従って並んでいる。各系列の規則性をみつけて，それに続く空欄にあてはまる数字を記号で答えなさい。

（例）1，3，5，7，9，□，□

ア　10，11　　イ　10，12　　ウ　11，12

エ　11，13　　オ　12，13　　解答　エ

1　2，6，10，14，18，□，□

ア　20，24　　イ　20，26　　ウ　22，26

エ　22，28　　オ　24，28

2　29，31，34，38，43，□，□

ア　49，56　　イ　50，56　　ウ　50，57

エ　51，57　　オ　52，58

3　1，2，3，5，7，10，13，□，□

ア　15，17　　イ　16，19　　ウ　17，22

エ　16，20　　オ　17，21

4　57，49，42，36，31，27，□，□

ア　25，23　　イ　24，21　　ウ　23，20

エ　24，22　　オ　25，21

ANSWER 1

1 ウ

2　6　10　14　18　[22]　[26]

4　4　4　4　4　4

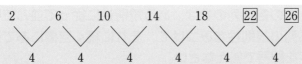

上に示されているように，隣り合った数字の差は「4」である。したがって，空欄には，18 ＋ 4 ＝ 22，22 ＋ 4 ＝ 26，がそれぞれ入る。

2 ア

29　31　34　38　43　[49]　[56]

2　3　4　5　6　7

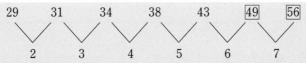

隣り合った数字の差は，「2」「3」「4」「5」であるので，次は「6」「7」「8」……と続いていく。したがって，空欄には，43 ＋ 6 ＝ 49，49 ＋ 7 ＝ 56，がそれぞれ入る。

3 オ

1　2　3　5　7　10　13　[17]　[21]

1　1　2　2　3　3　4　4

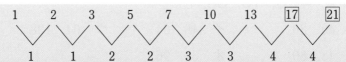

隣り合った数字の差は，「1」「1」「2」「2」「3」「3」であるので，次は「4」「4」「5」「5」「6」「6」…………と続いていく。したがって，空欄には，13 ＋ 4 ＝ 17，17 ＋ 4 ＝ 21，がそれぞれ入る。

4 エ

57　49　42　36　31　27　[24]　[22]

8　7　6　5　4　3　2

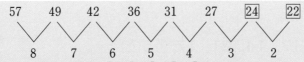

隣り合った数字の差は「8」「7」「6」「5」「4」であるので，次は「3」「2」「1」「0」「− 1」………と続いていく。したがって，空欄には，27 − 3 ＝ 24，24 − 2 ＝ 22，がそれぞれ入る。

TEST 2

実 ◎ 次の各系列の数は，ある規則性に従って並んでいる。各系列の規則性をみつけて，それに続く空欄にあてはまる数字を記号で答えなさい。

(例) 5，6，8，11，15，□，□

ア 19，24　　イ 20，25　　ウ 20，26

エ 21，27　　オ 21，28　　解答 ウ

1 5，6，4，7，3，□，□

ア 6，－1　　イ 8，2　　ウ 9，3

エ 8，－2　　オ 9，－3

2 2，4，8，16，32，□，□

ア 40，80　　イ 48，64　　ウ 64，128

エ 48，80　　オ 64，96

3 32，26，28，30，24，34，□，□

ア 22，34　　イ 20，38　　ウ 36，28

エ 20，36　　オ 22，38

4 11，17，14，21，17，□，□

ア 25，20　　イ 23，19　　ウ 19，28

エ 16，17　　オ 8，16

ANSWER 2

1 イ

5　6　4　7　3　[8]　[2]

1　−2　3　−4　5　−6

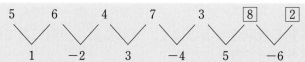

隣り合った数字の差は「1」「−2」「3」「−4」であるので，次は「5」「−6」「7」「−8」………と続いていく。したがって，空欄には，$3+5=8$，$8+(-6)=8-6=2$，がそれぞれ入る。

2 ウ

2　4　8　16　32　[64]　[128]

×2　×2　×2　×2　×2　×2

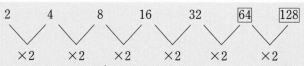

隣り合った数字の比は $\frac{4}{2}=2$ である。したがって，空欄には，

$32\times2=64$，$64\times2=128$，がそれぞれ入る。

3 イ

−4　−4　−4

32　26　28　30　24　34　[20]　[38]

4　4　4

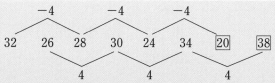

32，28，24については，その差は「−4」である。したがって，最初の空欄は，$24+(-4)=24-4=20$，が入る。

26，30，34については，その差は「4」である。したがって，2番目の空欄は，$34+4=38$，が入る。

4 ア

6　7　8

11　17　14　21　17　[25]　[20]

−3　−4　−5

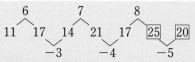

隣り合った数字の差は「6」「−3」「7」「−4」であるので，次は「8」「−5」「9」「−6」………と続いていく。したがって，空欄には，$17+8=25$，$25+(-5)=25-5=20$，がそれぞれ入る。

TEST 3

実 ◎ 次の各系列の数は，ある規則性に従って並んでいる。各系列の規則性をみつけて，それに続く空欄にあてはまる数字を記号で答えなさい。

（例） 11，7，5，11，－1，15，□，□

ア －6，18　イ －8，17　ウ －6，19

エ －8，20　オ －7，19　解答 オ

1 3，－3，－6，18，72，□，□

ア 252，－882　イ 126，－358　ウ －360，－2160

エ －184，632　オ 238，788

2 23，27，25，20，23，□，□

ア 19，23　イ 29，25　ウ 20，17

エ 28，20　オ 30，24

3 5，6，10，18，20，54，□，□

ア 60，92　イ 40，86　ウ 60，148

エ 80，264　オ 40，162

4 $\frac{2}{5}$，$1\frac{3}{5}$，8，48，□，□

ア $3\frac{4}{5}$，288　イ $8\frac{1}{5}$，480　ウ 240，1440

エ 336，2688　オ 192，1152

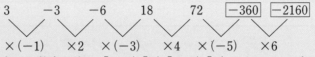

ANSWER 3

1 ウ

3　−3　−6　18　72　[−360]　[−2160]

×(−1)　×2　×(−3)　×4　×(−5)　×6

隣り合った数字の比は,「− 1」「2」「− 3」「4」であるので, 次は「− 5」「6」「− 7」「8」……と続いていく。したがって, 空欄には,
72 ×(− 5)=− 360, − 360 × 6 =− 2160, がそれぞれ入る。

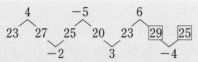

2 イ

4　−5　6

23　27　25　20　23　[29]　[25]

−2　3　−4

隣り合った数字の差は,「4」「− 2」「− 5」「3」であるので, 次は「6」「− 4」「− 7」「5」……と続いていく。したがって, 空欄には, 23 + 6 = 29,
29 +(− 4)= 29 − 4 = 25, がそれぞれ入る。

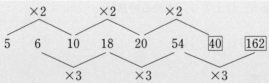

3 オ

×2　×2　×2

5　6　10　18　20　54　[40]　[162]

×3　×3　×3

5, 10, 20 については, その比は「2」である。したがって, 最初の空欄は,
20 × 2 = 40, が入る。

6, 18, 54 については, その比は「3」である。したがって, 2番目の空欄は, 54 × 3 = 162, が入る。

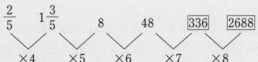

4 エ

$\frac{2}{5}$　$1\frac{3}{5}$　8　48　[336]　[2688]

×4　×5　×6　×7　×8

隣り合った数字の比は「4」「5」「6」であるので, 次は「7」「8」「9」………と続いていく。したがって, 空欄には, 48 × 7 = 336,
336 × 8 = 2688, がそれぞれ入る。

数的推理Ⅰ（文章問題）

スマートチェック

☞ 速さ・距離・時間に関する基本公式

$$速さ=\frac{距離}{時間} \qquad 距離=速さ\times時間 \qquad 時間=\frac{距離}{速さ}$$

例題

A君が自転車で35km離れた地点へ時速14kmで行き，直ちに引き返して毎時10kmで帰ってきた。このとき，往路，復路を通じての時速は何kmか。

まず，$時間=\frac{距離}{速さ}$ を使う。往路に要した時間$=\frac{35}{14}=2.5$（時間）

復路に要した時間$=\frac{35}{10}=3.5$(時間)したがって，合計で$2.5+3.5=6$(時間)要したことになる。以上より，求める時速は，

$$\frac{35+35}{6}=\frac{70}{6}=11\frac{4}{6}=11\frac{2}{3} \quad (\text{km/h})$$

☞ 溶液の濃度の公式

$$濃度(\%)=\frac{溶質の重さ}{溶液の重さ}\times 100$$
$$=\frac{溶質の重さ}{溶質の重さ+溶媒の重さ}\times 100$$

食塩水の場合，食塩が溶質，水が溶媒，食塩水が溶液に相当する。

例題

濃度4.0％の食塩水が150gある。この食塩水に濃度9.6％の食塩水を加えて，濃度8.2％の食塩水にしたい。このとき，濃度9.6％の食塩水を何g加えるとよいか。

濃度9.6％の食塩水をxg加えたとして，食塩の重さで方程式を作ると，

$150\times\frac{4}{100}+x\times\frac{9.6}{100}=(150+x)\times\frac{8.2}{100}$ が成立。　$\therefore x=450$（g）

☞ 仕事算は，全体の仕事量を１と考えるのがポイント！

仕事算とは，仕事をするのに要する日数や仕事量を求める問題のこと。

単位時間にできる仕事量＝$\frac{1}{\text{要した日数（時間）}}$

例題

ある仕事をＡ１人ですれば12日かかり，Ｂ１人ですれば６日かかる。その仕事をＡ，Ｂの２人ですれば何日ですむか。

その仕事の仕事量を１と考える。そして，その仕事を終えるのに２人でx日かかるとすると，

$x\times\left(\frac{1}{12}+\frac{1}{6}\right)=1$　$x\times\left(\frac{1}{12}+\frac{2}{12}\right)=1$　$\frac{x}{4}=1$　　$\therefore x=4$（日）

☞ 旅人算は，速さの異なるものが運動するときの問題

・Ａ，Ｂの進行方向が同じ場合 ２人の距離＝（Ａの速さ－Ｂの速さ）×時間 ・Ａ，Ｂの進行方向が逆の場合 ２人の距離＝（Ａの速さ＋Ｂの速さ）×時間

例題

１周10kmの道路がある。Ａ，Ｂ２台の自動車が反対方向に走ると６分ごとに出会い，同じ方向に走ればＡは30分ごとにＢを追い越すという。このときＡの速度はいくらか。

Ａ，Ｂの速度をそれぞれ$a$km/h，$b$km/hとすると，

$\frac{6}{60}\times(a+b)=10$ ……(1)　　$\frac{30}{60}(a-b)=10$ ……(2)

$$\begin{array}{rl} a+b=100 & \cdots\cdots (1)' \\ +)\ a-b=\ \ 20 & \cdots\cdots (2)' \\ \hline 2a\quad =120 & \end{array}$$

$\therefore a=60$（km/h）

TEST 1

実 1　ある食事会で，参加者1人から2,000円ずつ集めると，請求金額に4,200円不足し，1人から2,500円ずつ集めると，請求金額を1,800円上回った。このとき，食事会の参加者は何人か。

ア　10人　　イ　11人　　ウ　12人
エ　13人　　オ　14人

実 2　ある人が16km離れた地点へ徒歩で毎時4kmで行った。すぐに引き返し，帰りは自転車を毎時12kmでこいだ。このとき，往復で何時間かかったか。

ア　5時間　　イ　5時間20分　　ウ　5時間30分
エ　5時間40分　　オ　6時間

実 3　8%の食塩水150gと4%の食塩水600gを混ぜ合わせると，何%の食塩水ができるか。

ア　4.8%　　イ　5.2%　　ウ　5.4%
エ　5.8%　　オ　6.0%

4　男女合わせて30人の生徒について，100点満点のテスト結果を調べると，男子の平均点は68点，女子の平均点は74点であった。また，全体の平均は70点であった。このとき，男子は何人いるか。

ア　14人　　イ　16人　　ウ　18人
エ　20人　　オ　22人

ANSWER 1

1 ウ

食事会の参加者の人数を x 人とすると，題意より次式が成立する。

$$2{,}000 \times x + 4{,}200 = 2{,}500 \times x - 1{,}800$$

$$2{,}500x - 2{,}000x = 4{,}200 + 1{,}800$$

$$500x = 6{,}000 \qquad \therefore x = 12\ (\text{人})$$

2 イ

題意より，次式を計算する。

$$\frac{16}{4} + \frac{16}{12} = 4 + 1\frac{4}{12} = 4 + 1\frac{1}{3} = 5\frac{1}{3}$$

$60(\text{分}) \times \frac{1}{3} = 20$ 分　　したがって，求めるものは5時間20分

3 ア

求める食塩水の濃度を x% とすると，題意より次式が成立する。

$$150 \times \frac{8}{100} + 600 \times \frac{4}{100} = (150 + 600) \times \frac{x}{100}$$

$$12 + 24 = 7.5x$$

$$7.5x = 36 \qquad \therefore x = 4.8\ (\%)$$

4 エ

男子の人数を x 人，女子の人数を y 人とすると，題意より次式が成立する。

$$\begin{cases} x + y = 30 & \cdots\cdots (1) \\ 68x + 74y = 70(x + y) & \cdots\cdots (2) \end{cases}$$

(1)より，$y = 30 - x$　…… (1)′

(1)′を(2)に代入すると，

$$68x + 74(30 - x) = 70(x + 30 - x)$$

$$68x + 2220 - 74x = 2100$$

$$-6x = -120$$

$$\therefore x = 20 \qquad \therefore y = 10$$

以上より，男子の人数は20人

TEST 2

1 ある品物の原価に5割の利益を見込んで定価をつけ，それを定価の2割引きで販売したとき，利益は 360 円であった。このとき原価はいくらか。

ア 1,400 円　　イ 1,500 円　　ウ 1,600 円
エ 1,800 円　　オ 2,000 円

実 2 兄と弟は文房具屋に行き，兄は1ダースが 1,200 円のエンピツを3ダース，弟は同じエンピツを2ダース買ったところ，兄の残金は弟の残金の8倍となった。このとき兄の最初の所持金はいくらか。なお，弟の最初の所持金は 3,200 円であった。

ア 8,400 円　　イ 8,600 円　　ウ 9,200 円
エ 9,600 円　　オ 10,000 円

3 長さ am の電車が毎分 bm の速さで走っている。この電車が長さ ℓ m の鉄橋をわたるとき，わたり始めてから，わたり終わるまでに何分かかるか。

ア $\dfrac{a+\ell}{b}$　　イ $\dfrac{a-\ell}{b}$　　ウ $\dfrac{2a-\ell}{b}$
エ $\dfrac{a+2\ell}{b}$　　オ $\dfrac{a-2\ell}{b}$

実 4 ある仕事を完成するのに，A 1人ですれば 12 日，B 1人ですれば 18 日，C 1人ですれば 36 日かかる。このとき，その仕事を A，B，C の3人ですると何日で完成するか。

ア 5日　　イ 6日　　ウ 7日
エ 8日　　オ 9日

ANSWER 2

1 エ

原価を x 円とすると，題意より次式が成立する。

$$\left\{x \times \left(1 + \frac{5}{10}\right)\right\} \times (1 - 0.2) - x = 360$$

$$1.5x \times 0.8 - x = 360$$

$$1.2x - x = 360$$

$$0.2x = 360 \qquad \therefore x = 1{,}800 \text{（円）}$$

2 オ

兄の最初の所持金を x 円とすると，題意より次式が成立する。

$$x - 3 \times 1{,}200 = 8 \times (3{,}200 - 2 \times 1{,}200)$$

$$x - 3{,}600 = 8 \times (3{,}200 - 2{,}400)$$

$$x = 8 \times 800 + 3{,}600$$

$$= 6{,}400 + 3{,}600 = 10{,}000 \text{（円）}$$

3 ア

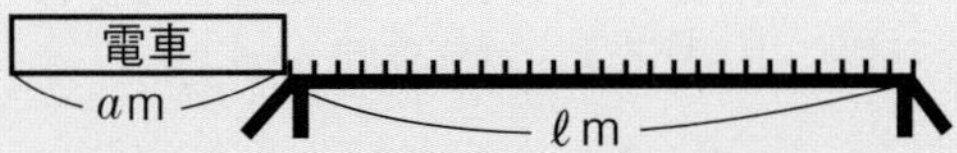

上図からわかるように，電車が鉄橋をわたり始めてから，わたり終わるまでに走る距離は $a + \ell$ (m) となる。

4 イ

このタイプの問題を仕事算という。ここでのポイントは，全体の仕事量を１と考えることである。

全体の仕事量を１とすると，A，B，Cの１日の仕事量は，

$A = \frac{1}{12}$，$B = \frac{1}{18}$，$C = \frac{1}{36}$　と表すことができる。

仕事を完成するのに x 日かかるとすると，

$$\left(\frac{1}{12} + \frac{1}{18} + \frac{1}{36}\right) \times x = 1$$

$$\left(\frac{3}{36} + \frac{2}{36} + \frac{1}{36}\right) \times x = 1 \qquad \frac{6x}{36} = 1 \qquad \therefore x = 6 \text{（日）}$$

TEST 3

実 1　夫婦と2人の娘がいる。現在，夫婦の年齢の和は54歳で，娘の年齢の和の9倍である。夫婦の年齢の和が娘の年齢の和の2倍になるのは何年後か。

ア　19年後　　イ　20年後　　ウ　21年後

エ　22年後　　オ　23年後

2　100万円を複利で預金して，2年後に元利合計1,081,600円を受け取った。このとき，年利率はいくらか。

ア　3％　　イ　4％　　ウ　5％

エ　6％　　オ　7％

実 3　A地点の上流にあるB地点へ時速20kmのボートで行って帰ってきた。行きは45分要したが，帰りは30分であった。このとき，川の流れは時速何kmか。

ア　2（km/h）　　イ　2.5（km/h）　　ウ　3（km/h）

エ　3.5（km/h）　　オ　4（km/h）

4　1周6kmの道路がある。AとBの2人が反対方向に歩くと12分ごとに出会い，同じ方向に歩くとAは36分ごとにBを追い越すという。このとき，Aの速度はどれだけか。

ア　20（km/h）　　イ　24（km/h）　　ウ　25（km/h）

エ　28（km/h）　　オ　30（km/h）

ANSWER 3

1 ウ

夫婦の年齢の和が 54 歳で，娘の年齢の和の 9 倍であることから，娘の年齢の和は 54 ÷ 9 = 6（歳）となる。求めるものを x 年後とすると，

$$54 + x + x = 2 \times (6 + x + x)$$
$$54 + 2x = 2 \times (6 + 2x)$$
$$54 + 2x = 12 + 4x$$
$$2x = 42 \qquad \therefore x = 21$$

2 イ

A円のお金を年利率r%で1年間預金すると，元利合計はA$(1+r)$となる。これが2年となると，元利合計はA$(1+r)(1+r)=$A$(1+r)^2$となる。したがって，題意より次式が成立する。

$$1{,}000{,}000(1+r)^2=1{,}081{,}600$$
$$(1+r)^2=\frac{1{,}081{,}600}{1{,}000{,}000}=1.0816 \qquad \therefore (1+r)^2=1.0816$$

ここで，rに0.03，0.04と順にあてはめてみると，$r=0.04$となる。

3 オ

A 地点と B 地点の間の距離を ℓ（km）とし, 川の流れの速さを a（km/h）とすると，題意より次式が成立する。

$$\frac{\ell}{20-a}=\frac{45}{60} \quad \cdots\cdots(1) \qquad \frac{\ell}{20+a}=\frac{30}{60} \quad \cdots\cdots(2)$$

(1) より，$4\ell = 60 - 3a \cdots\cdots(1)'$　(2) より，$2\ell = 20 + a \cdots\cdots(2)'$

$(1)'$ と $(2)'$ より，$a = 4$

4 ア

A，B の速度をそれぞれ a，b（km/h）とすると，

反対方向に歩いた場合，$(a + b) \times \frac{12}{60} = 6 \quad \cdots\cdots(1)$

同じ方向に歩いた場合，$(a - b) \times \frac{36}{60} = 6 \quad \cdots\cdots(2)$

(1) より，$a + b = 30 \quad \cdots\cdots(1)'$　(2) より，$3a - 3b = 30 \quad \cdots\cdots(2)'$

$(1)'$ と $(2)'$ より，$a = 20$，$b = 10$

数的推理Ⅱ（数の性質）

スマートチェック

☞ 素数と素因数分解

・**素数**……１より大きい数で，１とその数以外に約数をもたない数のこと。

〔例〕 2，3，5，7，11，13，17，19　など

・**素因数分解**……整数を素因数の積の形にすること。

〔例〕 $12 = 2 \times 2 \times 3$　　$20 = 2 \times 2 \times 5$　　$30 = 2 \times 3 \times 5$

☞ 最大公約数と最小公倍数の求め方

それぞれの数を素因数分解して，共通な因数を全部取り出し，それぞれに共通な因数をかけ合わせると**最大公約数**が得られる。

一方，**最小公倍数**は異なる素因数を全部取り出し，それぞれの大きい方の指数をつけて，かけ合わせると得られる。

〔例〕 120と180をそれぞれ素因数分解すると，

$120 = 2 \times 2 \times 2 \times 3 \times 5 = 2^3 \times 3 \times 5$

$180 = 2 \times 2 \times 3 \times 3 \times 5 = 2^2 \times 3^2 \times 5$

したがって，最大公約数は，$2^2 \times 3 \times 5 = 60$

最小公倍数は，$2^3 \times 3^2 \times 5 = 360$

☞ 最小公倍数を利用する

〔例〕 ６で割ると５余り，５で割ると３余る数のうち，２ケタの自然数はいくつあるか。

６で割ると５余る自然数は，5，11，17，㉓，29……

５で割ると３余る自然数は，3，8，13，㉓，28……

したがって，条件を満たす最小の数は23となる。条件を満たす他の数は，５と６の最小公倍数である30を23に加えていけばよいので

$23,\ 23 + 30,\ 23 + 30 + 30$　　つまり，23，53，83の３個

☞ P進法を10進法に直す方法

$N = \alpha_1 \alpha_2 \cdots\cdots \alpha_n$ （P進法でn桁の数）

$N = \alpha_1 \times P^{n-1} + \alpha_2 \times P^{n-2} + \cdots\cdots + \alpha_{n-1} \times P^1 + \alpha_n \times P^0$

〔例〕 4進法の12321を10進法に直すと，

$$N = 12321$$

$$\begin{aligned} N &= 1 \times 4^{5-1} + 2 \times 4^{5-2} + 3 \times 4^{5-3} + 2 \times 4^{5-4} + 1 \times 4^{5-5} \\ &= 1 \times 4^4 + 2 \times 4^3 + 3 \times 4^2 + 2 \times 4^1 + 1 \times 4^0 \\ &= 1 \times 256 + 2 \times 64 + 3 \times 16 + 2 \times 4 + 1 \times 1 \\ &= 256 + 128 + 48 + 8 + 1 \\ &= 441 \end{aligned}$$

☞ 魔方陣の中央のマスに入る数は1～9の場合，5。また，縦，横，斜めの合計は15

魔方陣とは，正方形を縦，横，同じマス目に分けて，その中に1，2，3……と連続数を入れ，縦，横，斜めの合計を等しくしたものである。縦，横が3つのマス目(3 × 3)のものを三方陣，縦，横が4つのマス目(4 × 4)のものを四方陣という。

・三方陣の規則性

縦，横，斜めの合計が等しいので，
その和をnとすると，次式が成立する。

a	b	c
d	e	f
g	h	i

$a + b + c = n$ ……①
$d + e + f = n$ ……②
$g + h + i = n$ ……③

①＋②＋③より，

$a + b + \cdots\cdots h + i = 3n$

また，a～iは1～9に対応するので，

$1 + 2 + \cdots\cdots 8 + 9 = 3n$　　$\therefore n = 15$

次に，中央のeに着目すると，

$a + e + i = 15$ ……④　　$d + e + f = 15$ ……⑤
$b + e + h = 15$ ……⑥　　$c + e + g = 15$ ……⑦

④＋⑤＋⑥＋⑦より，

$(a + b + c + d + e + f + g + h + i) + 3e = 60$

$3e = 60 - 45 = 15$　　$\therefore e = 5$

TEST 1

1　x，y がともに正の整数であるとき，$2x + y = 8$ を満たす x，y の組は何組あるか。

ア　2組　　イ　3組　　ウ　4組
エ　5組　　オ　6組

2　1以上 1,000 以下の整数で，3でも5でも7でも割り切れる数は何個あるか。

ア　5個　　イ　6個　　ウ　7個
エ　8個　　オ　9個

実 3　3進法の 21211 を 10 進法で表すといくつか。

ア　199　　イ　203　　ウ　207
エ　211　　オ　215

実 4　100 より小さい正の整数のうちで，3でも4でも割り切れる数の総和はいくらか。

ア　432　　イ　454　　ウ　468
エ　480　　オ　504

ANSWER 1

[1] イ

このタイプの問題の場合，下表のように$x=1$，2，3……というように順にあてはめていくとよい。

x	1	2	3	4
y	6	4	2	0（×）
$2x+y$	$2\times1+6=8$	$2\times2+4=8$	$2\times3+2=8$	$2\times4+0=8$

ただし，**0は正の整数ではない**ので，$x=4$，$y=0$は成立しない。したがって，$(x,\ y)=(1,\ 6)\ (2,\ 4)\ (3,\ 2)$の３組となる。

[2] オ

３でも５でも７でも割り切れる数とは，すなわち，3，5，7の**公倍数**である。3，5，7の最小公倍数は，$3\times5\times7=105$　したがって，

$\frac{1000}{105}=9\frac{11}{21}$より，求めるものは９個となる。

[3] エ

$$
\begin{aligned}
N &= 2\times3^{5-1}+1\times3^{5-2}+2\times3^{5-3}+1\times3^{5-4}+1\times3^{5-5}\\
&= 2\times3^{4}+1\times3^{3}+2\times3^{2}+1\times3^{1}+1\times3^{0}\\
&= 2\times81+1\times27+2\times9+1\times3+1\times1\\
&= 162+27+18+3+1\\
&= 211
\end{aligned}
$$

[4] ア

３でも４でも割り切れる数は，12の倍数である。100より小さい正の整数のうち，12の倍数は，12，24，36，48，60，72，84，96なので，この総和(S)を求める。

$S=12+24+36+48+60+72+84+96$

順序を逆にして　$S=96+84+72+60+48+36+24+12$

辺々を加えて　$2S=108+108+108+108+108+108+108+108$

$2S=108\times8$

$S=108\times4=432$

TEST 2

1　1～100までの数で，3の倍数でも，7の倍数でもない数は何個あるか。

ア　25個
イ　38個
ウ　49個
エ　57個
オ　63個

実 2　x，y がともに正の整数であるとき，$3x + 4y = 82$ を満たす x，y の組は何組あるか。

ア　5個
イ　6個
ウ　7個
エ　8個
オ　9個

実 3　10進法の63を4進法で表すといくつか。

ア　1020
イ　333
ウ　1010
エ　1121
オ　320

ANSWER 2

1 エ

1～100までの整数で，3の倍数は，$100 \div 3 = 33 \cdots 1$　つまり，33個
7の倍数は，$100 \div 7 = 14 \cdots 2$　つまり，14個
3と7の最小公倍数は21である。よって，
21の倍数は，$100 \div 21 = 4 \cdots 16$　つまり，4個
以上より，3の倍数でも，7の倍数でもない数の個数は，
$100 - (33 + 14 - 4) = 100 - 43 = 57$（個）

2 ウ

xに1，2，3，4，5，……と順にあてはめていく。例えば，$x=2$のとき，$3\times2+4y=82$　$\therefore 4y=82-6$　$4y=76$　$\therefore y=19$
したがって，$(x,\ y)=(2,\ 19)$ となる。
$x=6$のとき，$3\times6+4y=82$　$\therefore 4y=64$　$y=16$　したがって，
$(x,\ y)=(6,\ 16)$
このほかに，$(x,\ y)=(10,\ 13)$　$(x,\ y)=(14,\ 10)$
$(x,\ y)=(18,\ 7)$　$(x,\ y)=(22,\ 4)$　$(x,\ y)=(26,\ 1)$

以上より，合計7個

4 イ

●10進法をP進法に直す方法

右のように，10進法の「63」を4進法に直す場合，順次「4」で割っていく。そして，余りを右側に書き，商が「4」より小さくなったところでストップする。そして，最後の商を先頭にして，余りを逆順に並べる。

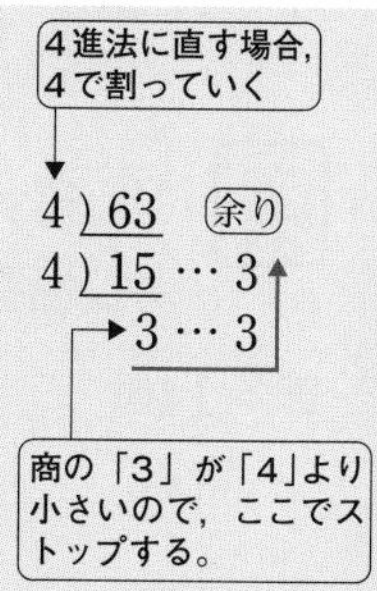

4進法に直す場合，4で割っていく
4) 63　余り
4) 15 … 3
3 … 3
商の「3」が「4」より小さいので，ここでストップする。

すると，求めるものは333となる。

〈検算〉$N = 333$

$= 3 \times 4^{3-1} + 3 \times 4^{3-2} + 3 \times 4^{3-3}$

$= 3 \times 4^2 + 3 \times 4^1 + 3 \times 4^0$

$= 3 \times 16 + 3 \times 4 + 3 \times 1$

$= 48 + 12 + 3$

$= 63$

TEST 3

実 ① 2ケタの整数のうちで，5で割ると2余り，7で割ると3余る数は何個あるか。

ア 2個

イ 3個

ウ 4個

エ 5個

オ 6個

実 ② 1から100までの自然数のうち，4の倍数または6の倍数は全部でいくつあるか。

ア 30個

イ 33個

ウ 35個

エ 38個

オ 41個

実 ③ 最大公約数が8，積が1344である2つの自然数の最小公倍数はいくつか。

ア 146

イ 152

ウ 168

エ 182

オ 204

ANSWER 3

1 イ

5で割ると2余る数は

2, 7, 12, ⑰, 22, 27, 32……

7で割ると3余る数は

3, 10, ⑰, 24, 31, 38, 45……

つまり，最初の2ケタの整数は17であることがわかる。そして，次に出てくる両者に共通の数は，5と7の**最小公倍数**35を加えた数である。つまり，両者に共通する数は35ごとに出てくることになる。したがって，

17, 17＋35＝52, 17＋35＋35＝87　以上より，3個となる。

2 イ

100÷4＝25　つまり，4の倍数は25個ある。

100÷6＝16…4　つまり，6の倍数は16個ある。

ここで，4と6の最小公倍数は12であることから，

100÷12＝8…4　つまり，12の倍数は8個あることになる。

したがって，求めるものは，25＋16－8＝33（個）

3 ウ

●最大公約数と最小公倍数の関係

2つの自然数A, Bの最大公約数（G.C.M）をG，最小公倍数（L.C.M）をLとすると，

① A＝A′G，B＝B′G（A′，B′は互いに素）

② L＝A′B′G＝A′B＝AB′

③ LG＝AB′×G＝A×B′G＝AB

2つの自然数の最大公約数が8，積が1344であるので，これらを上記③のLG＝ABにあてはめると次のようになる。

L×8＝1344

8L＝1344

L＝168

TEST 4

実 1　5で割ると3余り，6で割ると4余る2桁の自然数は何個あるか。

ア　3個

イ　4個

ウ　5個

エ　6個

オ　8個

2　a，b，c はいずれも正の整数で，a は b より，b は c よりそれぞれ大きく，a と b の積は 108，b と c の積は 18 となる。また，a，b，c の最大公約数は 3 である。このとき，a の値はいくつか。

ア　9

イ　12

ウ　18

エ　27

オ　36

3　1以上1000以下の整数で，6で割ると5余り，8で割ると7余るような数は何個あるか。

ア　41個

イ　43個

ウ　45個

エ　47個

オ　49個

ANSWER 4

1 ア

5で割ると3余るという自然数をnとすると，$n = 5a + 3$と表すことができる。しかし，$n = 5a + 3$は，$n = 5a - 2$とも表すことができる。

6で割ると4余るという自然数をnとすると，$n = 6b + 4$あるいは，$n = 6b - 2$と表すことができる。

$n = 5a - 2$，$n = 6b - 2$（a，bは整数）

ここで，「-2」に着目すると，求めるnは，「5と6の公倍数-2」。

5，6の最小公倍数は30であるので，

$n = 30m - 2$　（$m = 1$，2，……）

以上より，$m = 1$のとき，$n = 28$　　$m = 2$のとき，$n = 58$

$m = 3$のとき，$n = 88$　したがって，3個となる。

2 ウ

18を素因数分解すると，$2 \times 3 \times 3$となる。ここで，a，b，cの最大公約数は3なので，b，cは3の倍数である。$b > c$であるから，$b=6$，$c=3$。ゆえに，$a=108 \div 6=18$

3 ア

求める数をnとする，

$n \div 6 = a \cdots\cdots 5$　　$\therefore n = 6a + 5$ ……(1)

$n \div 8 = b \cdots\cdots 7$　　$\therefore n = 8b + 7$ ……(2)

(1)と(2)の両辺に1を加えると，

$n + 1 = 6a + 5 + 1 = 6a + 6 = 6(a + 1)$ ……(1)′

$n + 1 = 8b + 7 + 1 = 8b + 8 = 8(b + 1)$ ……(2)′

したがって，$n + 1$は，6と8の最小公倍数である24の倍数となる。

$1000 + 1 = 1001$以下で24の倍数は，24，48，72，……，984。

$984 \div 24 = 41$　よって，24の倍数は合計41個。

以上より，求める数は，23，47，71，………，983で，合計41個。

実 1　1～9までの数字を下のマスに埋めて，縦，横，斜めの各合計が等しくなるようにすると，y に入る数字は次のうちどれか。

ア　2
イ　4
ウ　6
エ　7
オ　9

3		y
8		

実 2　2，4，6，8，10，12，14，16，18の9個の偶数を下のマスに埋めて，縦，横，斜めの各合計が等しくなるようにした。このとき，正しいのはどれか。

12	A	B
C	D	E
16	F	G

ア　Aには18が入る
イ　Bには8が入る
ウ　Gには10が入る
エ　Eには14が入る
オ　Fには6が入る

ANSWER 5

1 エ

　1～9の連続する数字を使って魔方陣を作った場合，右に示すように，中央のマスには5が入る。また，3つの数字の合計はそれぞれ15になることから，他の2つの数字の組み合わせは下のようになる。

3	5	y
8		

$3+5+y=15$　より，$y=7$

2 オ

　2，4，6，8，10，12，14，16，18の9個の偶数は連続した数字ではないが，等間隔に並んでいるので，中央のマスには，9個の偶数のうちの真ん中に位置する10が入る。

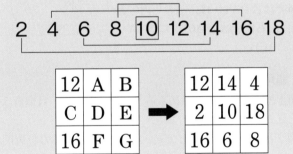

12	A	B
C	D	E
16	F	G

➡

12	14	4
2	10	18
16	6	8

数的推理Ⅲ（図形）

スマートチェック

☞ 円周角と中心角

右図における，∠ APB を弧 AB に対する円周角という。また，∠ AOB を弧 AB に対する中心角という。

円周角の大きさは，中心角の大きさの$\frac{1}{2}$である。また，同じ弧に対する円周角の大きさは等しい。よって，

∠ APB ＝∠ AQB となる。

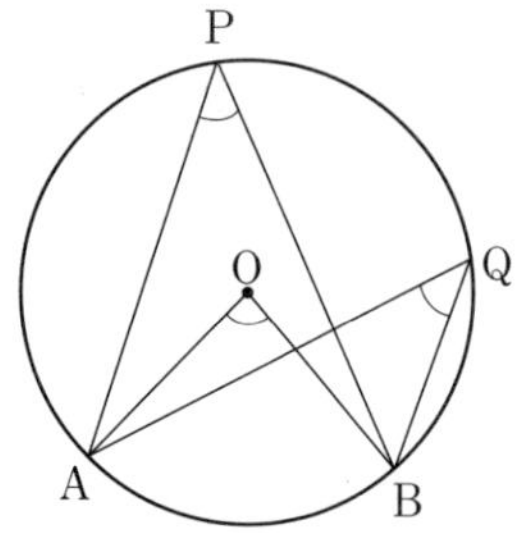

☞ 接弦定理

円周上の１点から引いた接線と接点を通る弦とのつくる角（右図では∠ BAT）は，その角内にある弧に対する円周角（右図では∠ ACB）に等しい。

∴∠ BAT ＝∠ ACB

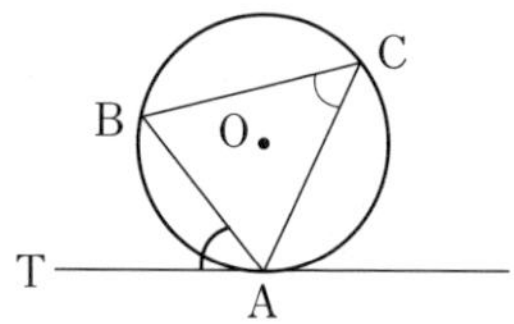

☞ 対頂角，同位角，錯角

対頂角とは，図１のような位置関係にある２つの角をいう。対頂角は等しいので，∠ a ＝∠ c，∠ b ＝∠ d。

同位角とは，図２において，∠ a と∠ e，∠ b と∠ f のような位置関係にある２つの角をいう。また，錯角とは，図２において，∠ b と∠ h，∠ c と∠ e のような位置関係にある２つの角をいう。

図３のように，$l/\!/m$ のとき，同位角は等しい（∠ a ＝∠ e など）ものとなり，錯角も等しい（∠ b ＝∠ h など）ものとなる。

図１

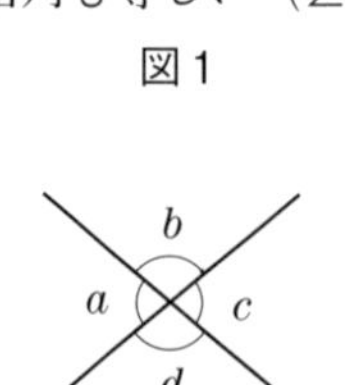

図２

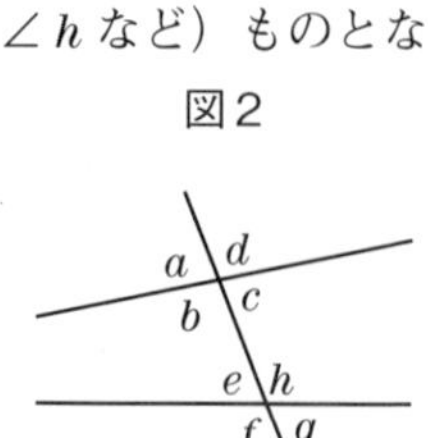

図３

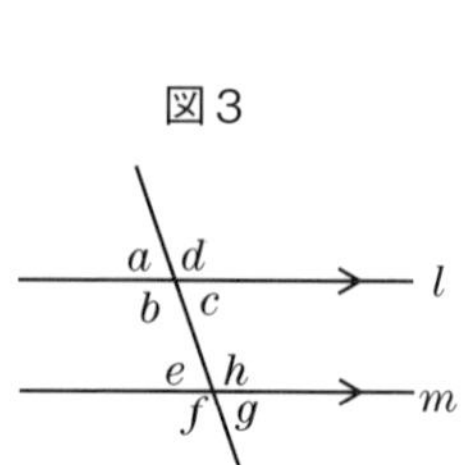

☞ 三平方の定理，特別な直角三角形の３辺の比

図１のように，直角三角形の直角をはさむ２辺の長さを a，b とし，斜辺を c とすると，$a^2+b^2=c^2$ が成立する。これを三平方の定理という。

また，図２と図３のような特別な直角三角形の３辺の比は，下のようになっている。

図１

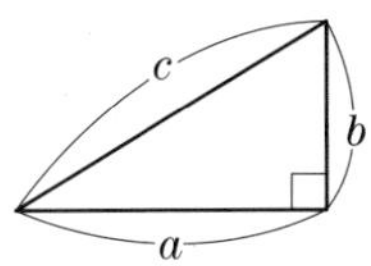

$a^2+b^2=c^2$

図２

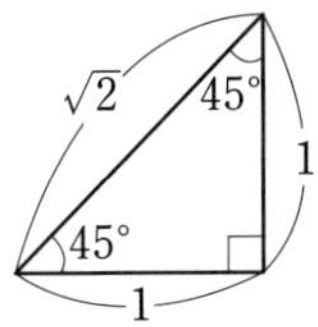

３辺の比は $1:1:\sqrt{2}$

図３

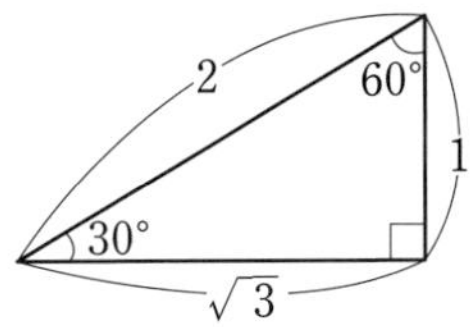

３辺の比は $1:\sqrt{3}:2$

☞ おうぎ形の弧の長さ，おうぎ形の面積

半径 r，中心角 $x°$ のおうぎ形の弧の長さ ℓ は，

$$\ell = 2\pi r \times \frac{x}{360}$$ （$2\pi r$ は円の弧の長さ）

半径 r，中心角 $x°$ のおうぎ形の面積 S は，

$$S = \pi r^2 \times \frac{x}{360} = \frac{1}{2} r \times \left(2\pi r \times \frac{x}{360}\right)$$

$$= \frac{1}{2} r \times \ell = \frac{1}{2} \ell r$$

☞ 三角形の相似条件

●３組の辺の比が等しい

右図で，$\dfrac{AB}{DE} = \dfrac{BC}{EF} = \dfrac{CA}{FD} = \dfrac{1}{k}$

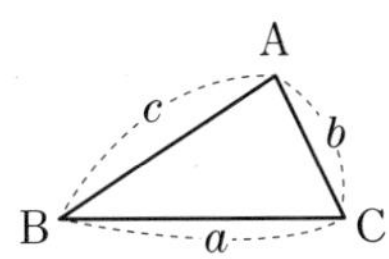

●２組の辺の比が等しく，その間の角が等しい

右図で，$\dfrac{AB}{DE} = \dfrac{BC}{EF}$，∠ ABC ＝∠ DEF

●２組の角がそれぞれ等しい

右図で，∠ BAC ＝∠ EDF，∠ ABC ＝∠ DEF

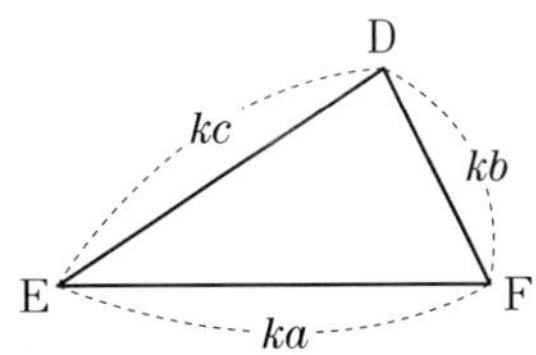

実 ① 下図において，$\angle x$ の大きさは次のうちどれか。

ア 40°

イ 45°

ウ 50°

エ 55°

オ 60°

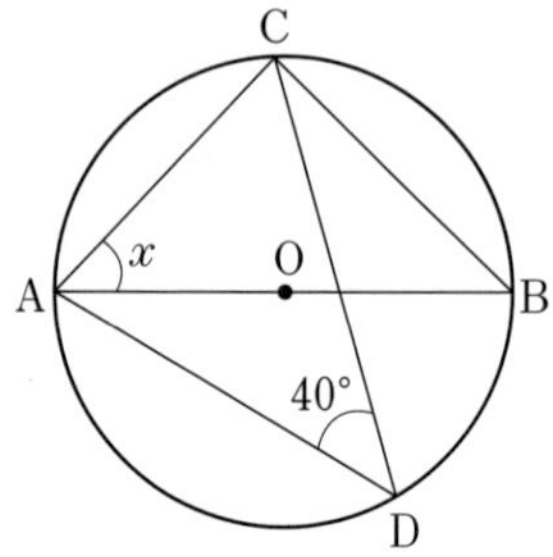

② 下図で，A，B，C は円周上にあり，$\overset{\frown}{BC}=4\overset{\frown}{CA}$，$\angle ABC=17°$，点 A における接線が BC の延長と交わる点が P のとき，$\angle CPA$ の大きさはいくらか。

ア 72°

イ 74°

ウ 76°

エ 78°

オ 80°

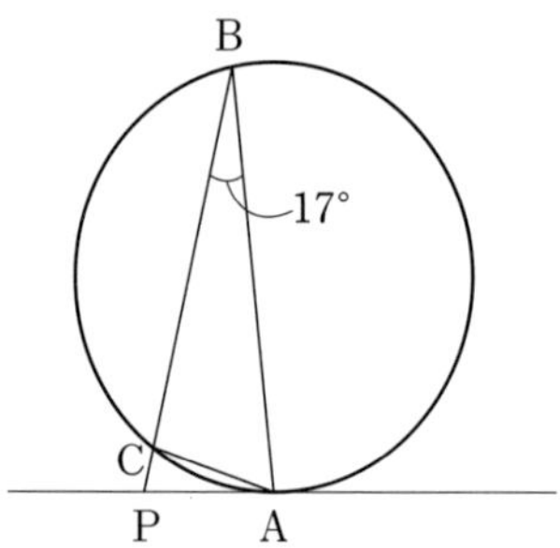

実 ③ 下図において，AB//CD のとき，$\angle x$ の大きさは次のうちどれか。

ア 50°

イ 52°

ウ 54°

エ 56°

オ 58°

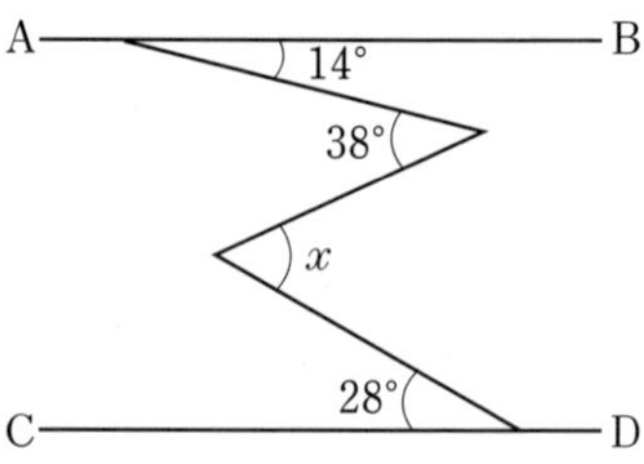

ANSWER 1

1 ウ

同じ弧に対する円周角は等しいことから，

$\angle ADC = \angle ABC = 40°$

また，AB は直径であることから，

$\angle ACB = 180° \div 2 = 90°$

したがって，△ABC について，次式が成立する。$\angle x + \angle ABC + \angle ACB = 180°$

$\therefore \angle x = 180° - \angle ABC - \angle ACB = 50°$

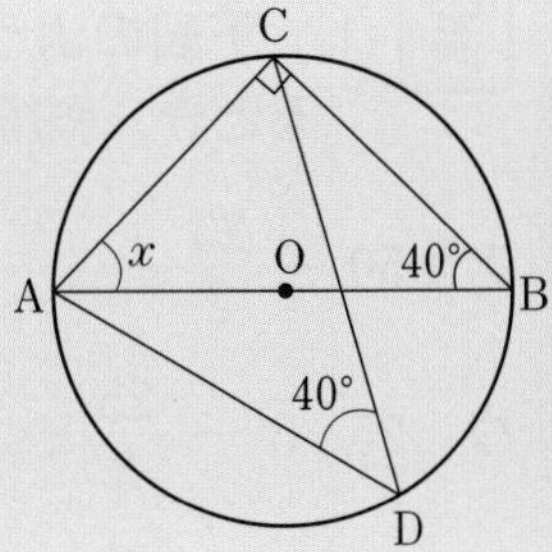

2 エ

接弦定理より，$\angle CAP = \angle CBA = 17°$

また，$\overset{\frown}{BC} = 4\overset{\frown}{CA}$ より，

$\angle CAB = 4\angle CBA = 4 \times 17° = 68°$

よって，$\angle PAB = \angle CAB + \angle CAP$

$= 68° + 17° = 85°$

以上より，$\angle CPA = 180° - \angle PAB - \angle CBA$

$= 180° - 85° - 17° = 78°$

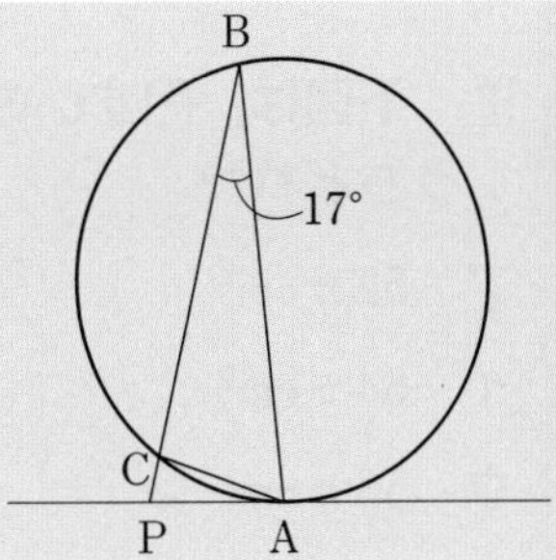

3 イ

このタイプの問題は右図のように補助線を引くことがポイントになる。

$\angle BPQ$ と $\angle PQE$ は錯角なので，

$\angle BPQ = \angle PQE = 14°$

$\angle PQR = 38°$ であるので，

$\angle EQR = \angle PQR - \angle PQE$

$= 38° - 14° = 24°$

$\angle EQR$ と $\angle QRH$ は錯角なので，

$\angle EQR = \angle QRH = 24°$

$\angle HRS$ と $\angle RSC$ は錯角なので

$\angle HRS = \angle RSC = 28°$

以上より，$\angle QRS = \angle QRH + \angle HRS$

$= 24° + 28° = 52°$

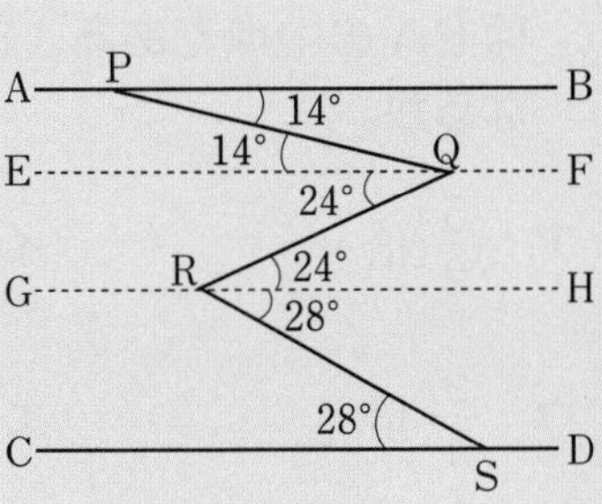

TEST 2

実 ① 下図のように 1 辺 10cm の正三角形に円が内接しているとき，斜線部の面積はいくらになるか。

ア　$50-\frac{25}{2}\pi$　　イ　$50-\frac{25}{3}\pi$

ウ　$25\sqrt{3}-\frac{25}{3}\pi$　　エ　$25\sqrt{2}-\frac{25}{2}\pi$

オ　$25\sqrt{3}-\frac{25}{2}\pi$

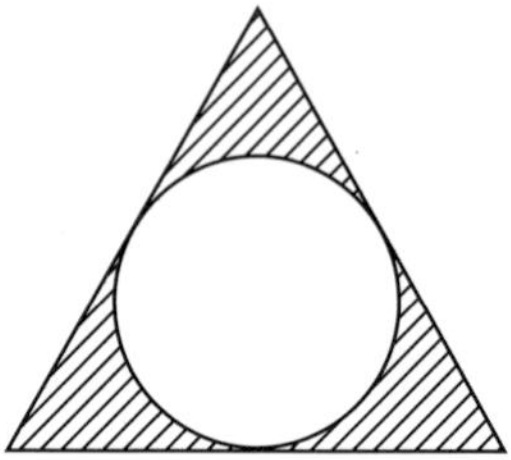

② 下図は，円すいの展開図である。側面のおうぎ形の面積は次のうちどれか。

ア　$52\pi\,\mathrm{cm}^2$

イ　$54\pi\,\mathrm{cm}^2$

ウ　$58\pi\,\mathrm{cm}^2$

エ　$60\pi\,\mathrm{cm}^2$

オ　$64\pi\,\mathrm{cm}^2$

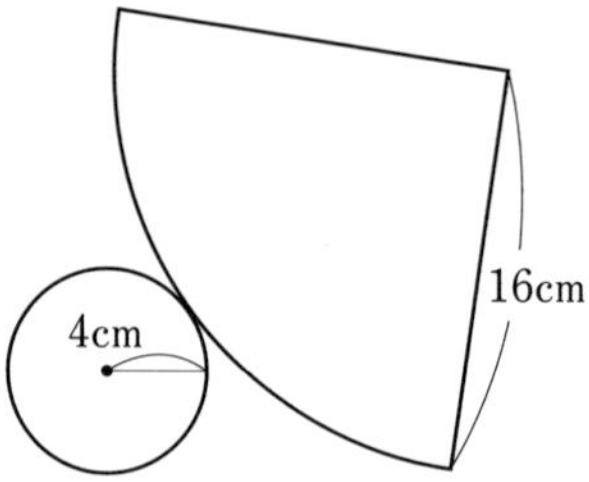

③ 下図は，O を中心とする同心円の一部で，B は OA の中点，C は BA の中点である。このとき，Y の面積は X の面積の何倍になるか。

ア　$\frac{5}{2}$倍　　イ　$\frac{7}{4}$倍

ウ　$\frac{9}{4}$倍　　エ　$\frac{11}{6}$倍

オ　$\frac{13}{6}$倍

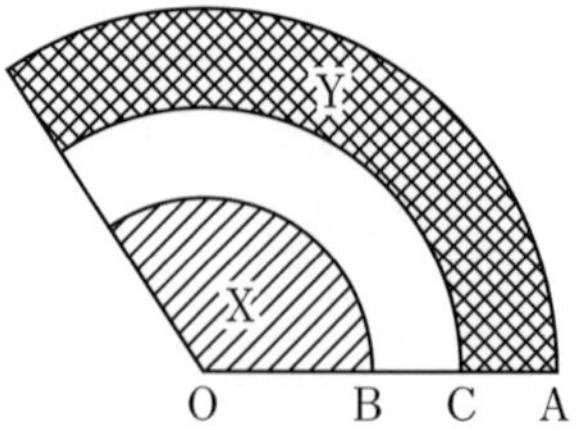

ANSWER 2

1 ウ

右図を見てわかるように，$\angle OBA = 90°$，$\angle OAB = 30°$であることから，$\angle AOB = 60°$

つまり，$\triangle AOB$は，$OA : AB : OB = 2 : \sqrt{3} : 1$の直角三角形である。よって，$AB = 5$であることから，$5 : OB = \sqrt{3} : 1$。

$\sqrt{3}\,OB = 5$より，$OB = \frac{5}{\sqrt{3}} = \frac{5\sqrt{3}}{3}$　以上より，

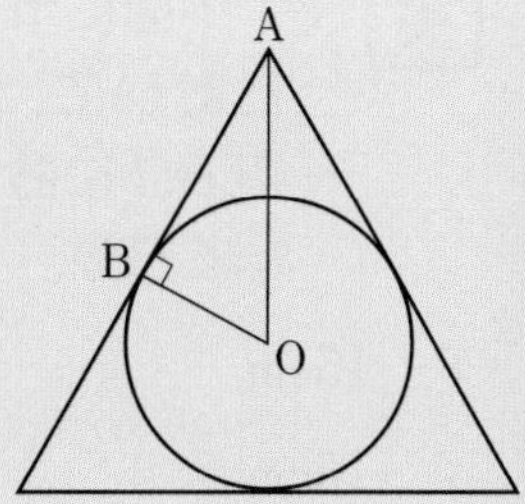

斜線部の面積$= \frac{1}{2} \times 10 \times 5\sqrt{3} - \pi \times \left(\frac{5\sqrt{3}}{3}\right)^2 = 25\sqrt{3} - \frac{25}{3}\pi$

2 オ

おうぎ形の中心角$= \frac{\text{底面の円の半径}}{\text{おうぎ形の半径}} \times 360°$

$= \frac{4}{16} \times 360° = 90°$

おうぎ形の面積$= \pi r^2 \times \frac{\text{おうぎ形の中心角}}{360°}$

$= \pi \times 16^2 \times \frac{90°}{360°}$

$= 64\pi\ (\text{cm}^2)$

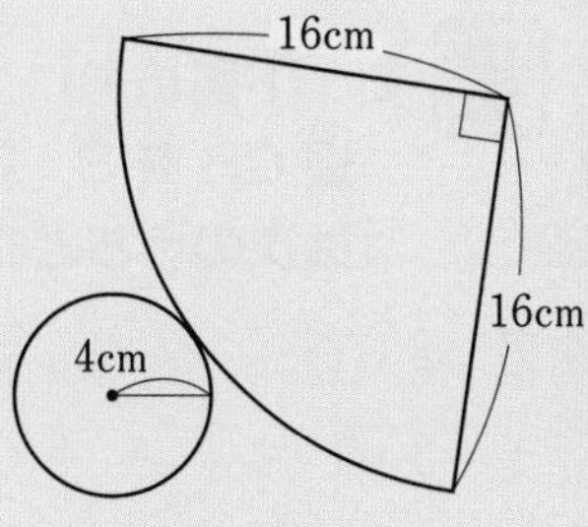

3 イ

Xの面積をS_1，Yの面積をS_2とすると，次式が成立する。$S_1 : S_2 = OB^2 : (OA^2 - OC^2)$ ……(1)　$OA = 2OB$……(2)　$OC = \frac{3}{2}OB$ ……(3)

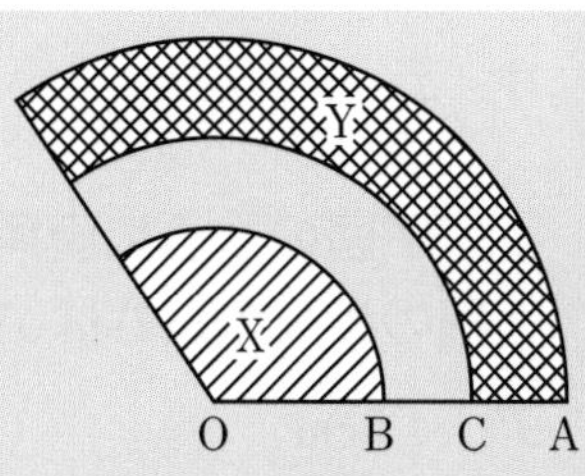

(2)と(3)を(1)に代入すると，

$$S_1 : S_2 = OB^2 : \left\{(2OB)^2 - \left(\frac{3}{2}OB\right)^2\right\} = OB^2 : \left(4OB^2 - \frac{9}{4}OB^2\right)$$

$$= OB^2 : \frac{7}{4}OB^2 \qquad S_1 : S_2 = 1 : \frac{7}{4} \qquad \therefore S_2 = \frac{7}{4}S_1$$

TEST 3

実 ①　下図に示すように，∠A＝90°である直角三角形ABCにおいて，AB＝15cm，AC＝20cmである。Aから辺BCにおろした垂線の足をDとするとき，DCの長さはいくらか。

ア　15cm

イ　16cm

ウ　17cm

エ　18cm

オ　19cm

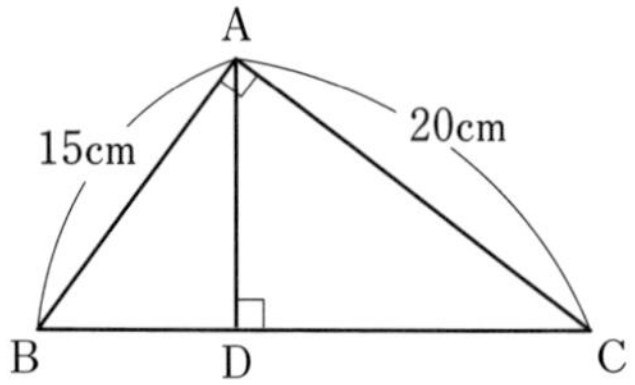

実 ②　下図において，Dは辺ABを3：2に内分した点，Eは辺CBを3：2に内分した点である。このとき，AF：FEは次のうちどれか。

ア　2：1

イ　3：1

ウ　3：2

エ　5：2

オ　7：3

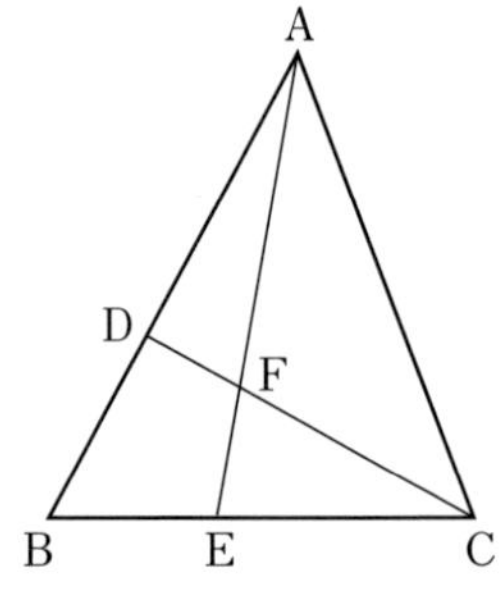

③　下図のように直角三角形ABCに円が内接しているとき，内接円の半径の長さはいくらか。

ア　4.0cm

イ　4.5cm

ウ　5.0cm

エ　5.5cm

オ　6.0cm

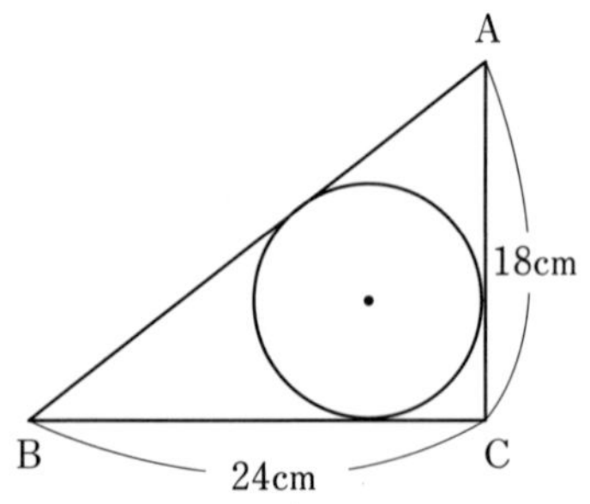

ANSWER 3

1 イ

三平方の定理より，$AB^2 + AC^2 = BC^2$

$\therefore BC^2 = 15^2 + 20^2 = 225 + 400 = 625$

$\therefore BC = 25$

また，△ABCと△ADCが相似であるので，BC：AC＝AC：DC

25：20＝20：DC

$\therefore 25DC = 400$　　$\therefore DC = 16$ (cm)

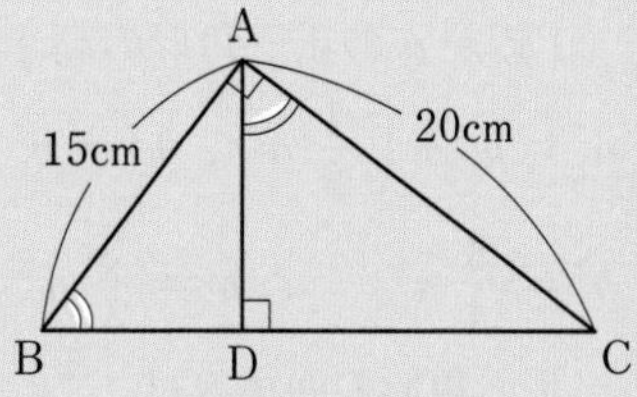

2 エ

BD:DA＝BE:EC＝2:3より，右図に示すとおり，DとEを結ぶDEと，ACは平行となる。DE//AC
また，△BAC∽△BDEとなるので，BD：BA＝BE:BC＝DE:AC＝2:5　さらに，DE//ACより，△FDE∽△FACとなるので，DE：AC＝FE：AF＝2：5

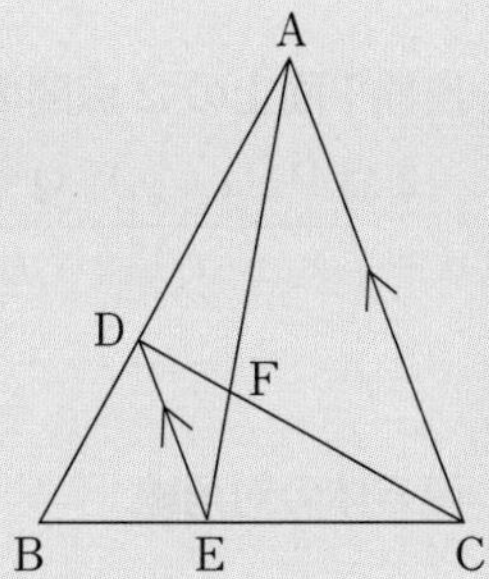

3 オ

△ABCの面積をS，△ABCの内接円の半径をrとすると，$r = \dfrac{2S}{a+b+c}$となる。

これは丸覚えしておくとよい。

$r = \dfrac{2S}{a+b+c}$より，$S = \dfrac{1}{2}(a+b+c)r$

本問の場合，△ABCは直角三角形であるので，面積は，$\dfrac{1}{2} \times 18 \times 24 = 216$

以上より，$S = \dfrac{1}{2}(18 + 24 + 30) \times r = 216$

$\therefore 36r = 216$

$\therefore r = 6$

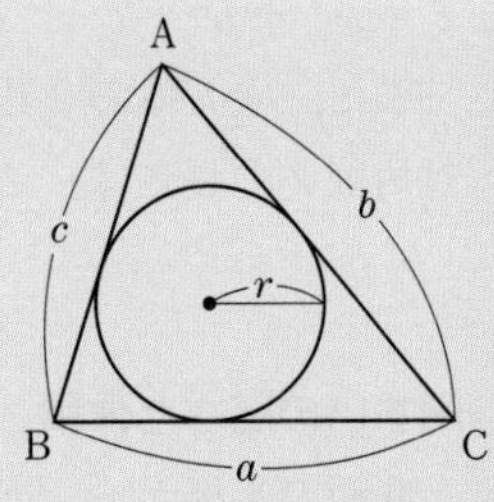

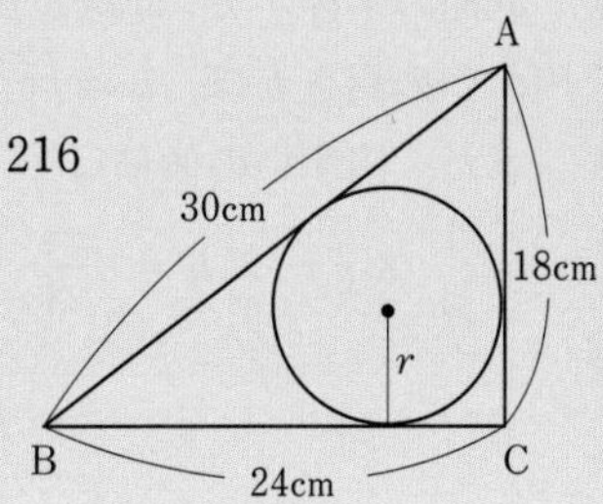

CHECK！

◎正三角形の高さと面積

1辺が a の正三角形の高さ h は，

$$a^2 = h^2 + \left(\frac{1}{2}a\right)^2,\quad h^2 = a^2 - \frac{1}{4}a^2$$

$$h^2 = \frac{3}{4}a^2 \qquad \therefore h = \frac{\sqrt{3}}{2}a$$

正三角形の面積 S は，

$$S = \frac{1}{2} \times a \times \frac{\sqrt{3}}{2}a = \frac{\sqrt{3}}{4}a^2$$

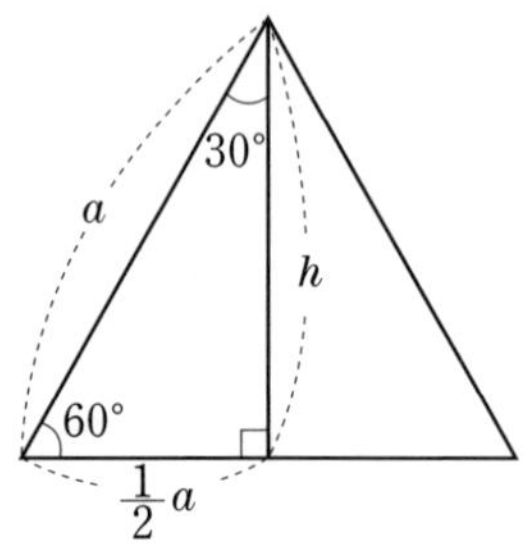

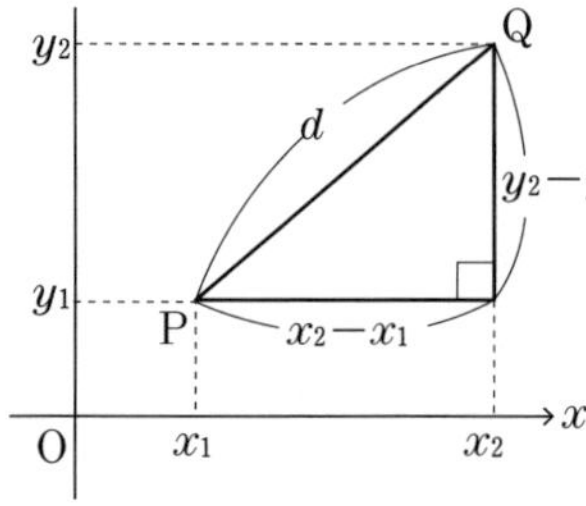

◎座標平面上の2点間の距離

2点P (x_1, y_1)，Q (x_2, y_2) の間の距離 d は，

$$d = \sqrt{(x_2 - x_1)^2 + (y_2 - y_1)^2}$$

◎直方体の対角線

タテが a，ヨコが b，高さが c の直方体の対角線の長さ ℓ は，

$$\ell = \sqrt{a^2 + b^2 + c^2}$$

また，立方体の3辺は同じ長さであるので，対角線 ℓ の長さは，$\ell = \sqrt{a^2 + a^2 + a^2} = \sqrt{3a^2}$

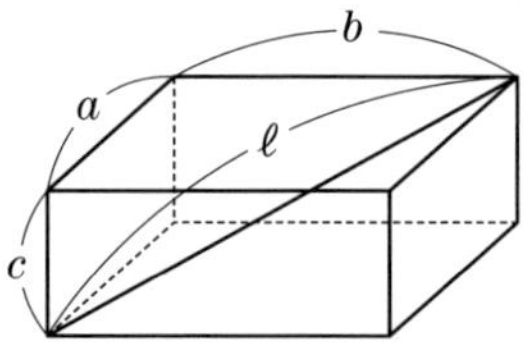

◎円すいの高さと体積

底面の半径が r，母線の長さが ℓ の円すいの高さ h は，$h = \sqrt{\ell^2 - r^2}$

また，円すいの体積は，

$$V = \frac{1}{3} \times \pi r^2 \times h = \frac{\pi r^2}{3}h$$

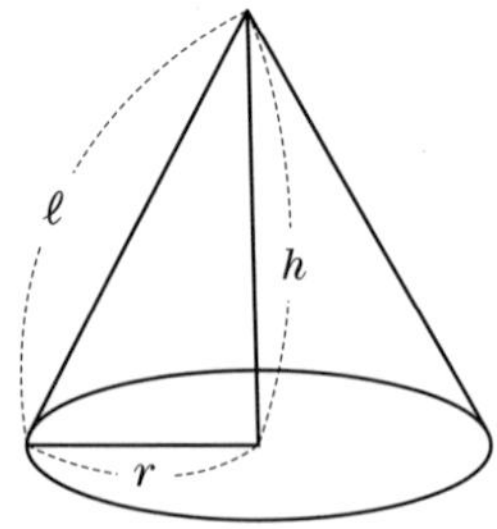

Section 4

SCOA
論　理

推論，ウソつき問題，天びんを使った問題

スマートチェック

☞ 推論……与えられた条件は基本的に不等号（「＞」or「＜」）で表す

例題

春男は夏男より大きい 夏男は秋男より大きい 冬男は春男より大きい

与えられた条件を整理するため，条件を＞を使って表すと，

春男＞夏男，夏男＞秋男，冬男＞春男

したがって，冬男＞春男＞夏男＞秋男

ただ，この場合，春男，夏男などと書いていたら時間がかかるので，春男→春，夏男→夏　などと表すとよい。そこは自分なりに工夫して，わかりやすく，スピーディに処理すること。

☞ 推論……いろいろなものに不等号（「＞」or「＜」）を使う

不等号は「大きい」「小さい」を表すためだけに使うのではなく，いろいろなものに使うことがポイントである。

例題

東京の桜は箱根より早く咲く 京都の桜は東京より早く咲く 箱根の桜は鎌倉より遅く咲く 鎌倉の桜は京都より遅く咲く

ここでは「早く咲く」を「＞」，「遅く咲く」を「＜」として表す。

すると，東京＞箱根（東＞箱），京都＞東京

　　　　箱根＜鎌倉，鎌倉＜京都

以上より，京＞東＞箱

　　　　京＞鎌＞箱，と表すことができる。

☞ 推論……不等号を使って，与えられた条件を簡潔にまとめる

例題

Aの投げるボールはBより速い
Bの投げるボールはCより遅い
Dの投げるボールはAより速い

与えられた条件を不等号で表すと，

A＞B……(1)　　B＜C……(2)　　D＞A……(3)

(1)と(3)より，D＞A＞Bと表すことができる。

しかし，「B＜C」と「D＞A＞B」を1つにまとめることはできない。

したがって，「D＞A＞B」と「C＞B」を使って，問題を解くことになる。

この場合，与えられた選択肢の中には，「Cの投げるボールはDより速い」といったものも出されるが，導き出された「D＞A＞B」と「C＞B」からでは，CとDのどちらのボールが速いかわからないので，「断定できない」と結論づける。

☞ 推論……不等号の中に，等号がまじることもある

例題

長男の預金額は長女より多い
次女の預金額は長男より多く，次男と同じである
三男の預金額は長女より少ない
三女の預金額は次男と同じである

与えられた条件を不等号と等号で表すと，

長男＞長女……(1)　　次女＞長男……(2)　　次女＝次男……(3)

三男＜長女……(4)　　三女＝次男……(5)

(1)と(2)と(4)から，次式が成立する。

次女＞長男＞長女＞三男……(6)

(3)と(5)から

次女＝次男＝三女……(7)

(6)と(7)から

次女
次男＞長男＞長女＞三男
三女

☞ ウソつき問題……グループ分けの方法

ウソつき問題では，正直者とウソつきとにグループ分けすることが基本である。

グループ分けの方法

① Aが正直者で，Aが「Bの言っていることは正しい」と言った場合，Bも正直者となる。

② Aがウソつきで，Aが「Bの言っていることは正しい」と言った場合，Bもウソつきになる。

③ Aが正直者で，Aが「Bの言っていることはウソ」と言った場合，Bはウソつきとなる。

④ Aがウソつきで，Aが「Bの言っていることはウソ」と言った場合，Bは正直者となる。

例題 A～Cの３人が次のような発言をした。この中には正直者が１人，ウソつきが２人いる。

A：「Bはウソつきである」
B：「Cは正直者である」
C：「Aはウソつきである」

これらから確実にいえるものは，次のうちどれか。

ア Aは正直者である
イ Bは正直者である
ウ Cは正直者である
エ AとBはウソつきである
オ Bは正直者であり，Cはウソつきである

解説 このタイプの問題の場合，正直者がだれで，ウソつきがだれかは不明なので，まず「Aは正直者である」と仮定してみる。

Aは正直者であるので，Aの「Bはウソつきである」という発言から，Bはウソつきとなる。

Bはウソつきであるので，Bの「Cは正直者である」という発言から，Cはウソつきとなる。

Cはウソつきであるので，Cの「Aはウソつきである」という発言から，Aは正直者となる。

以上から，Aは正直者，BとCはウソつきとなり，条件である「正直者が１人，ウソつきが２人」を満たすことになる。この結果，正解は**ア**となる。

なお，時間に余裕があれば，「Aはウソつきである」という仮定で，3人の発言を検討してもよい。

Aはウソつきであるので，Aの「Bはウソつきである」という発言から，Bは正直者となる。

Bは正直者であるので，Bの「Cは正直者である」という発言から，Cは正直者となる。

ここで，正直者がBとCの2人になるので，条件である「正直者が1人，ウソつきが2人」と矛盾する。よって，「Aはウソつきである」という仮定は誤りであることがわかる。

☞ 天びんを使った問題……操作の手順がカギとなる

ウソつき問題のほかに，天びんを使った問題も出題される。天びんを使った問題は，異なるものを見つける問題（にせがねの問題）などがある。

例題　大きさと形の等しいおもりが9個あり，そのうちの1個だけが他よりも重い物質でできていることがわかっている。いま，上皿天びんを使ってその1個を確実に選び出すには，天びんを最低何回使用すればよいか。

ア　1回　　**イ**　2回　　**ウ**　3回
エ　4回　　**オ**　5回

解説　9個のおもりを3個ずつの3グループに分け，そのうちの2グループを天びんにかける（1回目）。

①天びんがつり合う→残りの1グループに重いおもりがある。
②天びんがつり合わない→重いグループに重いおもりがある。

次に，そのグループのおもりのうちの2個を天びんにかける（2回目）。

①天びんがつり合う→残りの1個が重いおもりである。
②天びんがつり合わない→重い方が重いおもりがである。

よって，正解は**イ**。

TEST 1

実 ◎ 各問題の左側の□の中に書かれてあることを前提としたとき，右側の結論の中で，明らかに誤りであるもの，あるいは与えられた前提からだけでは，はっきりと断定できないものを選び，記号で答えなさい。

1

AはCより背が高い
CはDより背が高い
BはAより背が高い

ア Cは3番目に背が高い
イ AはDより背が高い
ウ Dは4番目に背が高い
エ BよりCの方が背が高い
オ Aは2番目に背が高い

2

Kの家はMの家より東にある
Mの家はNの家より東にある
Lの家はMの家より西にある

ア Kの家はLの家より東にある
イ Lの家はNの家より西にある
ウ Mの家は2番目に東にある
エ Kの家は最も東にある
オ Nの家はKの家より西にある

3

PはSより足が遅い
QはPより足が遅い
TはPより足が速い

ア QはSより足が遅い
イ TはQより足が速い
ウ Pは3番目に足が速い
エ Qは最も足が遅い
オ TはSより足が速い

4

佐藤は高橋より年下である
井上は佐藤より年下である
有田は高橋より年下である
前川は高橋より年上である

ア 高橋は井上より年上である
イ 前川は佐藤より年上である
ウ 有田は井上より年上である
エ 高橋は2番目に年上である
オ 前川は有田より年上である

ANSWER 1

1 エ

与えられた条件を整理すると，次のようになる。

A＞C
C＞D
B＞A

→ 背の高い順に並べると，

B＞A＞C＞D

2 イ

「東にある」を「＞」として与えられた条件を整理すると，次のようになる。

K＞M
M＞N
L＜M

→ 家が東にある順に並べると，

K＞M＞N
　　　　L

NとLについては，どちらの家が東にあるかは断定できない。

3 オ

与えられた条件を整理すると，次のようになる。

P＜S
Q＜P
T＞P

→ 足が速い順に並べると，

S
T＞P＞Q

SとTについては，どちらが足が速いか断定できない。

4 ウ

与えられた条件を整理すると，次のようになる。

佐藤＜高橋
井上＜佐藤
有田＜高橋
前川＞高橋

→ 年上である順に並べると，

前川＞高橋＞佐藤＞井上

前川＞高橋＞有田

佐藤と有田については，どちらが年上か断定できない。また，井上と有田についても，どちらが年上か断定できない。

TEST 2

実 ◎ 各問題の左側の□の中に書かれてあることを前提としたとき，右側の結論の中で，明らかに誤りであるもの，あるいは与えられた前提からだけでは，はっきりと断定できないものを選び記号で答えなさい。

1

B市はA市より広い
D市はB市より広い
B市はC市より狭い

ア D市はC市より広い
イ A市はC市より狭い
ウ B市は3番目に広い
エ A市は最も狭い
オ D市はA市より広い

2

D棟はA棟より小さい
C棟はA棟より大きい
B棟はC棟より大きい
C棟はE棟より小さい

ア D棟はB棟より小さい
イ C棟は3番目に大きい
ウ C棟はD棟より大きい
エ A棟は2番目に小さい
オ B棟はE棟より大きい

3

DはAより得点が低い
AはBより得点が低い
EはAより得点が低い
CはBより得点が高い

ア AはCより得点が低い
イ BはDより得点が高い
ウ EはDより得点が高い
エ EはBより得点が低い
オ Bは2番目に得点が高い

4

C店はD店より明るい
E店はA店より暗い
B店はD店より暗い
E店はD店より明るい

ア E店はB店より明るい
イ D店はA店より暗い
ウ B店はA店より暗い
エ A店はC店より明るい
オ C店はB店より明るい

ANSWER 2

1 ア

与えられた条件を整理すると，次のようになる。

B＞A
D＞B
B＜C

→ 市を広い順に並べると，

C
　＞B＞A
D

CとDについては，どちらが広いか断定できない。

2 オ

与えられた条件を整理すると，次のようになる。

D＜A
C＞A
B＞C
C＜E

→ 棟を大きい順に並べると，

B
　＞C＞A＞D
E

BとEについては，どちらが大きいか断定できない。

3 ウ

与えられた条件を整理すると，次のようになる。

D＜A
A＜B
E＜A
C＞B

→ 得点の高い順に並べると

　　　　　　D
C＞B＞A＞
　　　　　　E

DとEについては，どちらが高いか断定できない。

4 エ

与えられた条件を整理すると，次のようになる。

C＞D
E＜A
B＜D
E＞D

→ 明るい順に並べると，

A＞E＞D＞B
　　C＞D

“A店はC店より明るい”と断定はできない。

TEST 3

●●●●●●● 推　論

実 ◎　各問題の□の中に書かれてあることを前提として，Ⅰ～Ⅴの結論が出た。これらの中から，明らかに誤りであるもの，あるいは与えられた前提からだけでは，はっきり断定ができないものを選び，それらが組み合わされたものを記号で答えなさい。

1

T企業の売上高はS企業より多く，W企業と同じである
Q企業の売上高はP企業より多く，S企業より少ない
W企業の売上高はR企業より少ない
Q企業の売上高はY企業より少ない

Ⅰ．売上高が4番目に多いのはS企業である　　ア　Ⅰ・Ⅳ
Ⅱ．売上高が最も少ないのはP企業である　　イ　Ⅱ・Ⅲ
Ⅲ．R企業の売上高はS企業よりも多い　　ウ　Ⅱ・Ⅴ
Ⅳ．売上高が2番目に少ないのはQ企業である　　エ　Ⅲ・Ⅳ
Ⅴ．売上高が最も多いのはR企業である　　オ　Ⅰ・Ⅴ

2

A～Dは正の数である
AはDの2倍である
AはCの3倍である
CはBの$\frac{4}{3}$倍である

Ⅰ．Aの3倍はDの6倍と等しい　　ア　Ⅰ・Ⅱ
Ⅱ．Bの3倍はCの2倍より大きい　　イ　Ⅰ・Ⅳ
Ⅲ．Aの$\frac{1}{3}$はCより小さい　　ウ　Ⅱ・Ⅲ
Ⅳ．Cの3倍とDの2倍は等しい　　エ　Ⅲ・Ⅴ
Ⅴ．AからCを引いたものはDより小さい　　オ　Ⅳ・Ⅴ

ANSWER 3

1 オ

与えられた条件を整理すると，次のようになる。

T > S, T = W
S > Q > P
W < R
Q < Y

→ 売上高の多い順に並べると，
R > W = T > S > Q > P
Y > Q

Ⅰについては，S企業の売上高がY企業よりも少ない可能性があるので，"売上高が4番目に多い"とは断定できない。

Ⅴについては，R企業の売上高がY企業よりも少ない可能性があるので，"売上高が最も多い"とは断定できない。

2 エ

与えられた条件の2～4番目を整理すると，次のようになる。

A = 2D
A = 3C
$C = \frac{4}{3}B$

→

A = 3C ……(1)

$C = \frac{4}{3}B$ ……(2)

(2)を(1)に代入すると，

$A = 3C = 3 \times \frac{4}{3}B = 4B$

以上より，A = 4B = 3C = 2D

2，3，4の最小公倍数が12であるので，例えば，A = 12とすると，B = 3，C = 4，D = 6となる。

A	B	C	D
12	3	4	6

Ⅲについては，Aの$\frac{1}{3}$はCと同じである。

Ⅴについては，AからCを引いたものはDより大きい。

実 ◎ 各問題の□の中に書かれてあることを前提として，Ⅰ～Ⅴの結論が出た。これらの中から，明らかに誤りであるもの，あるいは与えられた前提からだけでは，はっきり断定ができないものを選び，それらが組み合わされたものを記号で答えなさい。

1

> 勝山さんの年収より山本さんの方が多い
> 加藤さんの年収は勝山さんより少なく，浜田さんと同じである
> 田村さんの年収は西田さんより少なく，加藤さんと同じである
> 片岡さんの年収は勝山さんより多い

Ⅰ.	加藤さんの年収は片岡さんより少ない	ア	Ⅰ・Ⅲ
Ⅱ.	山本さんの年収は西田さんより多い	イ	Ⅱ・Ⅳ
Ⅲ.	片岡さんの年収は田村さんより多い	ウ	Ⅲ・Ⅴ
Ⅳ.	西田さんの年収は浜田さんと同じである	エ	Ⅰ・Ⅳ
Ⅴ.	田村さんの年収より勝山さんの方が多い	オ	Ⅱ・Ⅴ

2

> A～Dは正の数である
> BはDの3倍である
> DはAの$\frac{1}{2}$倍である
> AはCの$\frac{1}{2}$倍である

Ⅰ.	Aの2倍はDの3倍より大きい	ア	Ⅰ・Ⅳ
Ⅱ.	Bの3倍はCの2倍より小さい	イ	Ⅰ・Ⅴ
Ⅲ.	Bの$\frac{4}{3}$倍はAの2倍より小さい	ウ	Ⅱ・Ⅲ
Ⅳ.	Dの2倍はCの$\frac{2}{3}$倍より小さい	エ	Ⅲ・Ⅳ
Ⅴ.	Bの2倍はDの5倍より大きい	オ	Ⅱ・Ⅴ

ANSWER 4

1 イ

与えられた条件を整理すると，次のようになる。

勝山＜山本
加藤＜勝山，加藤＝浜田
田村＜西田，田村＝加藤
片岡＞勝山

↓

山本、片岡＞勝山＞加藤、浜田

西田＞田村

加藤＝浜田＝田村　3人の年収は同じ

Ⅱについては，“山本さんの年収は西田さんより多い”とは断定できない。

Ⅳについては，西田さんの年収は浜田さんより多い。

2 ウ

与えられた条件の2～4番目を整理すると，次のようになる。

$B = 3D$

$D = \frac{1}{2}A$

$A = \frac{1}{2}C$

→

$B = 3D$ ……(1)，$D = \frac{1}{2}A$ ……(2)，$A = \frac{1}{2}C$ ……(3)

(2)を(1)に代入すると，

$B = 3D = 3 \times \frac{1}{2}A = \frac{3}{2}A$ ……(4)

(3)を(4)に代入すると，

$B = \frac{3}{2}A = \frac{3}{2} \times \frac{1}{2}C = \frac{3}{4}C$

以上より，$\frac{3}{2}A = B = \frac{3}{4}C = 3D$　　$\therefore 6A = 4B = 3C = 12D$

6，4，3，12の最小公倍数が12であることから，

$A = 2$，$B = 3$，$C = 4$，$D = 1$　で考える。

Ⅱについては，Bの3倍はCの2倍より大きい。

Ⅲについては，Bの$\frac{4}{3}$倍はAの2倍と等しい。

TEST 5

実 1　A，B，Cの3人がいる。これらの中で，正直者は2人で，1人はウソつきである。
　Bが「Cはウソつきである」と発言したとき，確実にいえることは次のうちどれか。

ア　Aは正直者である
イ　Bは正直者である
ウ　Cはウソつきである
エ　Aはウソつきである
オ　Cは正直者である

2　春男，夏男，秋男の3人の青年が次のように言った。

春男：「この中の2人は決してウソをつきません」
夏男：「いいえ，決してウソをつかないのは1人だけです」
秋男：「夏男の言うとおりです」

　このことから，決してウソをつかない人と，ウソをつく人の正しい組み合わせをつくると，次のどれになるか。

ア　3人とも決してウソをつかない人
イ　春男と夏男はウソをつく人
ウ　春男はウソをつき，夏男と秋男はウソをつかない人
エ　春男はウソをつかず，夏男と秋男はウソをつく人
オ　3人ともウソをつく人

ANSWER 5

1 ア

Bが「Cはウソつきである」と発言したので，まずはBは正直者であると仮定してみる。

Bは正直者であるので，Cはウソつきとなる。

与えられた条件は，正直者は2人，ウソつきは1人であるので，Bが正直者，Cがウソつきとなると，Aは正直者となる。

	正直者	ウソつき
A	(◯)	
B	◯	
C		◯

次に，Bはウソつきであると仮定してみる。

Bはウソつきなので，Cは正直者となる。

与えられた条件は，正直者は2人，ウソつきは1人であるので，Bがウソつき，Cが正直者となると，Aは正直者となる。

	正直者	ウソつき
A	(◯)	
B		◯
C	◯	

以上より，いずれにせよ，Aは正直者となる。

2 オ

まず，春男がウソをつかないと仮定する。すると，春男の発言は正しいので，夏男と秋男のうち1人がウソつきでもう1人がウソをつかないとなる。そこで，夏男がウソをつかないと仮定すると，夏男の発言は正しいものとなる。しかし，この発言は春男の発言と矛盾することになる。また，秋男がウソをつかないと仮定すると，夏男がウソつきとなるが，これは秋男の「夏男の言うとおりです」という発言と矛盾することになる。

したがって，春男はウソをつく人となる。

次に，夏男がウソをつかない人と仮定する。すると，夏男の発言は正しいものとなる。よって，秋男の発言も正しいものとなるので，ウソをつかない人が2人となり，夏男の発言と矛盾が生じる。

ゆえに，夏男もウソをつく人となる。

秋男がウソをつかない人と仮定すると，夏男もウソをつかないことになるが，これは夏男の発言と矛盾する。

以上より，3人ともウソをつく人となる。

TEST 6

実 ① 白，黒，赤の３種類の球がある。これらのうち，２個の球の重さの和は，他の１個の球の重さに等しい。

黒い球が１番重い球でないとき，あり得ないものはどれか。

ア　白い球が最も軽い
イ　赤い球が最も重い
ウ　白い球と黒い球の重さは同じである
エ　白い球と赤い球の重さは同じである
オ　黒い球と赤い球の重さは異なる

② Ａ～Ｅの５人に赤か白の帽子をかぶせた。彼らは自分の帽子の色は見えないが，他の４人の帽子の色は見ることができる。各人が他の人の帽子の色について次のような発言をしたが，たまたま白い帽子をかぶっている人は自分の見たままを正直に言い，赤い帽子をかぶっている人はウソをついたことがあとで判明した。

Ａ：「白い帽子は１人だけで，他の人の帽子は赤だよ」
Ｂ：「４人ともみな白い帽子だね」
Ｃ：「４人ともみな赤い帽子だよ」
Ｄ：「白い帽子をかぶっているのは３人で，赤い帽子は１人だね」

彼らのかぶっている帽子の色について，正しいのは次のうちどれか。

ア	Ａ－赤	Ｂ－白	Ｃ－赤	Ｄ－白	Ｅ－赤
イ	Ａ－白	Ｂ－赤	Ｃ－赤	Ｄ－白	Ｅ－赤
ウ	Ａ－白	Ｂ－赤	Ｃ－白	Ｄ－赤	Ｅ－白
エ	Ａ－白	Ｂ－赤	Ｃ－赤	Ｄ－赤	Ｅ－白
オ	Ａ－赤	Ｂ－赤	Ｃ－白	Ｄ－赤	Ｅ－白

ANSWER 6

[1] エ

与えられた条件から導けることは，次の（1）と（2）である。

白い球の重さ＋黒い球の重さ＝赤い球の重さ　…（1）

あるいは

赤い球の重さ＋黒い球の重さ＝白い球の重さ　…（2）

ア：（1）からあり得る。

イ：（1）からあり得る。

ウ：（1）からあり得る。

エ：（1）からも，（2）からもあり得ない。

オ：（1）からも，（2）からもあり得る。

[2] エ

このタイプの問題は，まずはだれか1人の人の発言を正しいと仮定して，論理を進めていくことがポイントとなる。“仮定して論理を進める”ということに慣れることがポイント。

Bの発言が正しいとすると，Bの帽子は白，他の4人も白なので，5人全員が白となる。よって，Aの発言も正しいとなるが，Aは赤の帽子があると言っているので，矛盾が生じる。よって，Bは正しくなく，**Bは赤の帽子**をかぶっていることになる。

次に，Cの発言が正しいとすると，Cの帽子は白，他の4人は赤。よって，Aの発言は正しいことになり，Aの帽子が赤であることに矛盾が生じる。よって，**Cも赤の帽子**をかぶっていることになる。

BもCも赤の帽子をかぶっているとなると，Dの発言は正しくないので，**Dも赤の帽子**をかぶっていることになる。

ここで，Aの発言が正しくないと仮定すると，Aは赤の帽子となる。また，Aの発言「白い帽子は1人だけで，他の人の帽子は赤だよ」が正しくないので，残るEの帽子も赤となり，全員の帽子が赤となる。となると，Cの発言は正しいことになりCの帽子が赤であることと矛盾する。よって，Aの発言は正しいとなり，**Aの帽子は白**となる。Aの発言が正しいとなると，その内容から**Eの帽子は白**となる。

立体の展開図と回転

スマートチェック

☞ 立方体の展開図の基本的性質

立方体の展開図では下図に示す通り，面を，その頂点を中心として 90°回転させてもまったく変わらない。ただし，1つの頂点に4つの面が集まるような図は展開図にはならない。

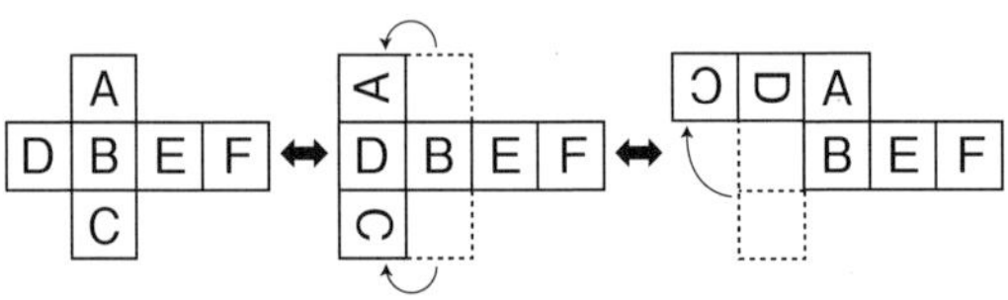

なお，SCOA においては公務員試験とは異なり，上図のように回転したときのアルファベットの向きは問わないので，以下では下図のような表記とする。

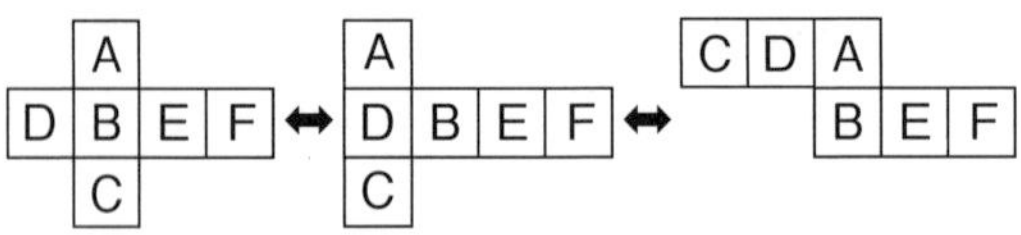

☞ 与えられた展開図を基本形の展開図に直す！

〔Ⅰ〕の展開図が与えられた場合，これをもとに〔Ⅱ〕を作り，そして〔Ⅲ〕を作る。〔Ⅲ〕の展開図からは容易に立方体を作ることができる。

〔Ⅰ〕　〔Ⅱ〕　〔Ⅲ〕

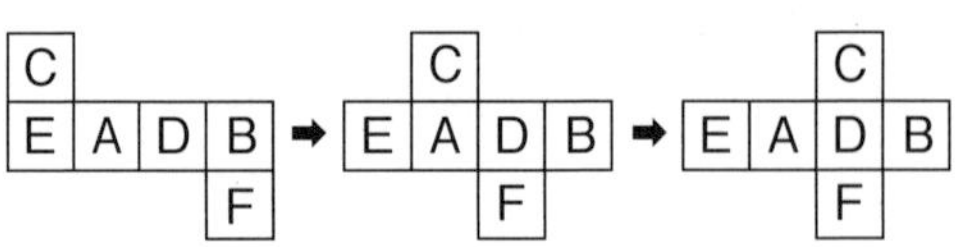

☞ 自分の作った立方体をもとに与えられた立方体を作る！

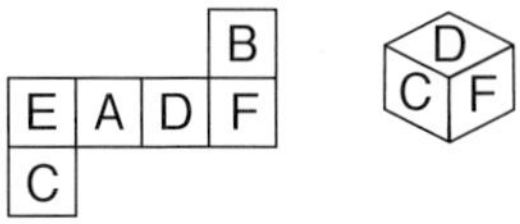

上図の展開図と立方体が与えられた場合，まず，下図のように，与えられた展開図をもとに基本形の展開図を作り，これをもとに立方体を作る。しかし，与えられた立方体と自分が作った立方体の表面に出るアルファベットが異なることが多いので，自分が作った立方体をもとに，与えられた立方体を作らなければならない。

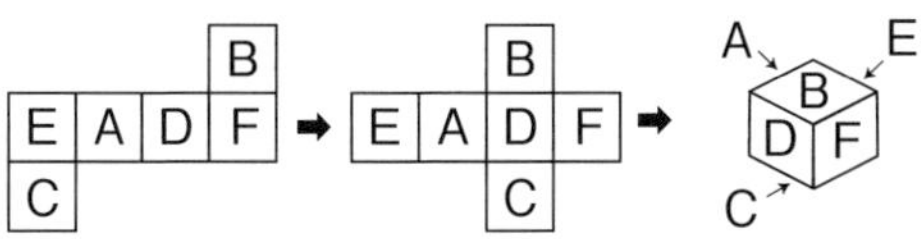

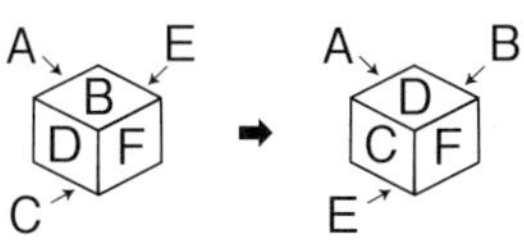

この場合，「E→B→D→C」をワンセットとして考える。「B」のある位置に「D」を置いた場合，「D」のある位置には「C」，「C」のある位置には「E」，「E」のある位置には「B」がそれぞれ入ることになる。

☞ 3回，回転させるときは注意が必要！

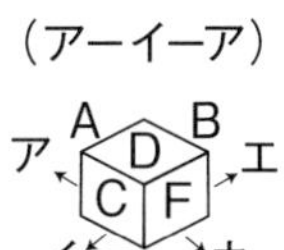

左記の立方体を（アーイーア）の順に回転させた場合，上の面に出るアルファベットは次のようになる。

アの方向に回転させたとき，上の面に出るアルファベットはDからFに変わる。

次に，イの方向に回転させると，上の面に出るアルファベットはBとなる。

（アーイ）に続き，もう一度アの方向に回転させると，上の面に出るアルファベットはEとなる。

☞正八面体の展開図の基本的性質

正八面体の展開図では，面の頂点を中心として 120°回転させても，展開図であることには変わりありません。

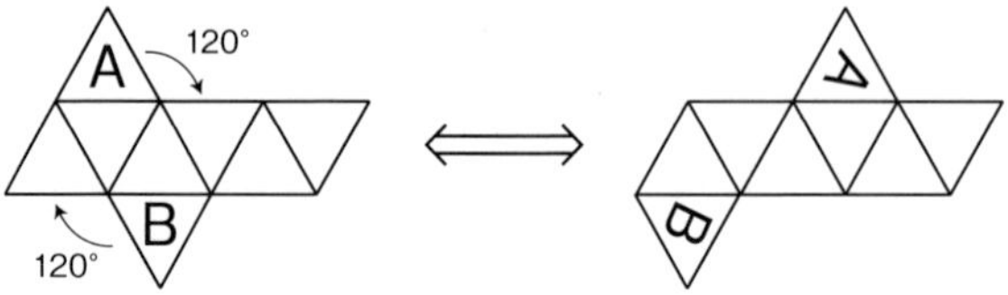

☞AF 法（AF・BD・CE 法）

正八面体の展開図の問題を解く際に，便利なのが AF 法といわれるものです。

図１のように，正八面体の６つの頂点を A ～ F とします。次に，図２のように，A ⇔ F，B ⇔ D，C ⇔ E の３組の頂点のペアを作ります。すると，これらの３組の位置関係は図３のようになります。

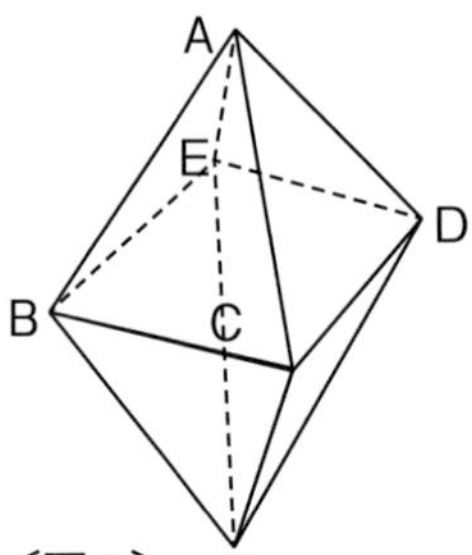

〔図1〕

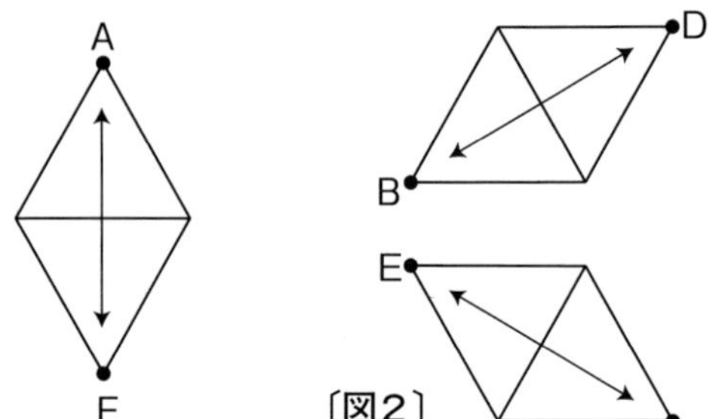

〔図2〕

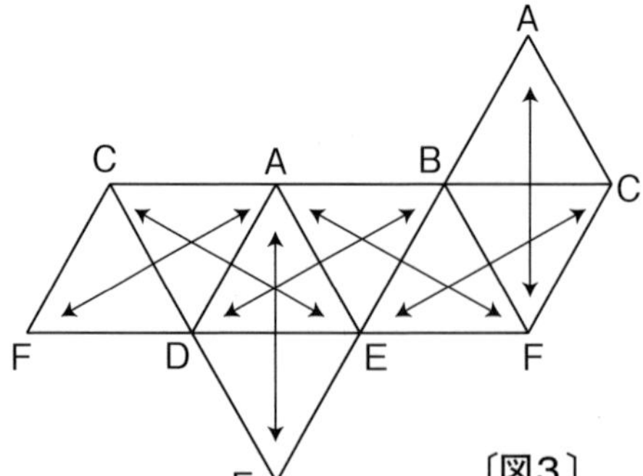

〔図3〕

☞正十二面体とは

立方体と正八面体の展開図はSCOAの試験で出題されていますが，正十二面体の展開図は現在のところ出題されていません。

正十二面体の展開図は立方体，正八面体のそれに比べてかなり複雑であることから，今後も出題の可能性は低いと考えられますが，少し説明しておきます。

正十二面体の展開図で基本的なものは2つありますが，下図のものが最もオーソドックスなものです。よって，正十二面体の展開図の問題が出題されるとしても，下図に関するものだと考えられます。

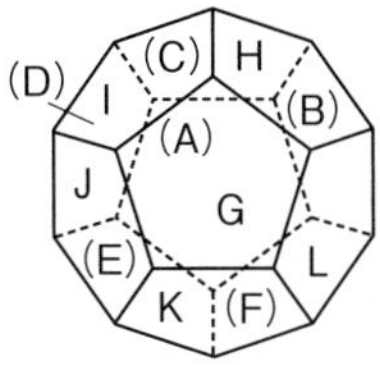

〔図1〕

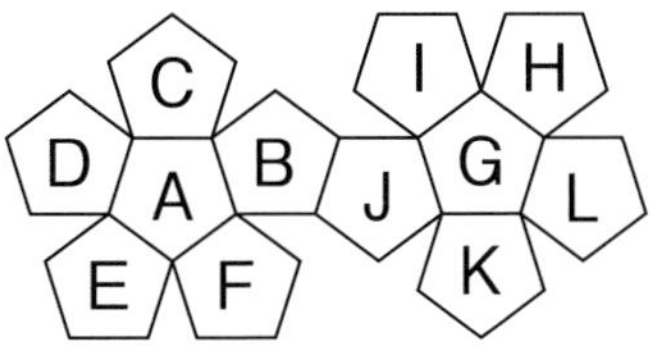

〔図2〕

☞正十二面体の展開図の基本的性質

① 〔図2〕からわかるように，(A, B, C, D, E, F) の6つの正五角形と (G, H, I, J, K, L) の6つの正五角形の2組から構成されています。

そして，前者ではAがその中央にあり，他の5つの正五角形が取り囲んでいます。後者では，Gがその中央にあり，他の5つの五角形が取り囲んでいます。

② 〔図1〕からわかるように，Aは (G, H, I, J, K, L) と接していないし，Gは (A, B, C, D, E, F) と接していません。ただし，(B, C, D, E, F) と (H, I, J, K, L) は接しています。

また，AとGは平行となり，対面します。

TEST 1 立方体の展開図と回転

実 ◎ それぞれの展開図の立方体を①～⑤の指示された方向に回転させたとき，回転後の上の面にＣが出るものを選びなさい。

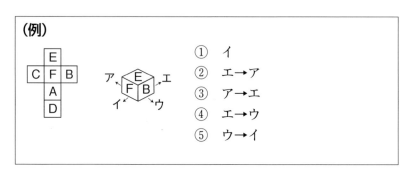

（例）

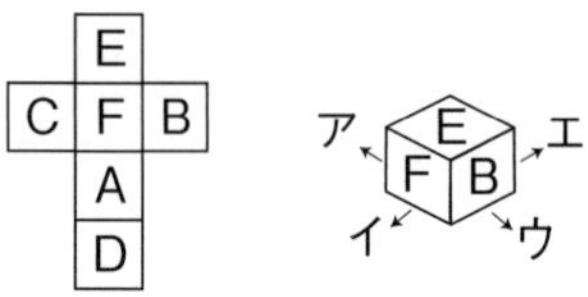

① イ
② エ→ア
③ ア→エ
④ エ→ウ
⑤ ウ→イ

1

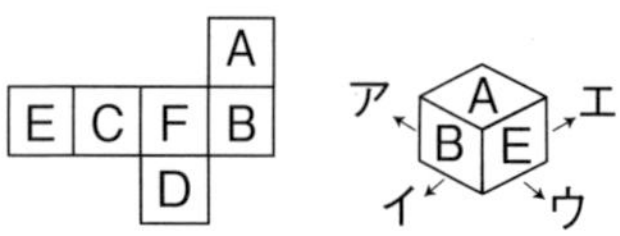

① ウ→エ
② ア→イ
③ ア→エ
④ エ→ア
⑤ エ→ウ

2

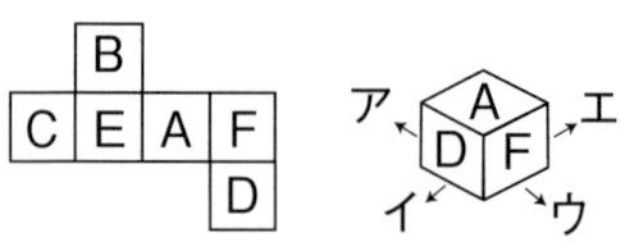

① イ→ア
② ウ→イ
③ エ→エ
④ ア→エ
⑤ エ→ウ

ANSWER 1

（例）④

与えられた展開図から，立方体は下図のようになっている。

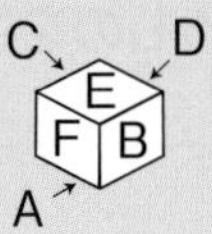

左のサイコロをエの方向に回転させると，サイコロの上の面はFとなる。次に，ウの方向に回転させると，上の面はCとなる

1 ②

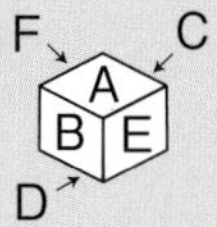

左のサイコロをアの方向に回転させると，サイコロの上の面はEとなる。次に，イの方向に回転させると，上の面はCとなる。

なお，この場合，左のサイコロを最初にイの方向に回転させると，上の面はすぐにCとなる。

2 ③

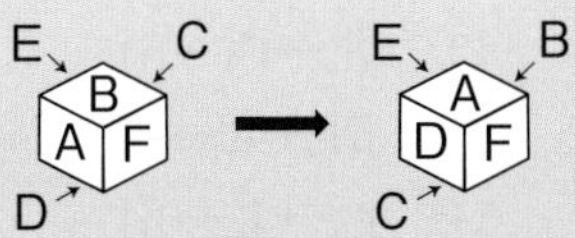

上の右側のサイコロをエの方向に2回回転させると，上の面はCとなる。よって，「エ→エ」が正しい。

TEST 2　立方体の展開図と回転

実 ◎　それぞれの展開図の立方体を①～⑤に指示された方向に回転させたとき，回転後の上の面にDが出るものを選びなさい。

(例)

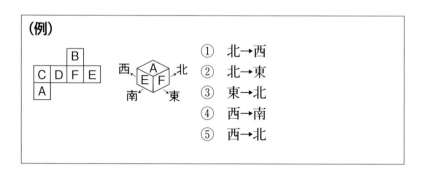

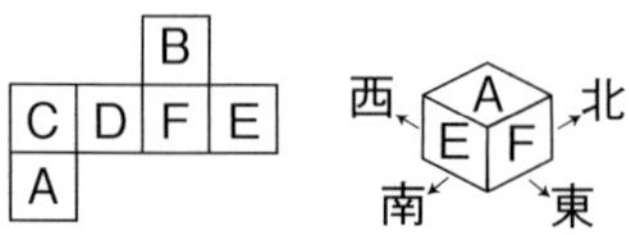

① 北→西
② 北→東
③ 東→北
④ 西→南
⑤ 西→北

1

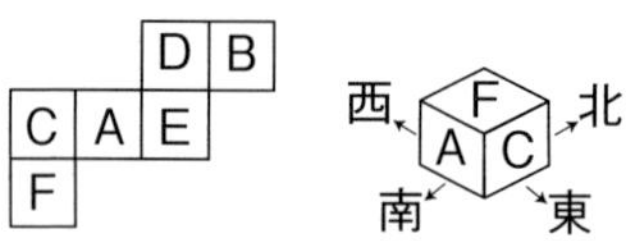

① 南→西→北
② 北→西→南
③ 南→東→西
④ 西→北→南
⑤ 東→北→東

2

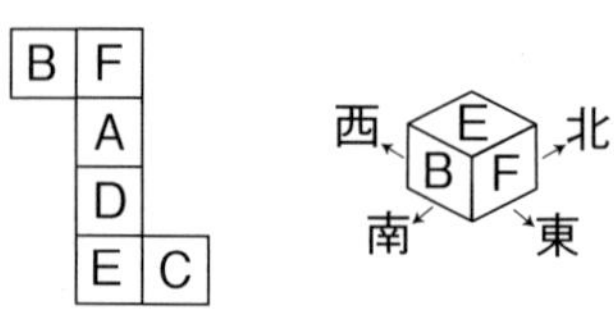

① 東→東→北
② 西→南→南
③ 北→北→西
④ 南→南→西
⑤ 南→西→北

ANSWER 2

（例）　④

与えられた展開図から，立方体は下図のようになっている。

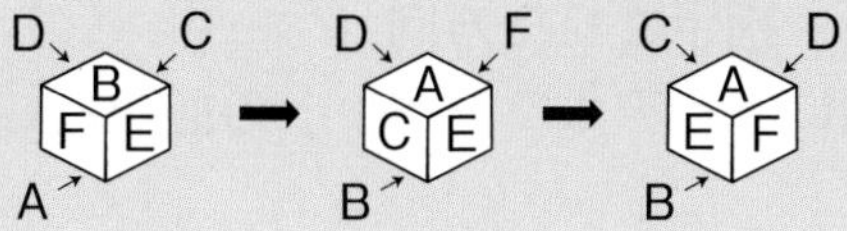

1　⑤

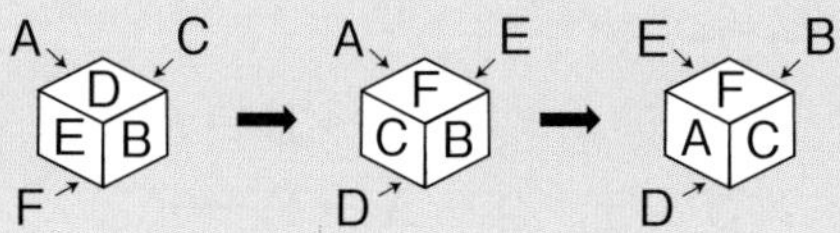

2　②

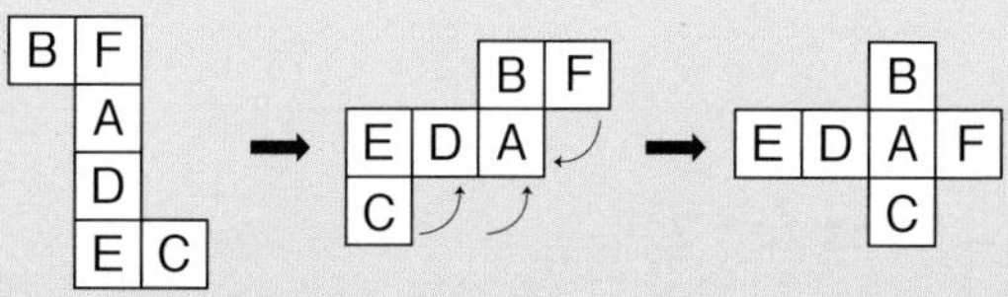

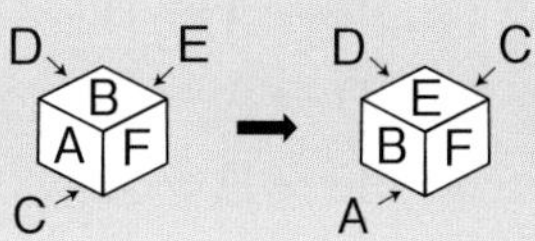

TEST 3 立方体の展開図と回転

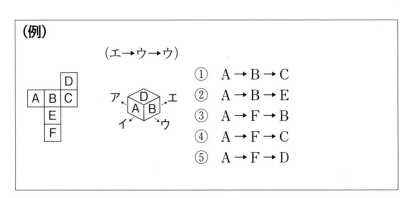

実 ◎ 展開図とその立方体が下のようにあるが，示された立方体の状態から，指示された方向（○→○→○）に回転したとき，上の面に出るアルファベットの並びとして正しいものはどれか。

(例)

(エ→ウ→ウ)

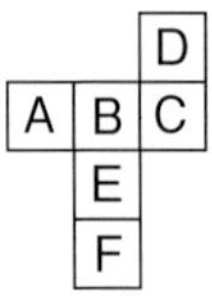

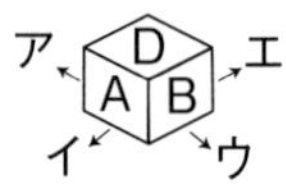

① A → B → C
② A → B → E
③ A → F → B
④ A → F → C
⑤ A → F → D

1

(ウ→イ→ウ)

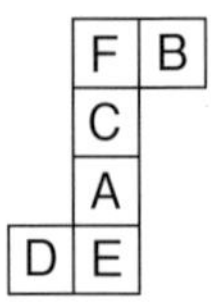

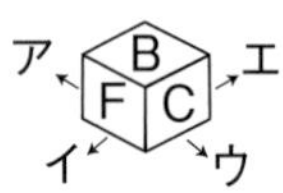

① A → D → E
② E → A → D
③ D → A → E
④ E → D → A
⑤ A → E → D

2

(イ→イ→ウ)

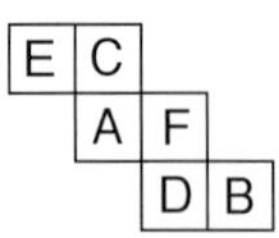

① F → B → D
② F → D → B
③ B → F → D
④ B → D → F
⑤ D → F → B

ANSWER 3

（例） ④

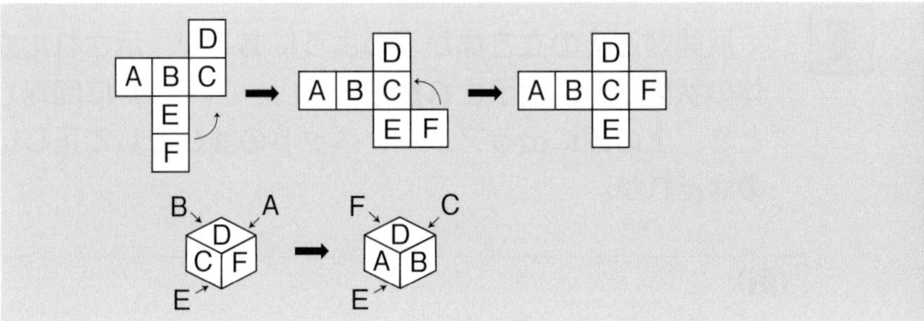

1 ②

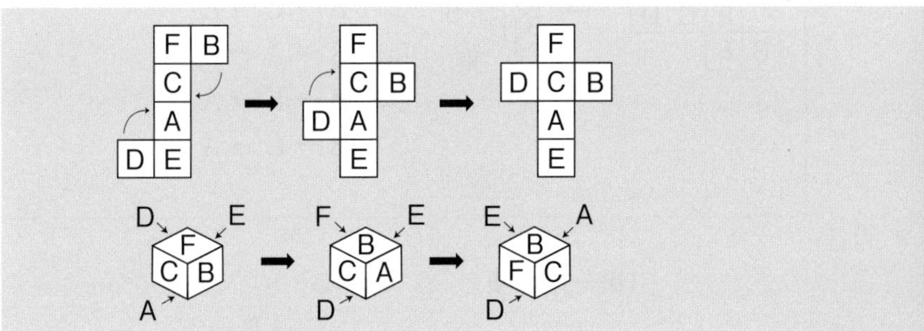

2 ③

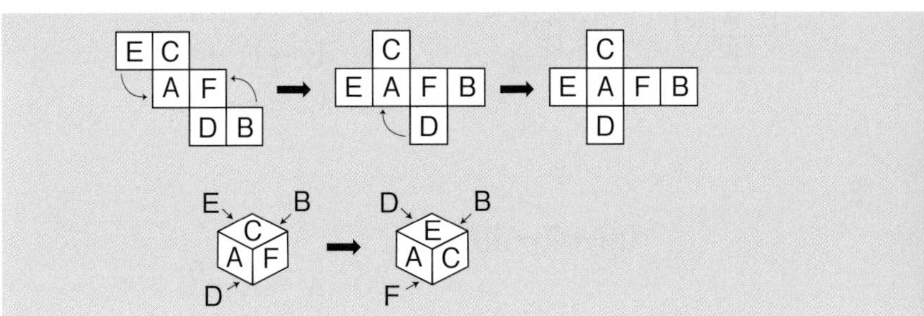

TEST 4　立方体の展開図と回転

実 ◎　展開図とその立方体が下のようにあるが，示された立方体の状態から，指示された方向（○→○→○）に回転したとき，上の面に出るアルファベットの並びとして正しいものはどれか。

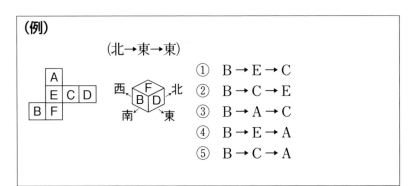

（例）

（北→東→東）

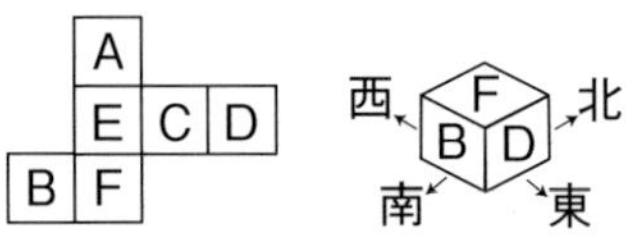

① B→E→C
② B→C→E
③ B→A→C
④ B→E→A
⑤ B→C→A

1

（東→南→東）

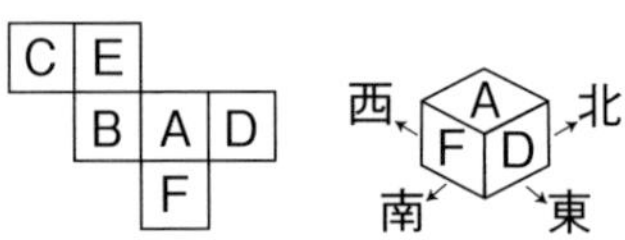

① C→B→E
② B→C→E
③ E→C→B
④ B→E→C
⑤ C→E→B

2

（南→東→南）

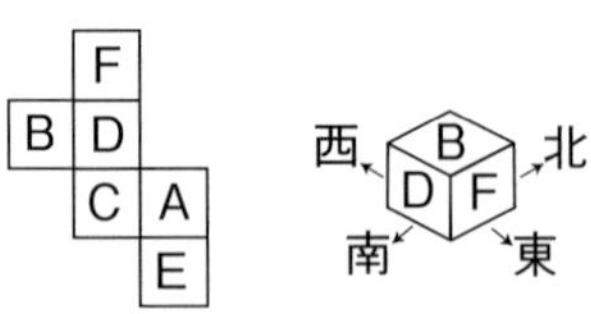

① A→E→C
② A→C→E
③ E→C→A
④ C→A→E
⑤ C→E→A

ANSWER 4

(例)　①

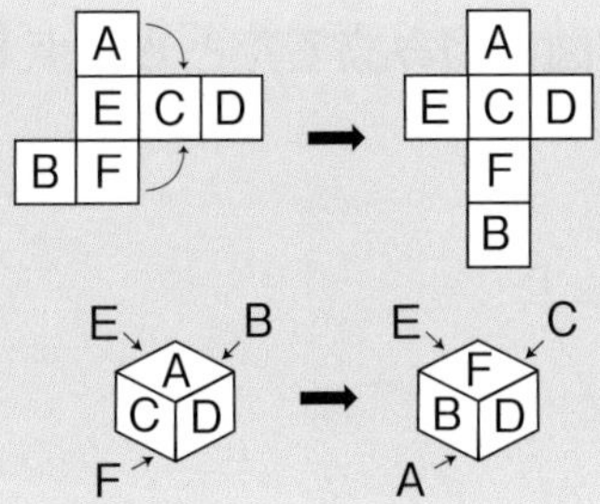

1　④

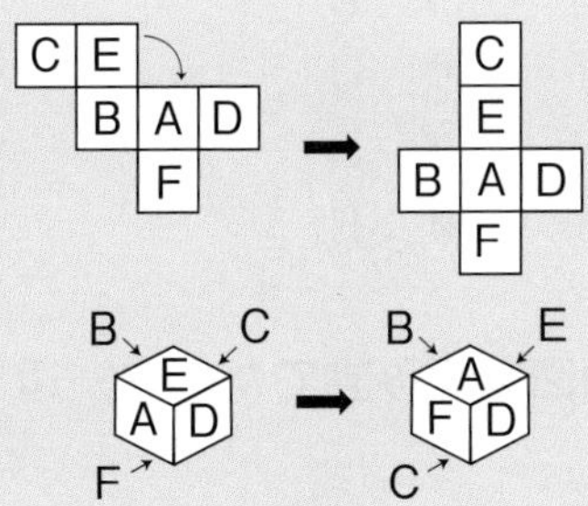

2　③

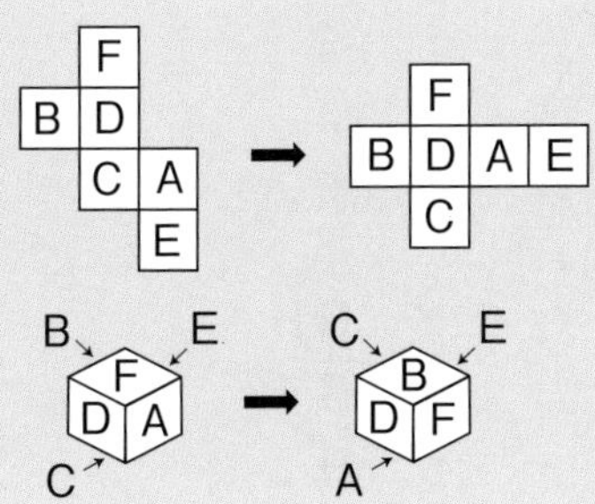

TEST 5

実 [1]　次の正八面体の展開図を組み立てたとき，点Pと一致する点はどれか。

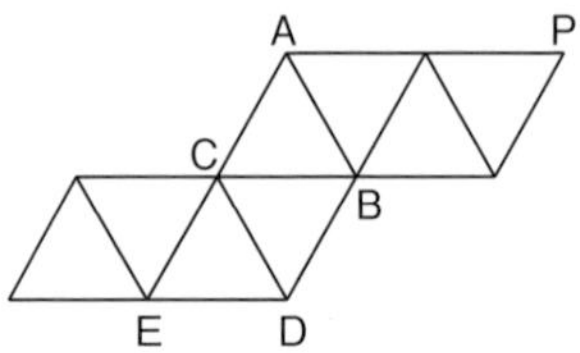

ア　A
イ　B
ウ　C
エ　D
オ　E

実 [2]　次の正八面体の展開図を組み立てたとき，辺BDと一致する辺はどれか。

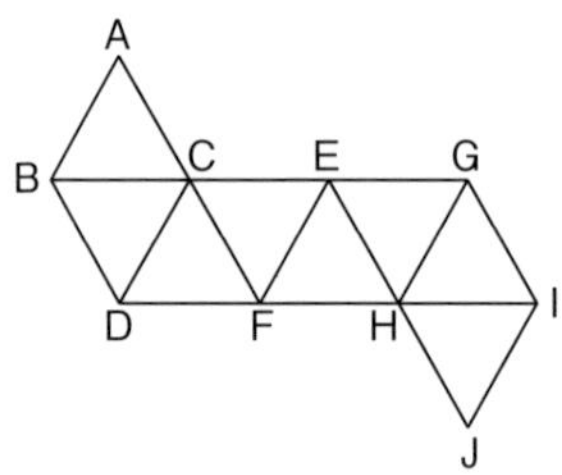

ア　GH
イ　GI
ウ　HI
エ　HJ
オ　IJ

ANSWER 5

1 オ

このタイプの問題はAF法を使用します。

下図の「A ↔ F の頂点のペア」に注目してもらいたい。A ↔ F の次に，F ↔ A，そして，A ↔ F となっています。よって，点Aと一致する点を見つける場合，A ↔ F の次に，F ↔ A とたどればよい。

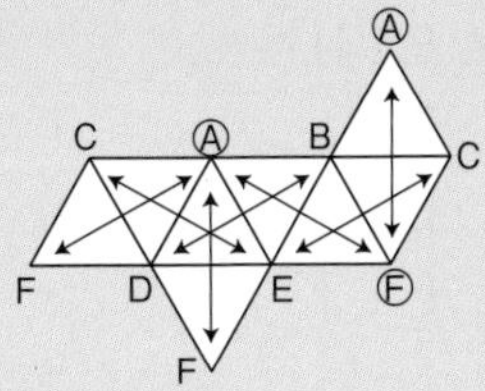

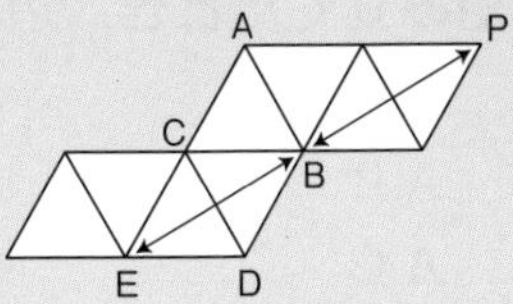

左図において，頂点Pのペアは頂点Bです。よって，P ↔ B。そして，B ↔ E と展開することができます。

つまり，P ↔ B ↔ E。したがって，点Pと一致するのは点Eとなります。

2 イ

AF法を使うと，下図のようになります。点Bについては，B ↔ F，F ↔ G と展開できるので，B＝G となります。点Dについては，D ↔ E，E ↔ I と展開できるので，D＝I となります。したがって，辺BDと一致するのは辺GIとなります。

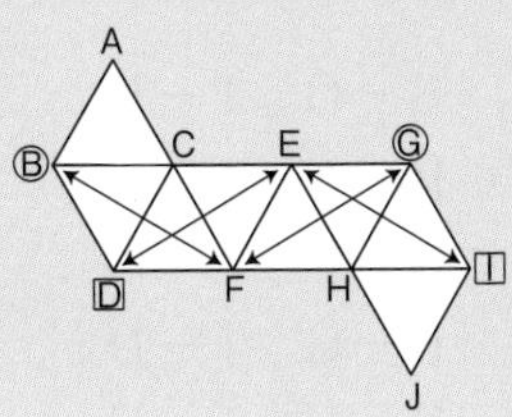

TEST 6

実 ① 次の正八面体の展開図を組み立てたとき，点Aと一致する点をすべて挙げているものはどれか。

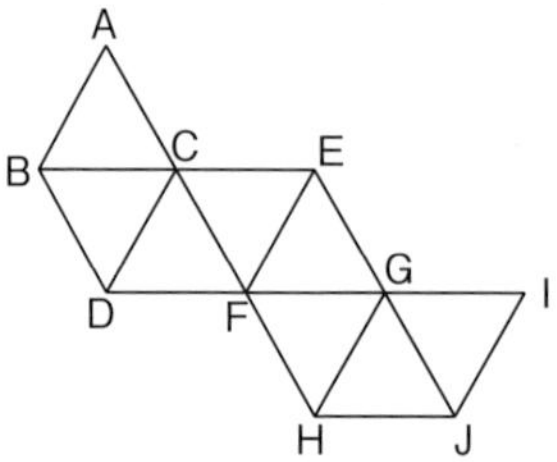

ア D，H
イ E，H
ウ E，I
エ E，J
オ F，J

実 ② 上図の正八面体の展開図を組み立てたとき，辺HJと一致する辺はどれか。

ア AB
イ AC
ウ BC
エ BD
オ CD

③ 下図は十二面体の展開図である。B，Jのそれぞれの対面はどれか。

ア B－G，J－K
イ B－G，J－F
ウ B－F，J－G
エ B－G，J－D
オ B－H，J－F

ANSWER 6

1 ウ

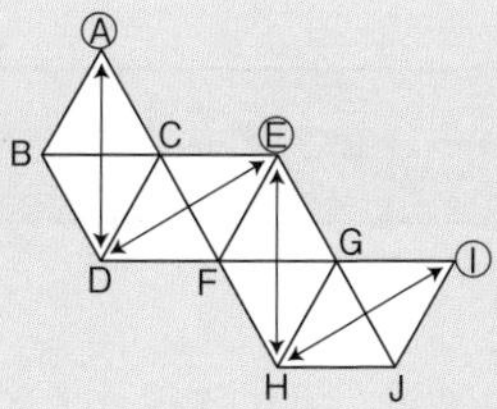

AF法を使うと，A↔D，D↔E，E↔H，H↔Iと展開できます。よって，点Aと一致する点は，「A↔D，D↔E」より，点E。そして，「E↔H，H↔I」より，点Iです。つまり，点Aと一致するのは，点Eと点Iの2つです。

2 エ

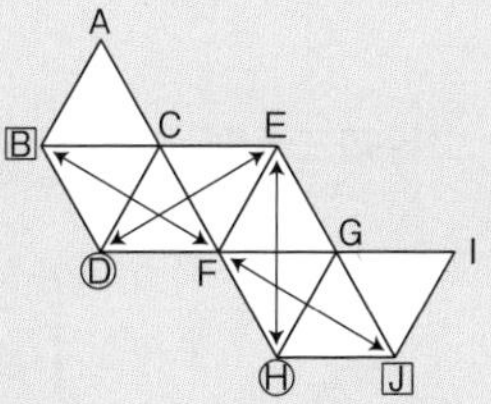

AF法を使うと，左図のようになります。点Hについては，H↔E，E↔Dと展開できるので，E＝Dとなります。点Jについては，J↔F，F↔Bと展開できるので，J＝Bとなります。したがって，辺HJと一致するのは辺BDとなります。

3 イ

左図より，Bを取り囲んでいるのはA，E，C，I，J。次にA，E，C，I，Jと接しているのはH，F，D，L，K。よって，残るのはGだけなので，Bと対面しているのはG。

Jを取り囲んでいるのはI, L, K, B, C。次に，I, L, K, B, Cと接しているのはA，H，G，E，D。よって，残るのはFだけなので，Jと対面しているのはF。

立体の切断

スマートチェック

☞ **立方体の切断……切り口の形は六角形まで**

立方体の切り口には，次のようなものがある。切り口の辺は必ず立方体の面上にある。立方体は6つの面から構成されているので，立方体の全ての面に辺を持つ六角形が切り口の数としては最大となる。よって，立方体の切り口が七角形以上になることはない。

三角形

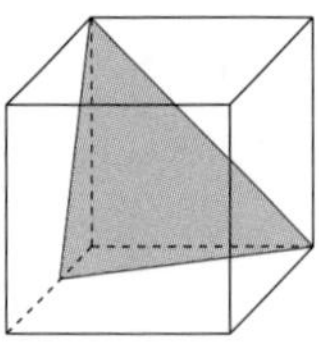

正三角形

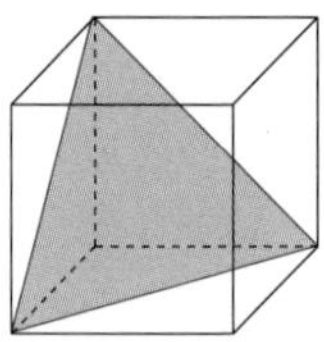

二等辺三角形

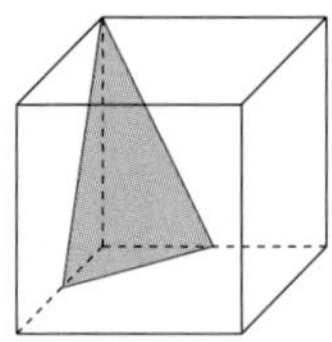

長方形

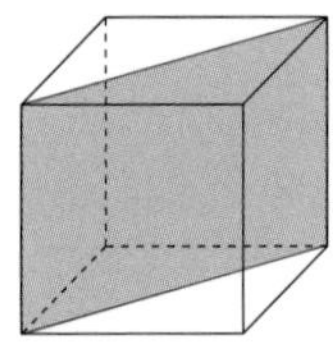

正方形

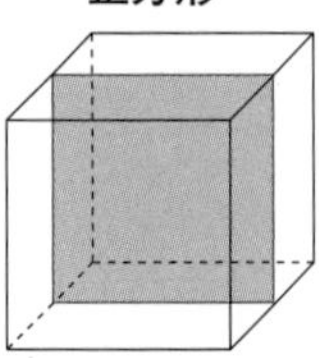

平行四辺形

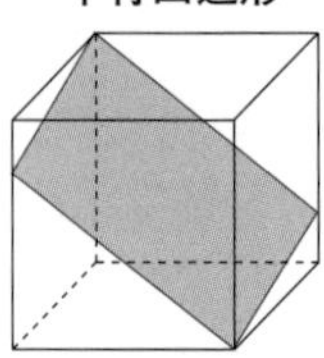

ひし形

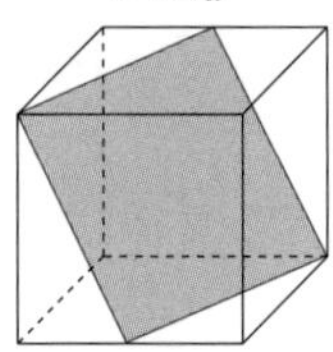

（等脚）台形

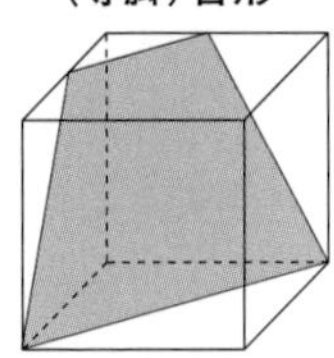

五角形

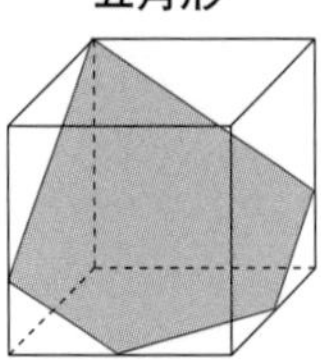

六角形

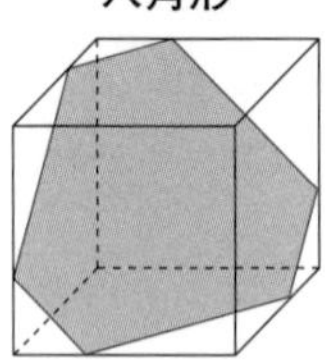

正六角形

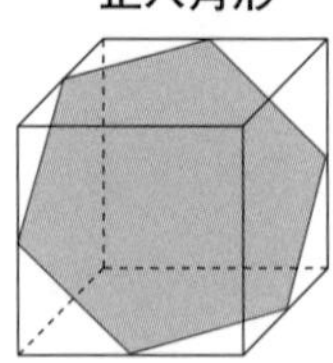

☞ 回転体の切断

円すいを回転体と考えるとき，図１のように回転の軸を含む平面で切ると，切り口は二等辺三角形となる。

なぜなら，△AOCは，△AOBをℓについて折り返したものなので，△ABCは線対称な図形で，AB＝AC。よって，△ABCは二等辺三角形となる。

また，図２のように，回転の軸に垂直な平面で切ると，切り口は円となる。

図１

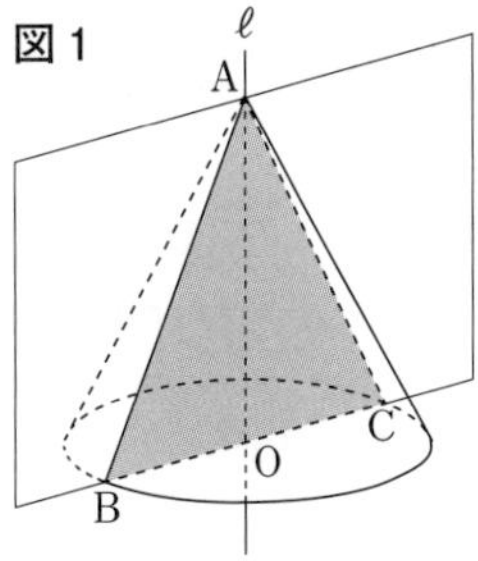

図２

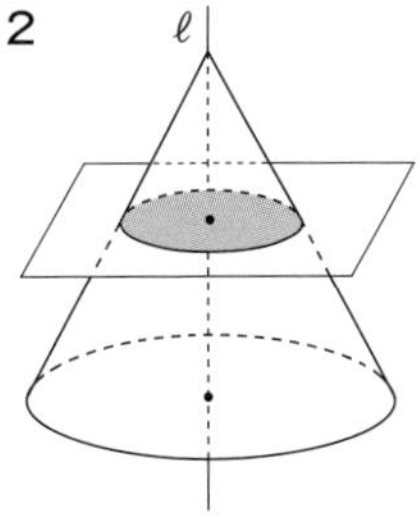

☞ 対称性を利用する

立方体の辺の中点を切断面が通るというような特殊な場合には，対称性が利用できる。

図３のように，切断面がA，B，Cを通り，しかも，Cが辺の中点である場合は，対称性から，切断面はもう１つの辺の中点Dを通る。

図４は，立方体の３辺の中点A，B，Cを通る平面で切断した場合の断面図を示したものである。この場合も，立方体の対称性から，切断面は，点D，E，Fを通ることになる。D，E，FはおのおのA，B，Cのある辺が向かい合う辺の中点である。

図３

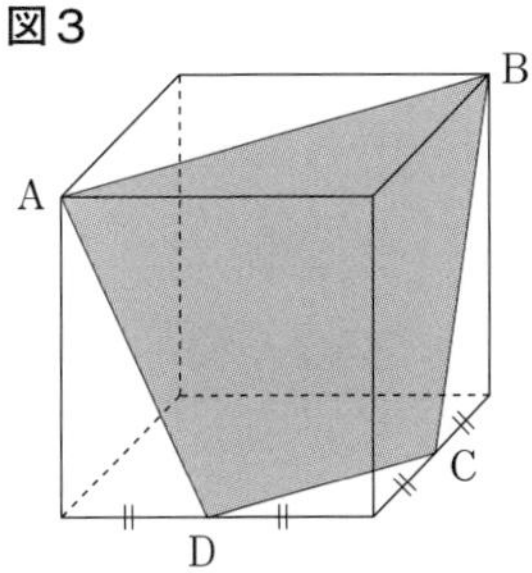

図４

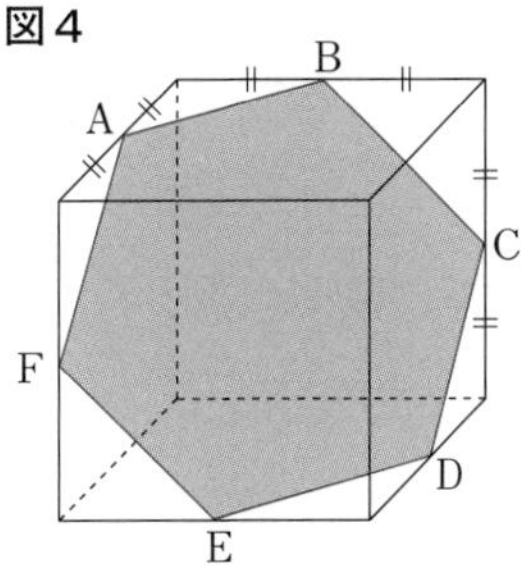

TEST1

実 1　下図の立方体を頂点A，C，Fを通る平面で切ると，その切り口はどんな図形になるか。

ア　正三角形
イ　長方形
ウ　二等辺三角形
エ　ひし形
オ　平行四辺形

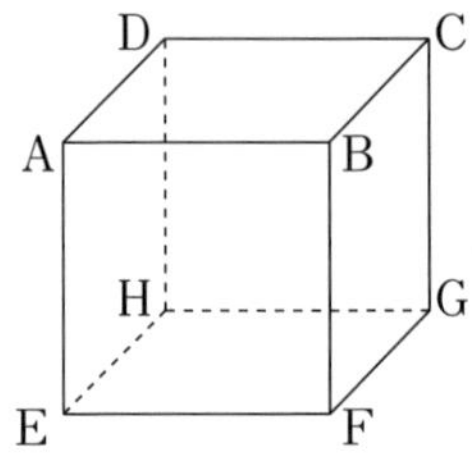

実 2　下図の立方体を頂点A，D，Fを通る平面で切ると，その切り口はどんな図形になるか。

ア　長方形
イ　正方形
ウ　平行四辺形
エ　ひし形
オ　等脚台形

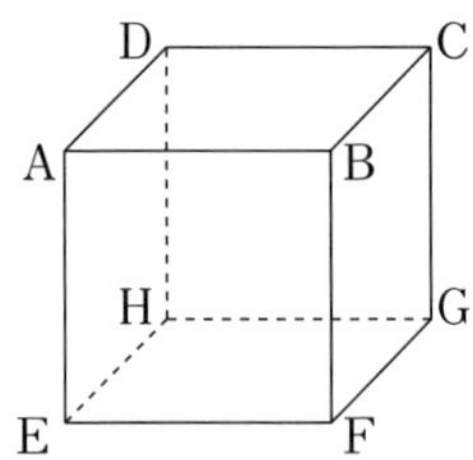

実 3　下図の立方体の辺BFの中点をMとし，3点C，M，Eを通る平面で切ったとき，その切り口はどんな図形になるか。

ア　長方形
イ　平行四辺形
ウ　等脚台形
エ　ひし形
オ　正六角形

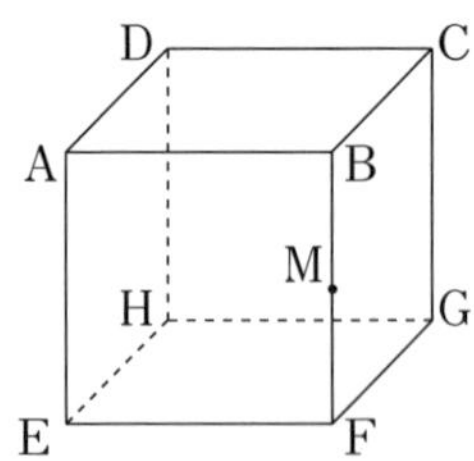

ANSWER 1

1 ア

切断に関する問題は，まず切り口の辺の数に着目する。右図を見てわかるように，辺の数は３つである。よって，切り口の図形は三角形。

また，AC，AF，CF は正方形の対角線であるので，AC ＝ AF ＝ CF

∴切り口の図形は正三角形

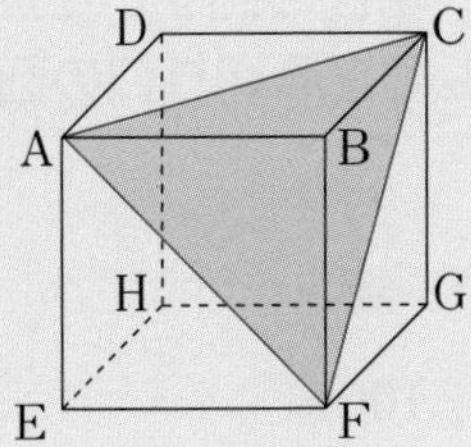

2 ア

切断に関する問題を解く場合，ポイントになるのが対称性である。

点Aに対しては点Fが対称性をなしている。よって，点Dに対して対称性をなすものが必要となる。それは右図に示されるように点Gである。したがって，切り口の図形は長方形。

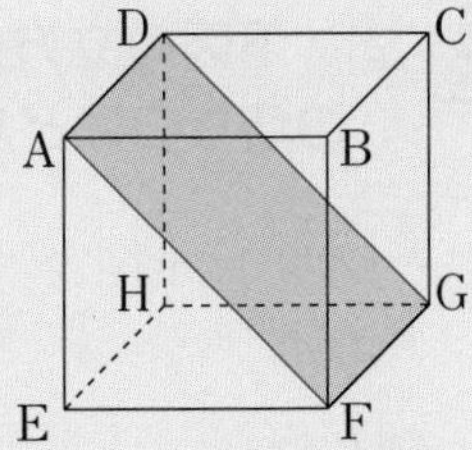

3 エ

頂点Cを通り，EM に平行な辺は右図の NC である。

また，頂点Eを通り，CM に平行な辺は右図の NE である。

CM，CN，ME，NE については，

CM ＝ CN ＝ ME ＝ NE

したがって，４つの辺の長さが等しいことから，切り口の図形はひし形。

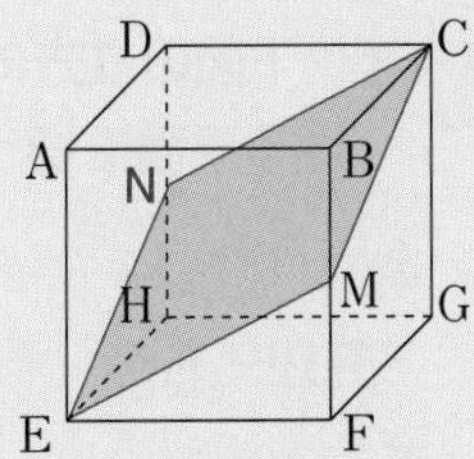

TEST 2　回転体の切断，立方体の切断

1　下図の円すいを回転体とみたとき，回転の軸を含む平面で切ってできる切り口の面積は次のうちどれか。

ア　60cm²
イ　80cm²
ウ　100cm²
エ　120cm²
オ　150cm²

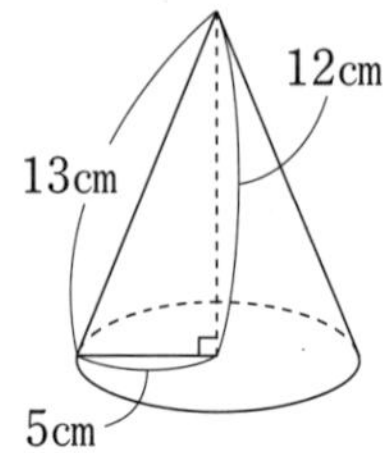

実　2　下図の立方体を頂点D，E，Fを通る平面で切ると，その切り口はどんな図形になるか。

ア　正方形
イ　長方形
ウ　ひし形
エ　平行四辺形
オ　等脚台形

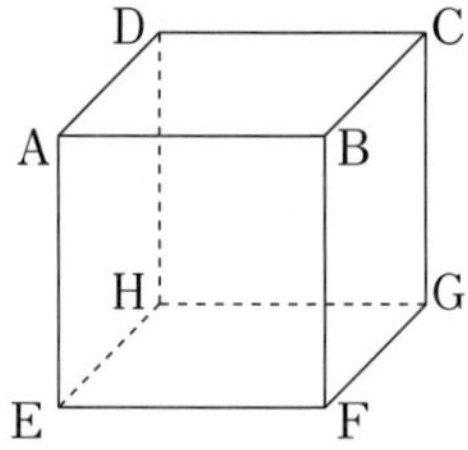

実　3　下図の立方体の辺EFの中点をMとし，3点B，D，Mを通る平面で切ったとき，その切り口はどんな図形になるか。

ア　正三角形
イ　二等辺三角形
ウ　平行四辺形
エ　ひし形
オ　等脚台形

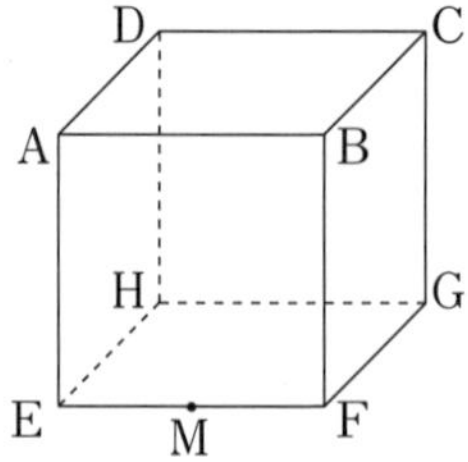

ANSWER 2

1 ア

回転体を，回転の軸を含む平面で切った場合，どこで切っても切り口は右のような図形になる。

したがって，求める面積は

$10 \times 12 \div 2 = 60$ （cm^2）

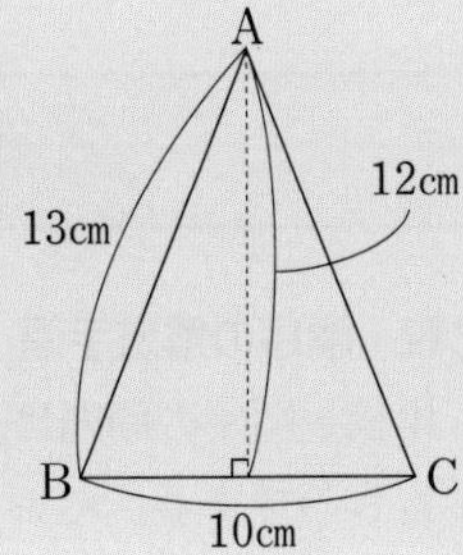

2 イ

この問題も対称性を利用すればよい。

点Eに対しては点Dが対称性をなしている。よって，点Fに対しては点Cが対称性をなすことになる。

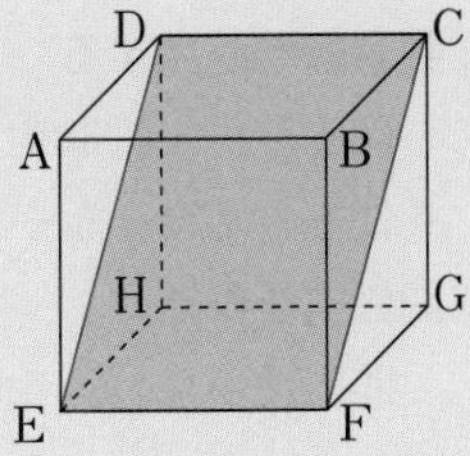

3 オ

図1に示されるように，等脚台形になる。

ちなみに，図2に示されるように，辺AEの中点をNとし，3点B，D，Nを通る平面で切ったとき，切り口は二等辺三角形になる。

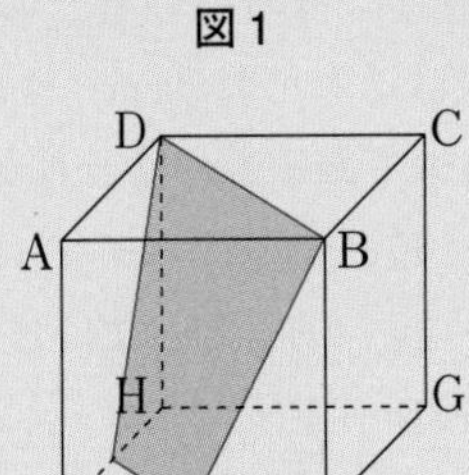

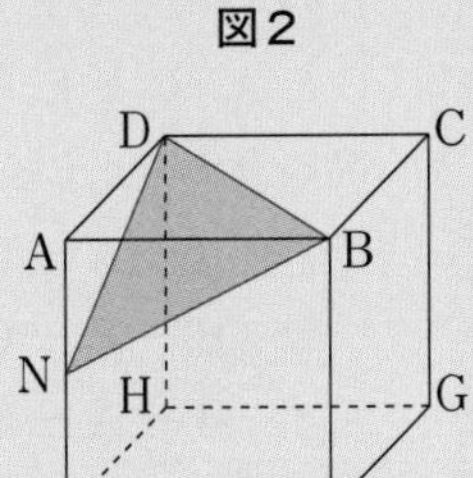

判断推理Ⅰ（比較・順序，道順・試合）

スマートチェック

☞ 比較・順序の解法手順！

比較・順序の問題は，数的に判断，推理することで，比較して順序を決定するものである。その際，いずれも一定の条件や要件が示されているので，それから導かれる結論が問われることになる。

①問題文を整理する

問題文をよく読み，何を要求されているかを素早く察知する。

②数直線を利用する

図を使って推論するのがよいが，一般には数直線が使われる。その際，条件から基準となるものを選ぶ。

③関係式を作る

問題文からわかることを，等式や不等式の関係式で表す。いくつもの式ができたら，それらを要領よくまとめて処理する。

例題

A，B，C，D，Eの５人の平均身長は170cmである。一番背が高い者はBの180cmで，二番目に背の高い者との差は６cmである。また，CとD，CとA，CとEの差はそれぞれ３cm，４cm，９cmである。次のうち，背の高い者から正しく並べてあるものはどれか。

ア　B－A－C－E－D　　イ　B－C－D－E－A
ウ　B－E－C－A－D　　エ　B－E－A－C－D
オ　B－A－C－D－E

最後の条件を整理すると，下のようになる。

ア：「B－A－C」は可能性があるとしても，数直線を見てわかるように，4番目，5番目として，「E－D」と並ぶことはない。

イ：「B－C－D」は可能性があるとしても，数直線を見てわかるように，4番目，5番目として，「E－A」と並ぶことはない。

ウ：4番目，5番目として，「A－D」と並ぶことはない。

エ：並び方として可能性はある。ここで，平均身長が170cmであるので，例えば，Bとの差は10cm。よって，10と表すと，「B－E－A－C－D」については，「10，4，－1，－5，－8」と表すことができる。10＋4－1－5－8＝0　よって，正しい。

オ：同様に，その差をとると，「10，4，0，－3，－9」。
10＋4＋0－3－9＝2　したがって，誤り。　（正解は**エ**）

☞ 最短経路の問題は組合せの問題と考え，処理する！

道順に関する問題は，“最短経路が何通りあるか”を問うものである。この問題についてよく理解できない場合には，組合せの問題と考え，自動的に処理すればよい。

例題

右図のAからBへ行く最短経路は何通りあるか。

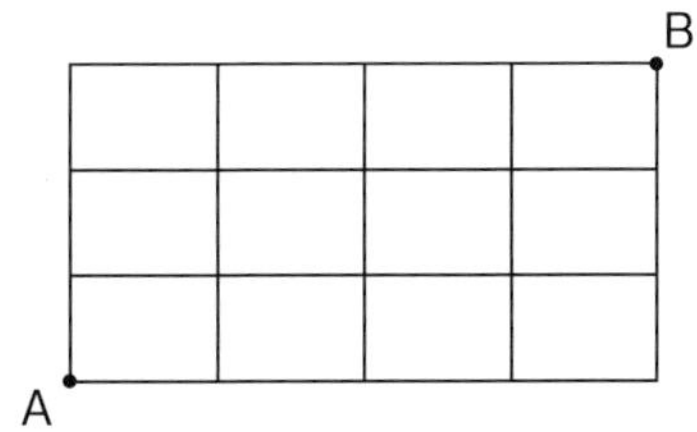

AからBに行くには，右(→)に4回，上(↑)に3回行くので，

$$ {}_{4+3}C_3 = {}_7C_3 = \frac{7 \times 6 \times 5}{3 \times 2 \times 1} = 35 \text{（通り）} $$

☞ リーグ戦に関する問題などは必ず表を作成する！

判断推理に関する問題を処理する際のテクニックの1つが表を作成することである。

右表はA～Eの5つのチームの対戦結果であるが，これに次の条件が加わると，すべてのチームの勝敗が明らかになる。

＼	A	B	C	D	E
A	＼				○
B		＼		×	
C			＼		×
D		○		＼	○
E	×		○	×	＼

・Dチームは2勝2敗であった。

・Bチームは3勝した。

・CチームはDチームが負けた相手に勝った。

TEST 1

実 ① A，B，C，Dの4人が800m競走を行った。結果は次の通りであった。このとき，確実にいえることはどれか。

・BはDより3秒遅かった。
・AはCより2秒速かった。
・CはDより4秒遅かった。

ア　DはAより遅い。
イ　CはBより速い。
ウ　Cは3番目に速い。
エ　Bが最も遅い。
オ　Aは2番目に速い。

実 ② 甲，乙，丙の3種類の鉄棒がある。乙と丙の重さの和は甲の重さの9倍に等しく，甲と丙の重さの和は乙の重さに等しい。このとき，確実にいえることはどれか。

ア　甲は丙の重さの2分の1である。
イ　乙は甲の重さの5倍である。
ウ　乙は丙の重さの3倍である。
エ　甲は丙よりも重い。
オ　丙は乙よりも重い。

③ ある会議にAはCより15分早く着いた。BはDより30分遅れ，定刻の10時30分を10分過ぎていた。CはBより5分遅れて着いた。これから正しくいえるものはどれか。

ア　定刻どおりに着いたのはAである。
イ　定刻前に着いたのは1人もいない。
ウ　定刻に遅れたのは，A，B，Cである。
エ　A，D，B，Cの順に着いた。
オ　BはAより15分遅れて着いた。

ANSWER 1

1 オ

この種の問題を解く場合，下のように数直線を使うとよい。

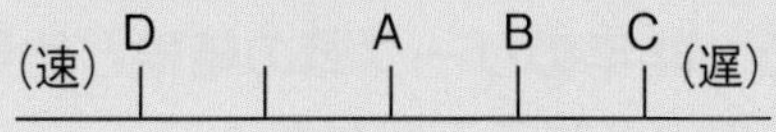

2 イ

甲，乙，丙の重さを a，b，c とすると，題意より次式が成立する。

$$\begin{cases} b + c = 9a & \cdots\cdots ① \\ a + c = b & \cdots\cdots ② \end{cases}$$

②を①に代入すると，

$$a + c + c = 9a$$

$$\therefore 2c = 8a \qquad \therefore c = 4a \qquad \cdots\cdots ③$$

③を②に代入すると，

$$a + 4a = b \qquad \therefore 5a = b \qquad b = 5a$$

3 ア

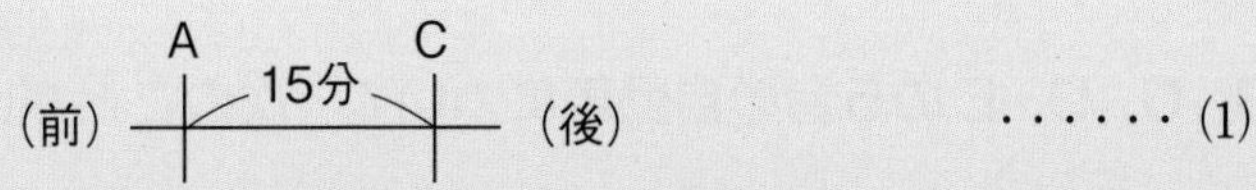

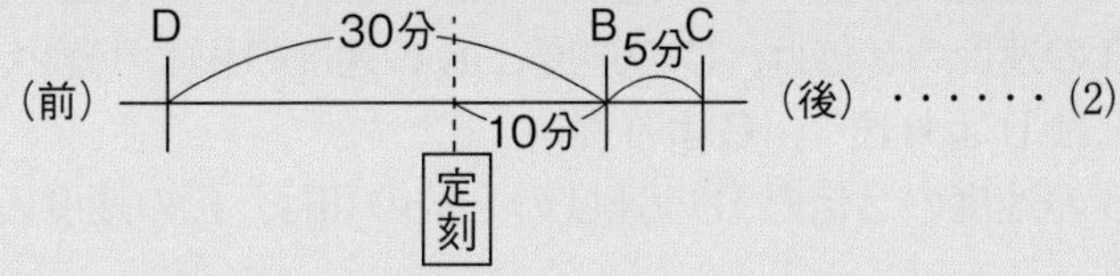

(1) と (2) をあわせると，

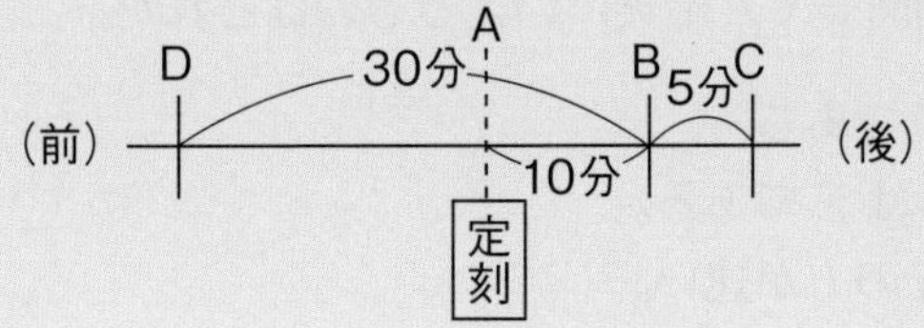

TEST 2

実 ① A，B，C，D，E，Fのサッカーチームがあり，毎年リーグ戦を行っている。昨年のリーグ戦の結果と比較して，今年のリーグ戦は次のようなことがわかる。

・２年連続して１位になったチームはなかった。
・ＥとＦは順位が変わらなかった。
・Ｄが２位，Ｅが３位，Ｃが６位だった。
・ＡとＣは順位が２つ下がった。

以上から，確実にいえることはどれか。

ア　今年の１位はＡであった。
イ　今年の５位はＡであった。
ウ　昨年の１位はＦであった。
エ　昨年の２位はＢであった。
オ　昨年の６位はＢであった。

② A，B，C，D，Eの５台の自動車について，次のことがいえる。

(a) Ａの速度の３倍とＤの速度の２倍では，Ｄの方が速い。
(b) Ｂの速度の２倍は，Ｃの速度とＥの速度の和より遅い。
(c) ＥはＤより速く，Ｃより遅い。
(d) Ｂの速度の２倍とＤの速度の２倍の和は，Ｅの速度の４倍である。

以上のことから判断して，確実にいえるものはどれか。

ア　１番速いのはＣである。
イ　２番目に速いのはＥである。
ウ　ＡとＢでは，Ａの方が速い。
エ　ＢとＤのうち，いずれが速いかは不明である。
オ　１番遅いのはＤである。

ANSWER 2

1 オ

まず，条件「Dが2位，Eが3位，Cが6位だった」と「EとFは順位が変わらなかった」を使う。

	1位	2位	3位	4位	5位	6位
(今年)		D	E			C
(昨年)	F		E	F	F	

つまり，昨年，Eは3位だったことになる。また，Fの順位は1位，4位，5位のいずれかとなる。

次に，条件「AとCは順位が2つ下がった」と「2年連続して1位になったチームはなかった」を使う。

	1位	2位	3位	4位	5位	6位
(今年)	B	D	E	A	F	C
(昨年)	D	A	E	C	F	B

2 ア

条件(a)～(d)より，速度についての関係を式で表すと，次のようになる（A，B，……Eはそれぞれの速度を表すものとする）。

(a)より，　$3A < 2D$　……(1)

(b)より，　$2B < C + E$　……(2)

(c)より，　$C > E > D$　……(3)

(d)より，　$2B + 2D = 4E$　……(4)

(1)より，$D > \frac{3}{2}A > A$　$\therefore D > A$　(4)より，$B = 2E - D$　これと(3)の$E > D$より，$B = 2E - D > 2E - E$　$\therefore B > E$

また，(2)より，$2B < C + E$　$E < B$であるから，$2B < C + E < C + B$　$\therefore 2B < C + B$　$\therefore B < C$

以上より，$C > B > E > D > A$

TEST 3

実 1　下図のＡからＢへ行く最短経路は何通りあるか。

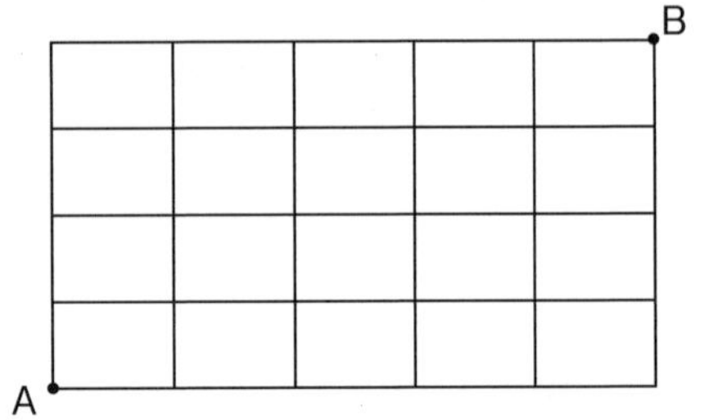

ア　126（通り）
イ　130（通り）
ウ　136（通り）
エ　142（通り）
オ　150（通り）

2　下のようなトーナメントの試合が行われた。その結果，次のことがわかった。

(a) ＥとＨは対戦しなかった。
(b) ＡはＤに負けた。
(c) Ｇは決勝に進んだ。

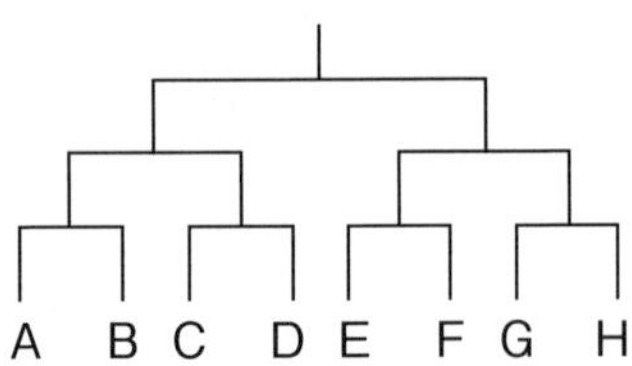

このとき，確実にいえることはどれか。

ア　Ｃは１回戦で勝った。
イ　ＤとＧは決勝で対戦した。
ウ　ＢとＦは１回戦で負けた。
エ　ＥとＧは対戦しなかった。
オ　Ａは１回戦で負けた。

ANSWER 3

1 ア

右図において，PからQへ行く最短経路は，右(→)に3回，上(↑)に2回行かなければならないので，合計5回進むことになる。つまり，5回進むうち，上に2回行かなければならない。

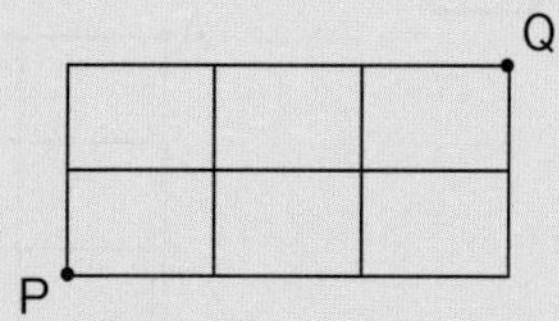

5回進むうち，上に2回行く方法は実際に行うと，10通りある。これは，5個のものから2個を取り出す組合せと同じことで，

$${}_5C_2 = \frac{5 \times 4}{2 \times 1} = 10 \text{（通り）}$$

したがって，一般的には右(→)にm(回)，上(↑)にn(回)行かなければならないとき，その最短経路は，

$_{m+n}C_n$　あるいは　$_{m+n}C_m$　となる。

$${}_5C_2 = \frac{5 \times 4}{2 \times 1} = 10 \quad \text{あるいは} \quad {}_5C_3 = \frac{5 \times 4 \times 3}{3 \times 2 \times 1} = 10$$

本問の場合，右(→)に5回，上(↑)に4回行くことになるので，

$${}_9C_4 = \frac{9 \times 8 \times 7 \times 6}{4 \times 3 \times 2 \times 1} = 126 \text{（通り）}$$

$${}_9C_5 = \frac{9 \times 8 \times 7 \times 6 \times 5}{5 \times 4 \times 3 \times 2 \times 1} = 126 \text{（通り）}$$

2 イ

条件(b)から，1回戦でAはBに勝ち，DはCに勝った。そして，2回戦でDはAに勝ち，決勝に進んだ。したがって，選択肢**ア**と**オ**は誤りとわかる。

条件(a)と条件(c)から，確実にいえることは，Gが決勝に進んだことのみである。つまり，1回戦でEとFが対戦し，どちらが勝ったかは不明である。このため，2回戦でGと対戦した相手は不明である。したがって，選択肢**ウ**と**エ**は確実にはいえない。

以上より，DとGは決勝で対戦したことになる。

TEST 4

実 1 下図のAからBへ行く最短経路は何通りあるか。

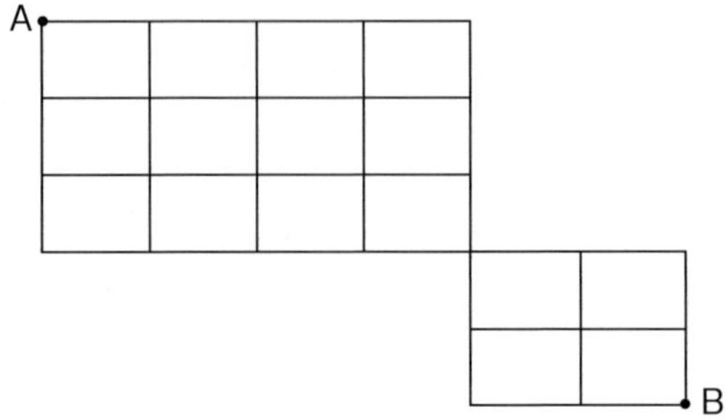

ア 160（通り） イ 180（通り）
ウ 200（通り） エ 210（通り）
オ 220（通り）

2 A，B，C，D，Eの５つの野球チームがリーグ戦を行った。この結果，次のことがわかった。

(a) Aは３勝１敗であった。
(b) BはCとEに勝ち，AとDに負けた。
(c) CはDに勝った。
(d) DはAに勝ち，Eに負けた。
(e) Eは２勝２敗であった。

このとき，確実にいえるものはどれか。

ア ２勝２敗のチームは，２チームであった。
イ BはEが負けたチームには勝ったが，Eが勝ったチームには負けた。
ウ Dは３勝１敗であった。
エ AはCが負けたチームにすべて勝ったが，Cが勝ったチームには負けた。
オ Cは２勝２敗であった。

ANSWER 4

1 エ

右図において，A から C に行く最短経路は，右(→)に 4 回，下(↓)に 3 回行くことになるので，

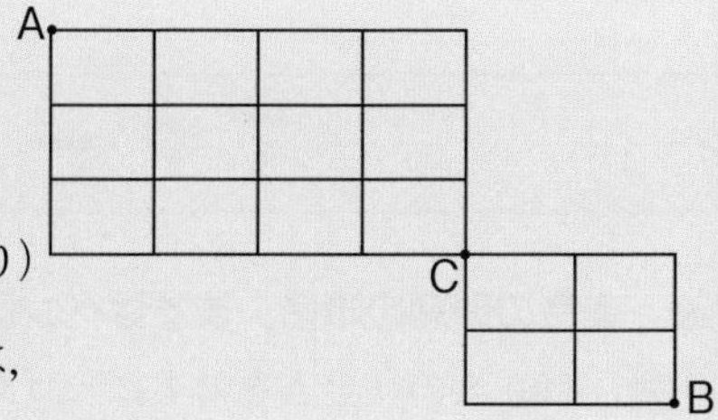

$$ {}_{4+3}C_3 = {}_7C_3 = \frac{7\times6\times5}{3\times2\times1} = 35 \text{（通り）} $$

一方，C から B にいく最短経路は，

$$ {}_{2+2}C_2 = {}_4C_2 = \frac{4\times3}{2\times1} = 6 \text{（通り）} $$

以上より，求めるものは，$35 \times 6 = 210$（通り）

2 エ

このタイプの問題は，下のような表を作成することがポイントである。条件 (b)，(c)，(d) を書き込むと，表 1 ができる。そして，これに，条件 (a)，(e) を加えると，表 2 ができる。

表 1

＼	A	B	C	D	E
A	＼	○		×	
B	×	＼	○	×	○
C		×	＼	○	
D	○	○	×	＼	×
E		×		○	＼

表 2

＼	A	B	C	D	E
A	＼	○	○	×	○
B	×	＼	○	×	○
C	×	×	＼	○	×
D	○	○	×	＼	×
E	×	×	○	○	＼

判断推理Ⅱ（集合）

スマートチェック

☞ 集合の問題の場合，まずはベン図をかく

例題　200 人の社会人を対象に，ゴルフと山登りについて調査したところ，ゴルフが好きと答えた人は 120 人，山登りが好きと答えた人は 58 人いた。また，ゴルフも山登りも好きと答えた人は 32 人いた。このとき，ゴルフも山登りも好きでない人は何人いたか。

ア　52 人　　**イ**　54 人　　**ウ**　56 人
エ　58 人　　**オ**　60 人

解説　下図のようなベン図をかいてみる。そして，全体（200 人）を a，b，c，d の 4 つの領域に分けてみる。

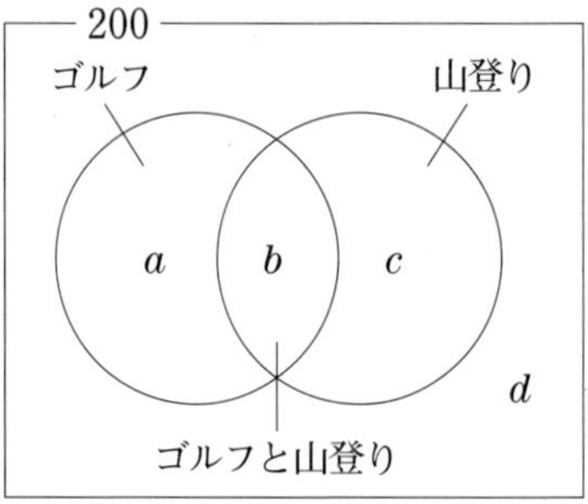

a の領域……ゴルフだけが好きな人
b の領域……ゴルフと山登りの両方が好きな人
c の領域……山登りだけが好きな人
d の領域……ゴルフも山登りも好きではない人

$\therefore 200 = a + b + c + d$

$a + b = 120$　…①
$b + c = 58$　…②
$b = 32$　…③

①と③より，$a = 120 - 32 = 88$　　②と③より，$c = 58 - 32 = 26$
以上より，$200 = 88 + 32 + 26 + d$　　$\therefore d = 54$（人）

正解　イ

集合の問題はカルノー表を使っても解くことができる

先の[例題]をカルノー表を使って解いてみよう。

カルノー表とは右表のようなもので，「ゴルフ」という集合をタテ，「山登り」という集合をヨコにとる。そして，「ゴルフ」と「山登り」について，それぞれ○と×に分ける。「○」は「ゴルフが好き」「山登りが好き」，「×」は「ゴルフが好きではない」「山登りが好きではない」ということを示す。

表1

ゴルフ＼山登り	○	×	計
○	③ 32		① 120
×			
計	② 58		④ 200

ゴルフが好きと答えた人は120人であるので，これを表1（①）に記入する。

山登りが好きと答えた人は58人であるので，これを表1（②）に記入する。

ゴルフも山登りも好きと答えた人は32人であるので，これを表1（③）に記入する。

また，この調査は200人を対象として行われたので，これを表1（④）に記入する。

表1をもとに，空欄を計算すると，表2になる。

120 − 32 = 88 …⑤
58 − 32 = 26 …⑥
200 − 120 = 80 …⑦
200 − 58 = 142 …⑧
142 − 88 = 54 …⑨

以上より，「ゴルフも山登りも好きでない人」は54人。

表2

ゴルフ＼山登り	○	×	計
○	32	⑤ 88	120
×	⑥ 26	⑨ 54	⑦ 80
計	58	⑧ 142	200

TEST 1

実 ① 120人を対象にアンケート調査を行ったところ，英語を話せる人は63人，英語とフランス語の両方を話せる人は10人であった。また，英語とフランス語の両方が話せない人は英語とフランス語の両方を話せる人の5倍であった。

このとき，フランス語を話せる人は何人か。

ア 7人
イ 8人
ウ 10人
エ 17人
オ 18人

実 ② 200人を対象に,「赤色」と「青色」について好きか・好きでないかの調査を行った。この結果, 140人は「赤色」が好きでないと答え，68人が「青色」が好きでないと答えた。また,「青色」が好きでないと答えた人のうち54人が「赤色」を好きでないこともわかった。

このとき,「赤色」も「青色」も好きな人は何人か。

ア 32人
イ 36人
ウ 40人
エ 42人
オ 46人

ANSWER 1

1 エ

右図のようなベン図をかいてみる。

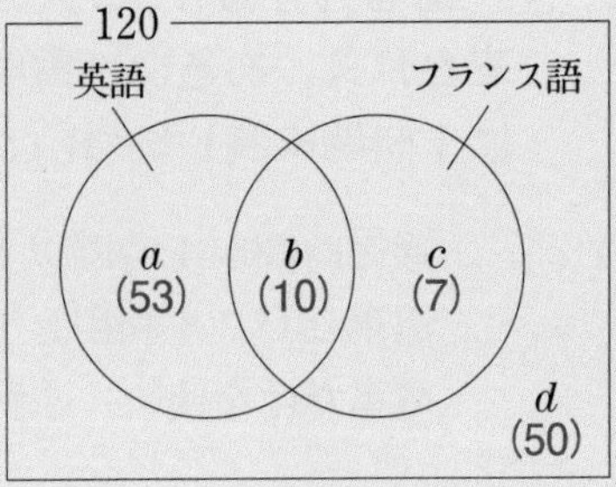

英語を話せる人 $= a + b$

$= 63$

英語とフランス語の両方が話せる人

$= b = 10$

$\therefore a + b = 63$，$b = 10$ より，

$a = 63 - b = 63 - 10 = 53$

英語とフランス語の両方が話せない人

$= d = 5b$

$\therefore d = 5 \times 10 = 50$

また，全体が 120 人であるので，$120 = a + b + c + d$ …①

$a = 53$，$b = 10$，$d = 50$ を①に代入すると，

$120 = 53 + 10 + c + 50$ $\therefore c = 120 - 113 = 7$

以上より，フランス語を話せる人 $= 10 + 7 = 17$（人）

2 オ

本問もベン図を使って解くとよい。

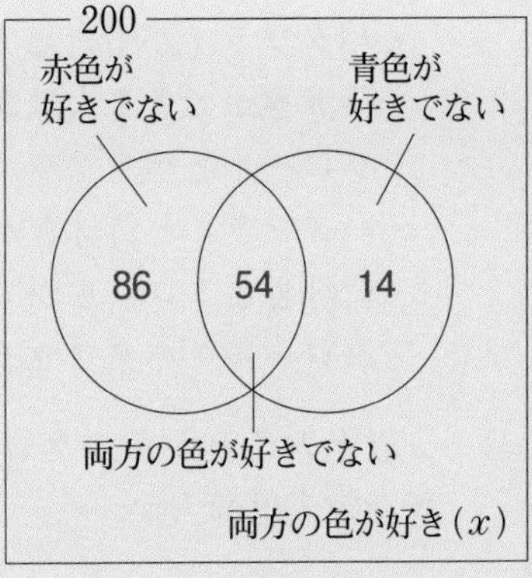

本問の場合，「赤色が好きでない」「青色が好きでない」をベン図で表すことがポイントになる。

また，「青色が好きでない」と答えた人のうち 54 人が「赤色を好きでない」と答えたので，「赤色も青色も好きでない人」は 54 人となる。したがって，「赤色」だけが好きでない人は，$140 - 54 = 86$（人），「青色」だけが好きでない人は $68 - 54 = 14$（人）。

以上より，「赤色」も「青色」も好きな人は，

$200 = 86 + 54 + 14 + x$

$\therefore x = 200 - 86 - 54 - 14 = 46$（人）

TEST 2

1 ある会社の 150 人の社員を対象に，会社までの交通手段（電車とバス，あるいは電車だけ）と通勤時間（1時間以上，あるいは1時間未満）について調べた。この結果，次のことがわかった。

・通勤時間が1時間以上の社員は 98 人であった。
・電車とバスを利用している社員は 60 人であった。
・電車だけを使い，通勤時間が1時間以上の社員は 55 人であった。

以上のことから，電車だけを使い，通勤時間が1時間未満の社員は何人か。

ア 35 人　　イ 36 人　　ウ 37 人
エ 38 人　　オ 39 人

2 大学生 180 人を対象に，泳ぎ方（クロール，バタフライ，背泳ぎ）について調査したところ，次のことがわかった。

・クロールができる人は 130 人
・バタフライができる人は 64 人
・背泳ぎができる人は 50 人
・クロールとバタフライができる人は 44 人
・バタフライと背泳ぎができる人は 14 人
・背泳ぎとクロールができる人は 26 人
・クロール，バタフライ，背泳ぎの3つができる人は 8 人

以上のことから，クロール，バタフライ，背泳ぎのいずれもができない人は何人か。

ア 12 人　　イ 14 人　　ウ 16 人
エ 18 人　　オ 20 人

ANSWER 2

1 ア

下のようなカルノー表を作ってみる。表1をもとに，表2を作成する。

表1

交通手段＼通勤時間	1時間以上	1時間未満	計
電車とバス			60
電車	55		
計	98		150

表2

交通手段＼通勤時間	1時間以上	1時間未満	計
電車とバス	43	17	60
電車	55	35	90
計	98	52	150

2 ア

本問のような問題を解く場合は，次式を使う。試験場で1つひとつ考えていたら時間がドンドン過ぎていくので，次式をベン図の配置と共に，丸覚えしておくことがポイント。

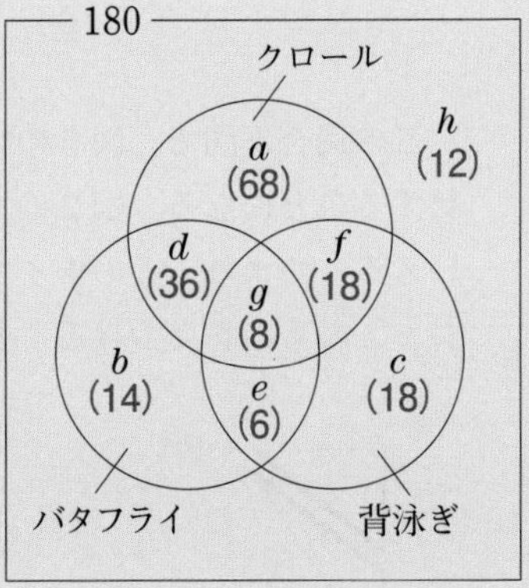

$$(a+b+c+d+e+f+g)$$
$$= (a+d+f+g)$$
$$+ (b+d+e+g)$$
$$+ (c+e+f+g)$$
$$- (d+g) - (e+g) - (f+g)$$
$$+ g$$

$(a+b+c+d+e+f+g)$

$= 130 + 64 + 50 - 44 - 14 - 26 + 8$

$= 168$

つまり，右上図の円の中の人数は168人。

以上より，求めるものは，$h = 180 - 168 = 12$（人）

判断推理Ⅲ（平面図形，空間把握）

スマートチェック

☞ 図形を結合する問題は，各辺の“長さ”に着目する！

例題　下の図１～図５の図形を隙間なく集めたとき，どんな図形になるか。

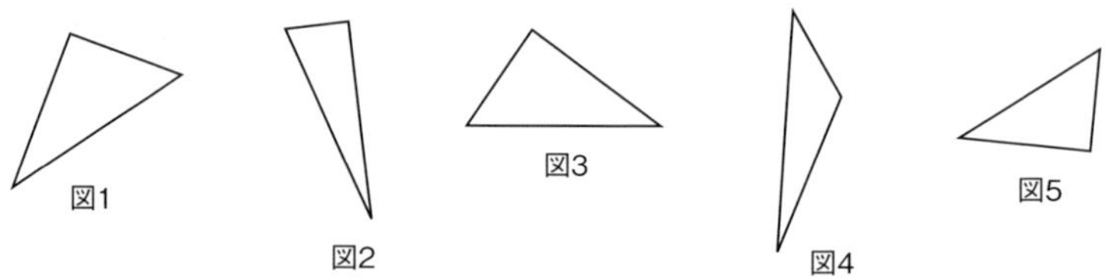

この場合下図で，図５の太線部分と図４の太線部分の長さは等しいので，接することになる。図２の太線部分と図１の太線部分についても同じことがいえる。つまり，このタイプの問題を解く場合，まず注目することは“同じ長さ”のものを見つけることである。

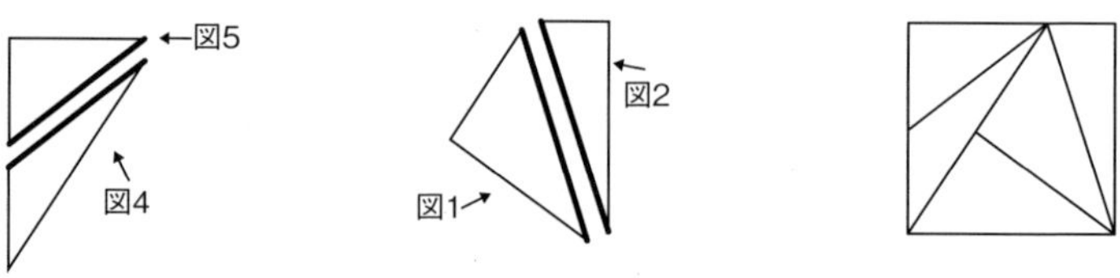

正解　正方形

☞ 図形を結合する問題は，“面積”にも着目する！

例題　長方形を下図のように切った。欠けているものとして正しいものはどれか。

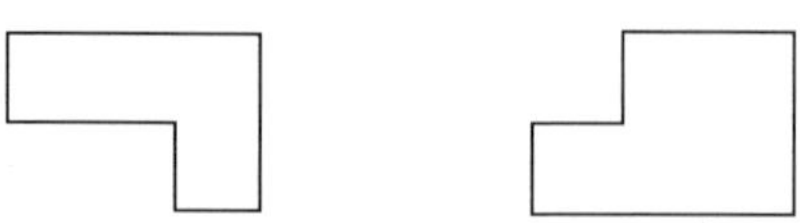

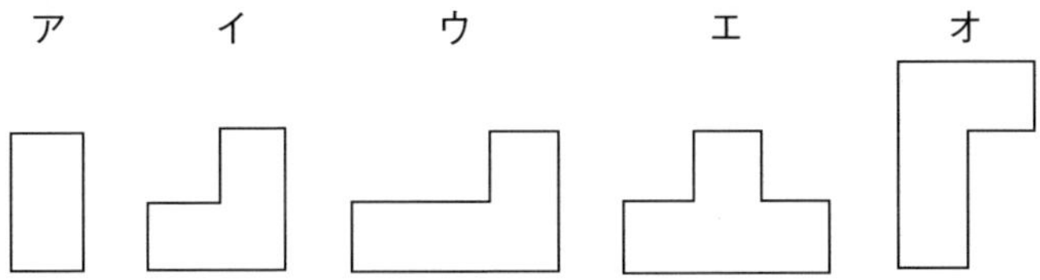

右図のaから，aは小さい正方形が５つから成ることがわかる。bは小さい正方形が４つから成ることがわかる。よって，5＋4＝9

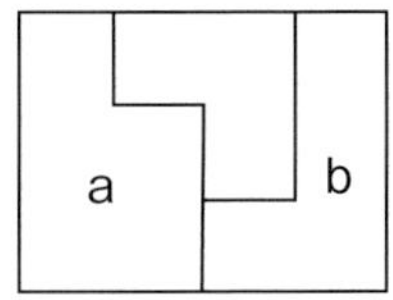

切ったのは長方形なので，少なくとも，3×4＝12となる。12－9＝3。つまり，欠けているものは小さい正方形が３つから成るものとわかる。

正解　イ

☞ 三角柱には十分注意しよう！

立方体と直方体の場合，立面図（正面から見たもの），平面図（真上から見たもの）とも，間違える可能性は著しく小さい。ところが，三角柱については間違える可能性があるので，十分注意する必要がある。

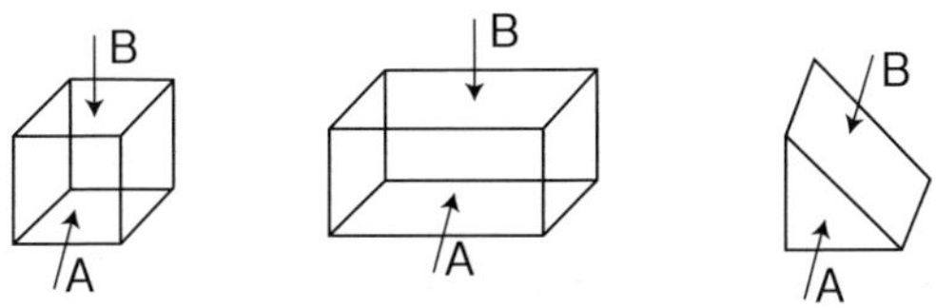

上図の立方体・直方体・三角柱の立面図（矢印Ａの方向から見たもの），平面図（矢印Ｂの方向から見たもの）は下記のようになる。

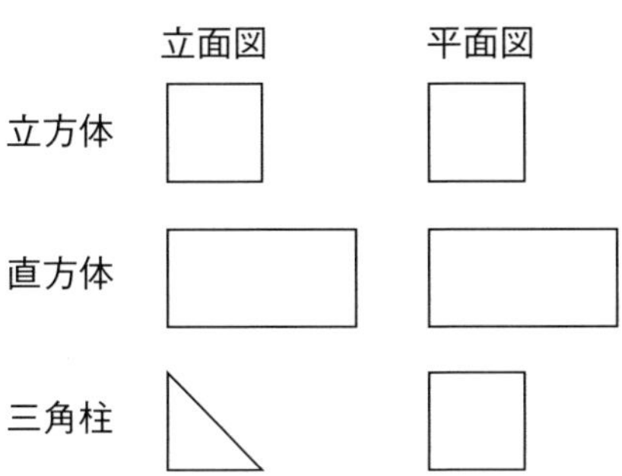

TEST 1

実 ①　下の図１～図６までの図形を隙間なく集めたとき，どんな図形ができるか。ただし，裏返したりしてもよい。

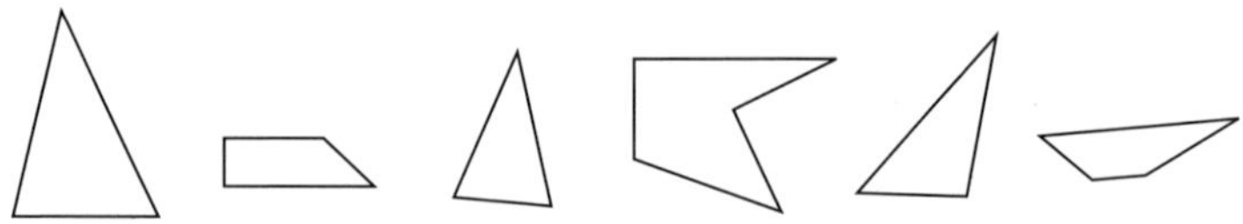

図１　図２　図３　図４　図５　図６

ア　イ　ウ　エ　オ

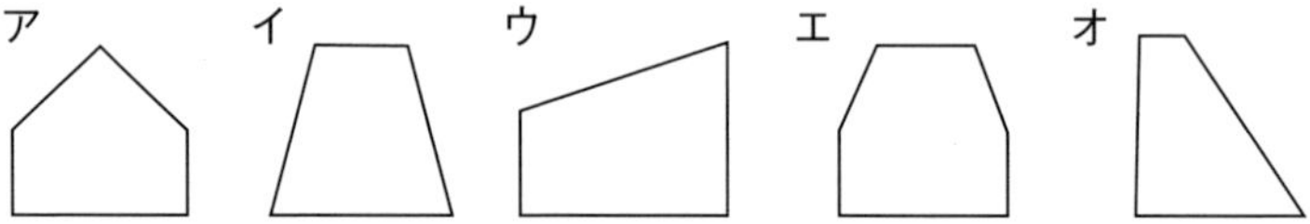

実 ②　円周上に点が 12 個ある。これらの点を４つ結んで四角形をつくると，いくつできるか。

ア　238（通り）　　イ　362（通り）
ウ　495（通り）　　エ　532（通り）
オ　684（通り）

③　正方形を下図のように切った。欠けているものとして正しいものはどれか。

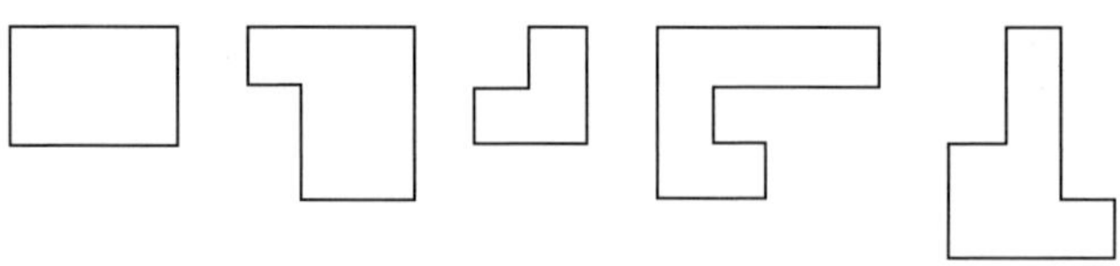

ア　イ　ウ　エ　オ

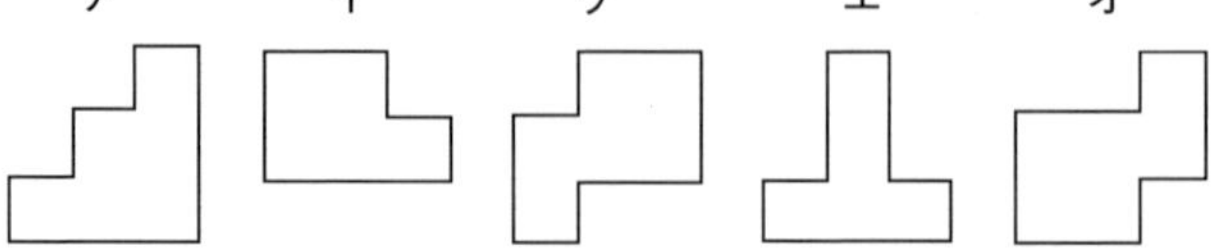

ANSWER 1

1 ウ

右図のaとbを組み合わせることがポイントとなる。すると,cが決まることになり,dが決まる。ここまでくれば,すでに完成は近いと実感できる。

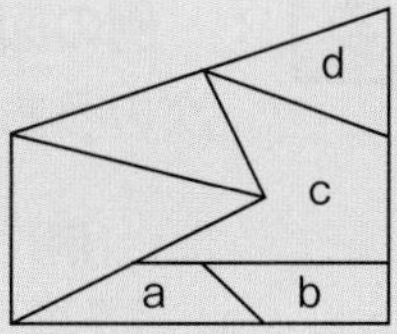

2 ウ

12個の中から,4つを選ぶ,組み合わせと考えればよい。

$$ {}_{12}C_4 = \frac{12 \times 11 \times 10 \times 9}{4 \times 3 \times 2 \times 1} = 495 \text{(通り)} $$

3 ア

右図のaから,aは小さい正方形が3つから成ることがわかる。となれば,bは正方形が6つ,cは7つ,dは7つ,eは7つ。したがって,合計,3＋6＋7＋7＋7＝30

この結果,大きい正方形は,6×6＝36,から成っているとわかる。よって,**イ**と**エ**は5つであるので,該当しないとわかる。

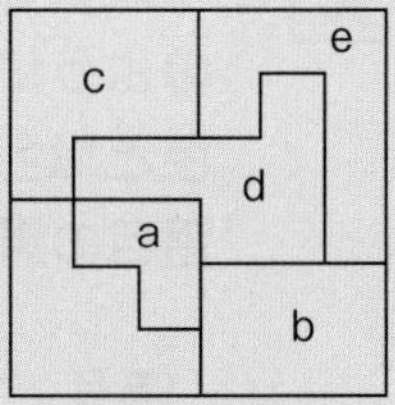

TEST 2

実 [1] 例の図形の斜線部と面積が等しい斜線部分をもつ図形は，次のうちどれか。

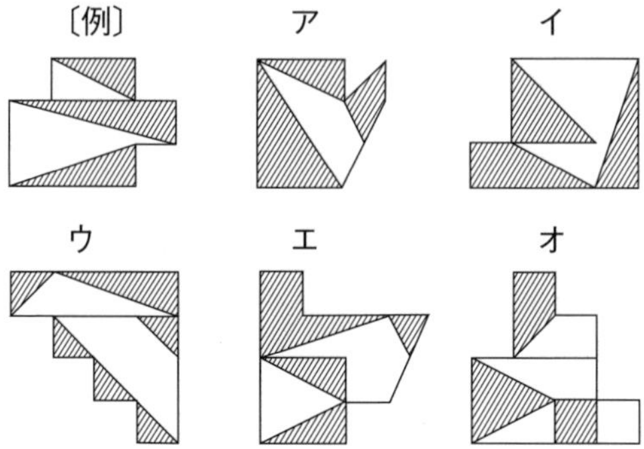

実 [2] 大きさが同じ黒色と白色の正方形のタイルがある。下図のように，1番目に黒色のタイルを置き，2番目以降，白色と黒色のタイルを交互に並べて正方形をつくるとき，9番目の黒色のタイルの枚数は何枚か。

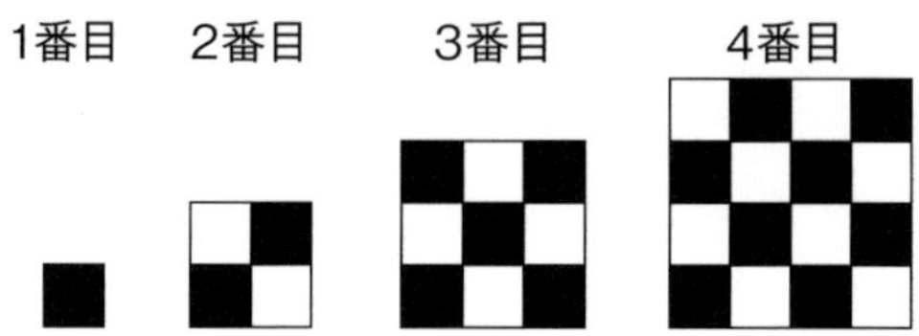

ア 31 枚　　イ 32 枚
ウ 40 枚　　エ 41 枚
オ 50 枚

ANSWER 2

1 **オ**

各斜線部の面積は次のような関係にある。

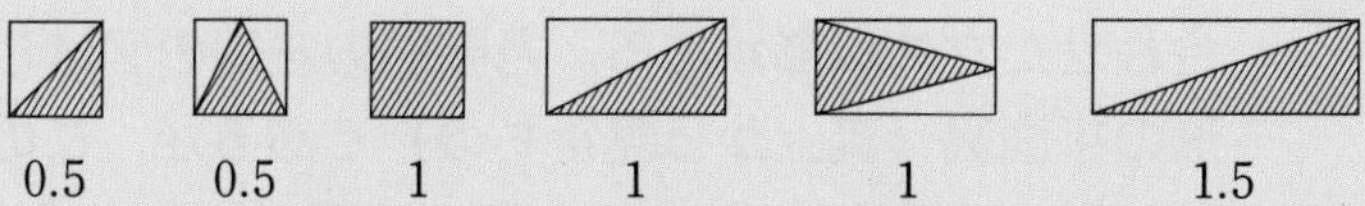

したがって，正方形の面積を１つとすれば，〔例〕の面積は4.5となる。

アの面積は5.0，**イ**の面積は5.5，**ウ**の面積は4.0，**エ**の面積は5.0，**オ**の面積は4.5。

2 **エ**

問題図を見ると，２番目の場合，タイルの枚数は $2 \times 2 = 4$（枚）

３番目の場合，タイルの枚数は $3 \times 3 = 9$（枚）

４番目の場合，タイルの枚数は $4 \times 4 = 16$（枚）

したがって，９番目の場合，タイルの枚数は $9 \times 9 = 81$（枚）

$81 \div 2 = 40.5$（枚）

ただし，タイルの枚数は正の整数なので，黒が 41 枚のときには白は 40 枚となり，黒が 40 枚のときには白は 41 枚となる。

そこで，１番目の場合，黒→ 1，白→ 0

２番目の場合，黒→ 2，白→ 2

３番目の場合，黒→ 5，白→ 4

４番目の場合，黒→ 8，白→ 8

と調べてみると，奇数番目の場合は黒が白より１枚多いことがわかる。

以上より，９番目の黒色のタイルの枚数は 41 枚。

TEST3

実 ◎　下に示した三角柱１個，立方体１個，直方体１個を組み合わせた立体図形がある。各問題の左端の図はこの立体図形の平面図（真上から見たもの）であるが，この立体図形を矢印の方向からみたときの立面図（正面から見たもの）として間違っているものはどれか。

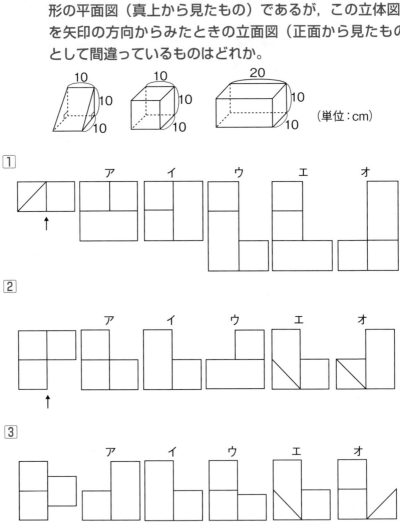

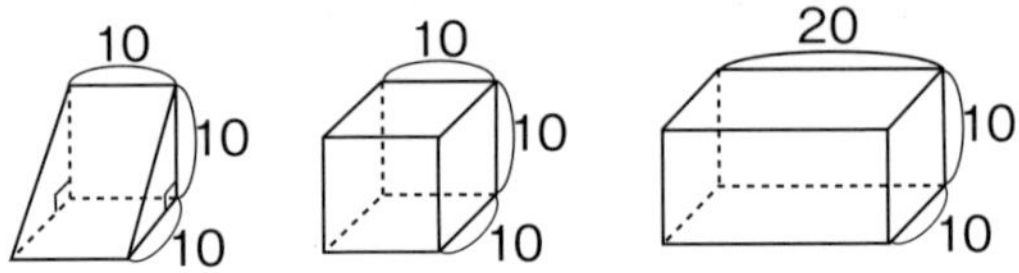

（単位：cm）

1

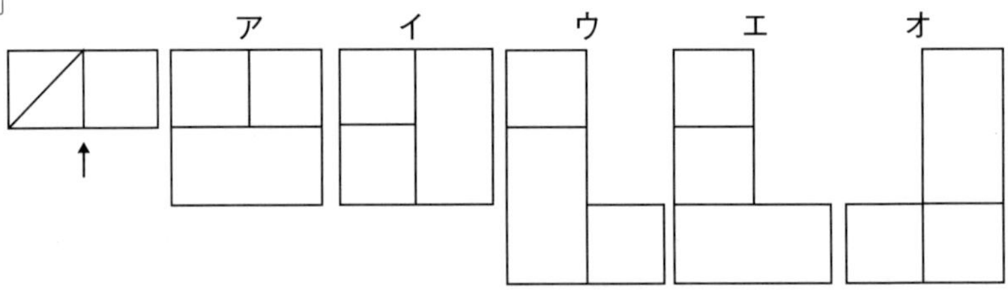

2

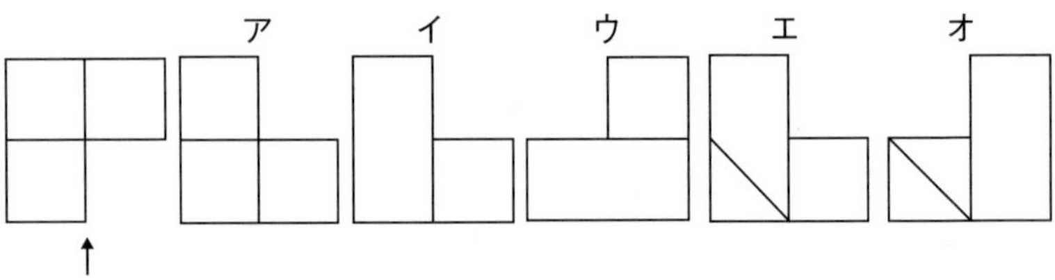

3

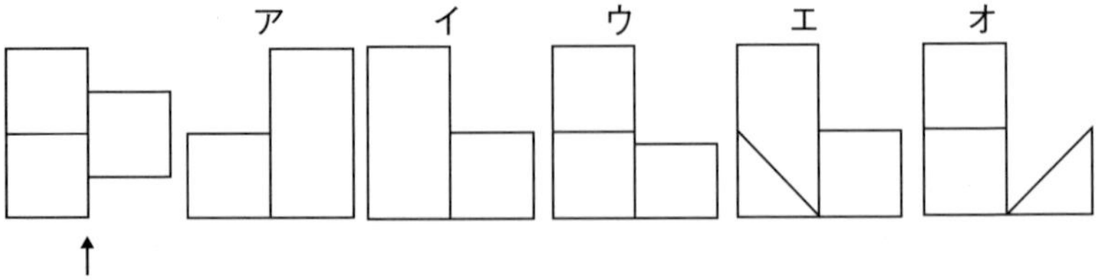

ANSWER 3

1 オ

オの立面図の場合，平面図は次のようになる。

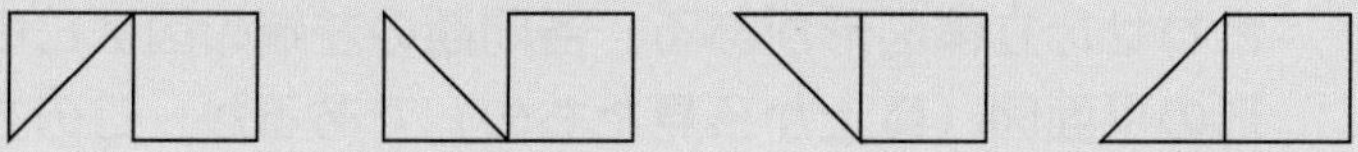

など

2 ウ

ウの立面図の場合，平面図は次のようになる。

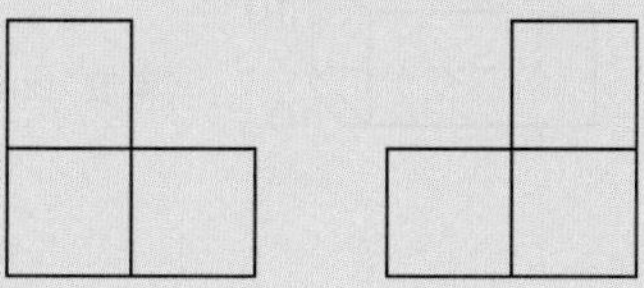

など

3 ウ

ウの立面図の場合，平面図は次のようになる。

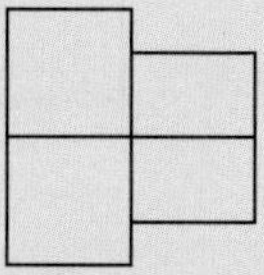

など

TEST4

実 ◎　下に示した三角柱１個，立方体１個，直方体１個を組み合わせた立体図形がある。各問題の左端の図はこの立体図形の平面図（真上から見たもの）であるが，この立体図形を矢印の方向からみたときの立面図（正面から見たもの）として間違っているものはどれか。

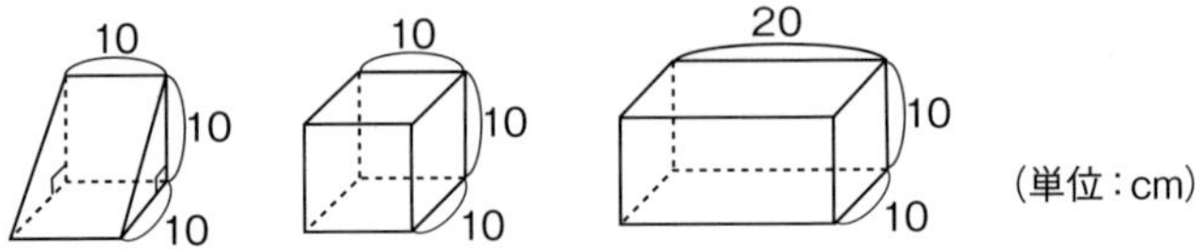

1

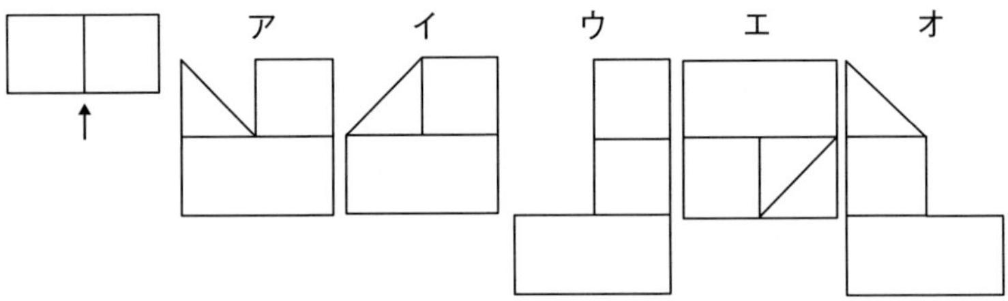

2

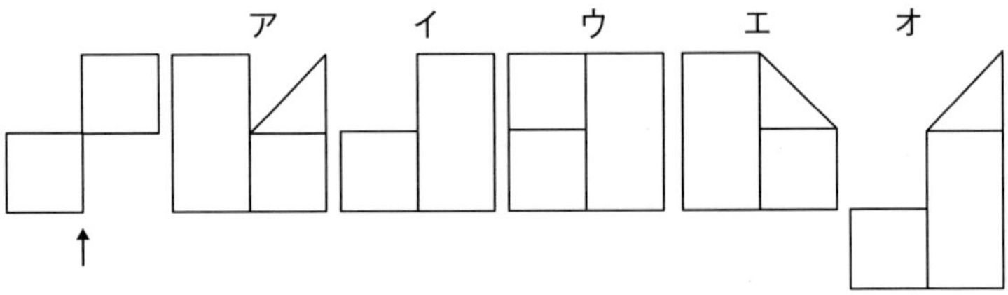

3

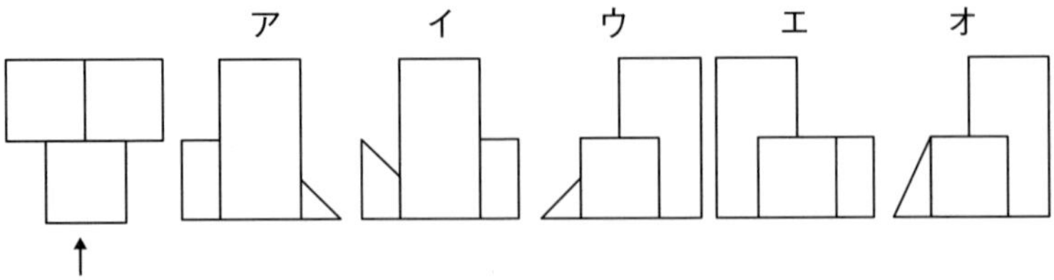

ANSWER 4

[1] **エ**

エの立面図の場合，平面図は次のようになる。

[2] **イ**

イの立面図の場合，平面図は次のようになる。

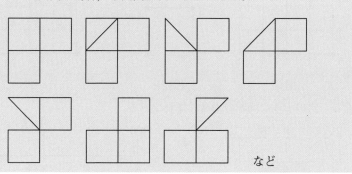

など

[3] **オ**

オの立面図を訂正すると，次のようになる。つまり，**ウ**と同じになる。

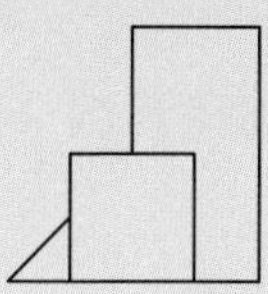

CHECK！

◆道順の別の解き方

最短距離の行き方を求める方法は，「組合せ」を使って解く方法のほかに，下図のような方法もある。

図１のように，Aの真上の点と右側の点のすべてに１と書く。次に，図２のように，X点が３，Y点が４の場合，Z点は3＋4＝7と書く。

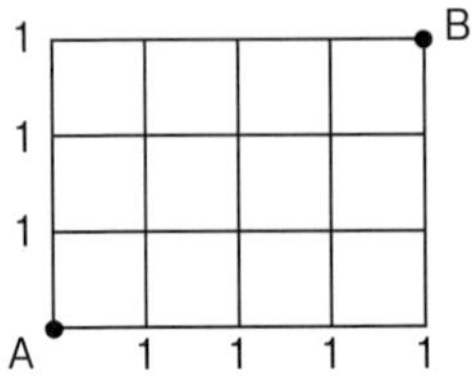

（図1）

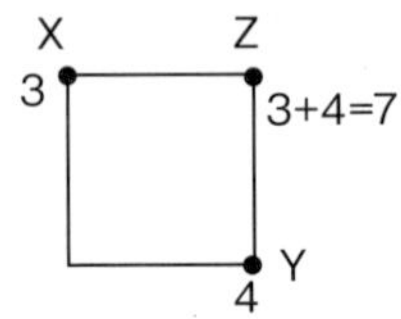

（図2）

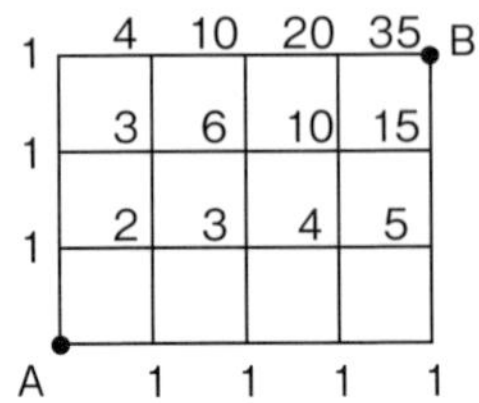

なお，次のような問題の場合，便利である。

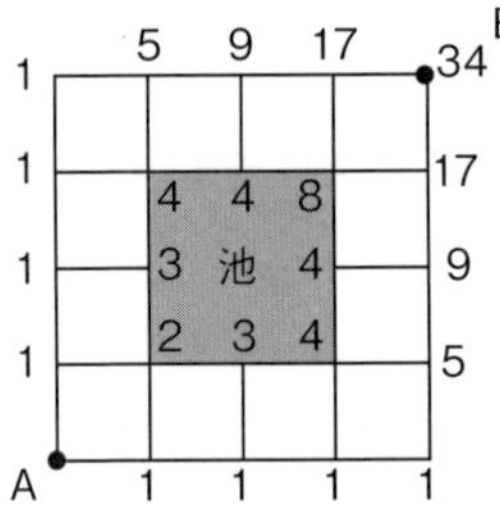

（真ん中に池などがある場合）

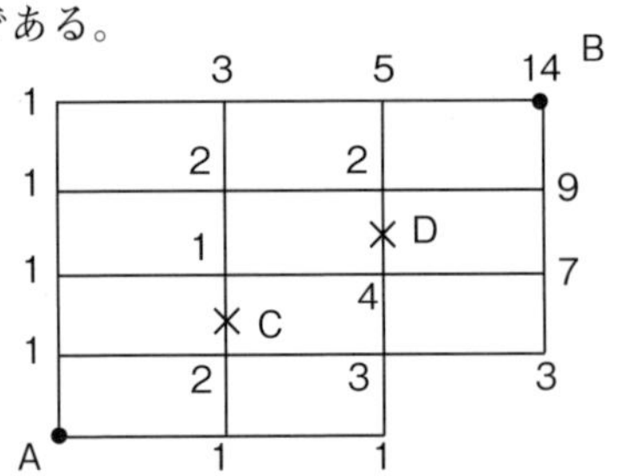

（C点とD点が遮断されている場合）

◆円柱の切断

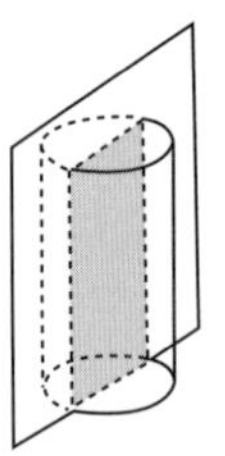

長方形

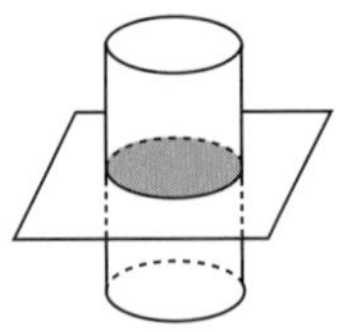

円

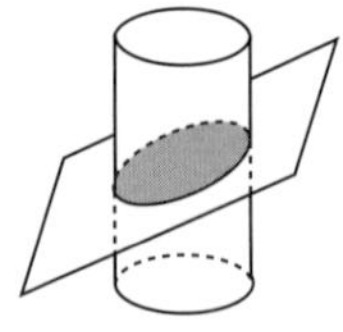

だ円

Section 5

SCOA
常　識

社会，時事

スマートチェック

☞ “広く，浅く準備する”

公民，歴史，地理とも，すべての分野が出題対象となる。ただし，出題内容の大部分はまさに基礎的知識が問われる。よって，“広く，浅く準備する”ことがポイントとなる。

☞ “これだけは覚えておきたいこと”などをチェックしておく

“広く，浅く準備する”といっても，よくわからない人もいるだろう。これを別言すれば，“これだけは覚えておきたいこと”“これだけは理解しておきたいこと”をチェックするということである。

例えば，公民でいえば，「国会」がそれにあたる。国会には，通常国会，臨時国会，特別国会があるが，これらの違いは覚えておくべきことであろう。

通常国会	毎年１回，１月に召集。
臨時国会	内閣が必要と認めたとき，または衆参いずれかの議院の総議員の４分の１以上の要求があれば召集される。
特別国会	衆議院解散後の総選挙から30日以内に召集されなければならない。

特に，通常国会については“１月召集”，臨時国会については“総議員の４分の１以上の要求”，特別国会については“総選挙から30日以内”の箇所を覚えておきたい。

☞ 中学校の参考書を活用する

高校の参考書を使って準備するのが本筋ではあるが，出題内容が平易であることから，中学校の参考書でかなり対応できる。高校の参考書を使うと内容が豊富であることなどから，貴重な時間を多く消費することになる。また，中学校の参考書はわかりやすく，かつポイントを押さえて説明されているので，基本知識がゼロに近い状態から勉強する者にとっては効率的なものとなる。

☞ 歴史は人物を中心に覚えていくとよい

歴史に関する問題は次のような問題がよく出題される。

> 「安政の大獄を起こして，反対派を弾圧した。そのため，桜田門外で暗殺された。」
> 上記にあてはまる人物は次のうちどれか。
> ① 新井白石　② 由井正雪　③ 大塩平八郎
> ④ 井伊直弼　⑤ 天草四郎時貞

このタイプの問題を解く場合，「安政の大獄 — 井伊直弼」さえ覚えておけば解ける。つまり，「井伊直弼といえば，安政の大獄，桜田門外の変」と覚えておけばよい。その他は，「新井白石 — 文治政治」「天草四郎時貞 — 島原の乱」と覚える。

☞ 地理は興味のあるところから覚えていく

地理の出題範囲もすこぶる広い。各国の特徴，地形，山脈，河川，海峡，気候区分，図法など，分野だけでも多数ある。

頻出問題はなく，各分野とも満遍なく出題される。ただ，先に述べたように出題内容は平易で，多くの人が知っているような問題が出題される。したがって，対策とすれば，自分の興味のある分野から取り組み，少しずつ守備範囲を広げていくのがベターだと考えられる。

覚え方は歴史と同様で，「原油の産出高世界一（2022年）— アメリカ」「鉄鉱石の産出高世界一（2020年）— オーストラリア」などと覚えておけばよい。

☞ 時事用語も出題される

時事用語といっても，時事的要素を含んだ**重要語**が主として出題される。よって，日頃から新聞などに目を通すか，それが面倒な人は「キーワードをまとめた書籍」などで1年分をチェックするのもよい。

時事に関心がない人からすると“時事問題は難しい”というイメージが強烈にあるかもしれないが，テレビやパソコンなどのニュースをよく見ている人からすると，就職試験に出題される問題は易しいといえる。

TEST 1

実 1　現在，衆議院の小選挙区と比例代表の定数はそれぞれ何人か。次のうち，正しい組み合わせを選びなさい。

	小選挙区	比例代表		小選挙区	比例代表
①	295人	180人	②	310人	200人
③	289人	176人	④	300人	182人
⑤	278人	184人			

実 2　特別国会は衆議院解散後の総選挙から（　　）以内に召集され，会期の延長は2回までである。

①　10日　②　20日　③　30日
④　40日　⑤　50日

実 3　中央銀行が金融市場において有価証券を売買することにより，直接的に通貨量を調節する政策を何というか。

①　金利政策　②　量的緩和政策
③　支払準備率操作　④　ビルト・イン・スタビライザー
⑤　公開市場操作

実 4　企業の買収などを目指す投資家が不特定多数の株主から株式を一般の市場を通さず買い取る方式を何というか。

①　TOB　②　ODA　③　TOPIX　④　CPI　⑤　GDI

実 5　国が国民を強制的に加入させて保険料を徴収し，これを基金に病気，老齢などになったとき，最低生活を保障しようとする制度を何というか。

①　社会保険　②　医療保険　③　年金保険
④　雇用保険　⑤　介護保険

ANSWER 1

1 ③

参議院においては，令和４年以降，選挙区と比例代表の定数は次のようになっている。

選挙区…定数 148 人。選挙区は都道府県別になっている。

比例代表…定数 100 人。全国１区となっている。

2 ③

特別国会では，すべての案件に先立って内閣総理大臣の指名が行われる。一方，臨時国会は，内閣が必要と認めたとき，またはいずれかの議院の総議員の４分の１以上の要求があれば召集される。

3 ⑤

・金利政策…中央銀行が政策金利（短期金利）を上下させることで，景気の調節を行う政策のこと。
・量的緩和政策…通貨量を増加させる金融政策のこと。通常，量的緩和政策はゼロ金利政策の下で実施される。政策金利をゼロに引き下げても景気が浮揚しないので，量的緩和政策が実施される。
・ビルト・イン・スタビライザー…自動安定装置のことで，財政自体に景気を自動的に安定させるしくみが備わっていることをいう。

4 ①

・TOB…株式公開買い付け。
・ODA…政府開発援助。先進国の政府機関による途上国ないし国際機関への援助のこと。
・TOPIX…東証株価指数。1968 年１月４日の東京証券取引所１部上場銘柄の時価総額を 100 として算出される。ただ，2022 年４月に東京証券取引所の市場再編が行われたことで，段階的に TOPIX の対象銘柄の見直しが行われることになる。
・CPI…消費者物価指数。
・GDI…国民総所得。

5 ①

社会保険は，医療保険，年金保険，雇用保険，労働者災害補償保険，介護保険の５つから構成されている。

TEST 2

実 [1] 円安に関する次の記述のうち，正しいものはどれか。

① 円安が進展すると，輸入量が増加する。
② 円安が進展すると，輸出量，輸入量とも減少する。
③ 円安とは，1ドル＝140円であったものが，1ドル＝120円になることである。
④ 円安になると，輸入価格が上昇する。
⑤ 円安になると，海外旅行に行くとき，従来よりも旅行費用が安くなる。

実 [2] （　）条約の正式名称は「絶滅のおそれのある野生動植物の種の国際取引に関する条約」である。
（　）に該当するものは，次のうちどれか。

① ラムサール　② ロンドン　③ ウィーン
④ ワシントン　⑤ バーゼル

実 [3] （　）方式とは，年金の給付額の計算の際，現行の賃金や物価の変動率に加え，将来の年金加入者の減少率，年金受給期間（平均寿命）の伸び率などを勘案するものである。

① 物価スライド　② 賃金スライド　③ 人口スライド
④ ミクロ経済スライド　⑤ マクロ経済スライド

[4] 1993年11月，（　）の発効によりEU（欧州連合）が発足し，経済通貨統合，共通外交・安全保障政策の実施などを目指すことになった。
（　）にあてはまるものは，次のうちどれか。

① ローマ条約　② リスボン条約　③ ニース条約
④ マーストリヒト条約　⑤ アムステルダム条約

ANSWER 2

1 ④

①円安になると，輸入価格が上昇する。よって，円安が進展すると，ますます輸入価格が上昇するので，日本国内での売れ行きが著しく悪くなる。この結果，輸入量は減少する。
②円安が進展すると輸入量が減少する一方で，輸出量は増加する。なぜなら，円安が進展すると，ドル換算したところの価格が低くなるので，海外で日本からの輸出品がよく売れることになる。この結果，輸出量は増加する。
③円安とは，１ドル＝140円であったものが，１ドル＝150円あるいは１ドル＝160円などになることをいう。
⑤海外旅行に行くとき，円安になると従来よりも旅行費用が高くなり，一方，円高になると従来よりも旅行費用が安くなる。

2 ④

・ラムサール条約…正式名称は「特に水鳥の生息地として国際的に重要な湿地に関する条約」。
・ロンドン条約…正式名称は「廃棄物その他の投棄による海洋汚染の防止に関する条約」。
・ウィーン条約…正式名称は「オゾン層の保護のためのウィーン条約」。
・バーゼル条約…正式名称は「有害廃棄物の越境移動及びその処分に関する条約」。

3 ⑤

年金のスライド方式には,「物価スライド方式」「賃金スライド方式」「マクロ経済スライド方式」の３つがある。「人口スライド方式」「ミクロ経済スライド方式」という考え方はない。

マクロ経済スライド方式は，2004年６月に年金改革法案が成立したことで，翌2005年４月から導入された。2005年４月以前は，物価スライド方式が採用されていた。

4 ④

EUの基本条約は，ローマ条約以来，単一欧州議定書，マーストリヒト条約，アムステルダム条約，ニース条約，リスボン条約と改正を続けてきた。

リスボン条約は2009年12月に発効し，EUの「大統領」といわれる「欧州理事会（EU首脳会議）常任議長」のポストが新設された。

TEST 3

実 [1] 次の江戸時代の主要人物と関連事項の組み合わせが正しいものはどれか。

① 徳川吉宗 — 享保の改革　松平定信 — 天保の改革
水野忠邦 — 寛政の改革
② 徳川吉宗 — 寛政の改革　松平定信 — 天保の改革
水野忠邦 — 享保の改革
③ 徳川吉宗 — 享保の改革　松平定信 — 寛政の改革
水野忠邦 — 天保の改革
④ 徳川吉宗 — 天保の改革　松平定信 — 寛政の改革
水野忠邦 — 享保の改革
⑤ 徳川吉宗 — 寛政の改革　松平定信 — 享保の改革
水野忠邦 — 天保の改革

実 [2] 1602年に連合東インド会社を設立し，ジャワ島のバタヴィアを根拠地に香辛料の主産地を独占的に支配するとともに，中国や日本とも貿易した。

上記に該当する国は，次のうちどれか。

① ポルトガル　② スペイン　③ イギリス
④ フランス　⑤ オランダ

実 [3] 1972年，日中共同声明の発表により，中華人民共和国と正式に国交が樹立した。また，1978年には（　　）のもとで日中平和友好条約が締結された。

（　　）にあてはまるものは，次のうちどれか。

① 吉田内閣　② 鳩山内閣　③ 佐藤内閣
④ 田中内閣　⑤ 福田内閣

ANSWER 3

1 ③

江戸時代の三大幕政改革に関する問題である。歴史の最頻問題の１つであるので，これは覚えておく必要がある。幕政改革の内容まで問われることは少ないが，以下も覚えておくとよい。

・**享保**の改革……足高の制，目安箱の設置
・**寛政**の改革……棄捐令，寛政異学の禁
・**天保**の改革……上知令（上地令），株仲間の解散

2 ⑤

このタイプの問題は，“どこかに正答を導く糸口はないか”という姿勢で取り組むことが肝要である。

問題文の最後に，「中国や日本とも貿易した」と書いてある。1600年代の日本は江戸時代で鎖国を実施しており，ヨーロッパ諸国のうち，江戸幕府が貿易を許可したのはオランダだけなので，該当する国は“オランダ”となる。

オランダより先に海外進出を果たしたのは，ポルトガルとスペインである。ポルトガルは，1510年にインドのゴアに総督府を置き，セイロン島，マラッカなどを占領し，アジア貿易を独占した。スペインは新大陸で大量の金・銀を採掘し，莫大な富を得た。

3 ⑤

・吉田茂内閣…1951年，アメリカなど48か国とサンフランシスコ平和条約を調印し，同時に日米安全保障条約を締結した。
・鳩山一郎内閣…1956年に日ソ共同宣言に調印し，ソ連との国交回復をした。
・佐藤栄作内閣…1965年に日韓基本条約を結び，1971年には沖縄返還協定に調印した。
・田中角栄内閣…1972年に日中共同声明を発表し，中華人民共和国と正式に国交を樹立した。

TEST 4

実 ① 歴史上の出来事と，それに関連する人物の組み合わせとして誤っているものはどれか。

① 東ローマ帝国 — オドアケル
② 清教徒革命 — クロムウェル
③ アメリカ独立戦争 — ジェファソン
④ ロシア革命 — レーニン
⑤ ウィーン会議 — メッテルニヒ

実 ② （　　）は 1930 年，緊縮財政と産業合理化により金解禁を実施した。また，協調外交を推進し，ロンドン海軍軍縮条約に調印した。
（　　）に該当する人物は次のうちどれか。

① 高橋是清　② 浜口雄幸　③ 松方正義
④ 大隈重信　⑤ 小村寿太郎

実 ③ ナポレオン戦争後の諸問題を討議した国際会議を何というか。同会議では，保守主義と正統主義が対立した。

① ウィーン会議　② ベルリン会議　③ オタワ会議
④ パリ講和会議　⑤ ベルン会議

④ 次の出来事を古い年代順に並べたとき，3番目にくるものはどれか。

① 大日本帝国憲法の発布
② 満州事変起きる
③ 日ソ中立条約を結ぶ
④ 袁世凱政府に対し 21 か条要求の提出
⑤ 日英同盟条約の調印

ANSWER 4

1 ①

①オドアケルによって滅ぼされたのは西ローマ帝国である。なお，東ローマ帝国はオスマン・トルコによって滅亡した。
②クロムウェルは清教徒革命（ピューリタン革命）の指導者である。チャールズ１世を処刑して共和政を宣言した。
③ジェファソンはアメリカ独立宣言の起草の際，中心的役割を果たした。アメリカ第３代大統領である。
④レーニンはロシア革命の指導者である。十一月革命を達成し，世界最初の社会主義政権を樹立した。
⑤メッテルニヒはオーストリアの政治家で，ウィーン会議の際，指導者として活躍した。なお，1848 年の三月革命で失脚した。

2 ②

・高橋是清…1931 ～ 36 年蔵相として積極財政を推進したが，二・二六事件（1936）で暗殺された。
・松方正義…西南戦争後の激しいインフレーションの対策として，松方財政と呼ばれるデフレ政策を推進した。
・大隈重信…立憲改進党を結成。1898 年，大隈を首相，板垣退助を内相とする隈板内閣を組織した。
・小林寿太郎…1905 年全権として，ポーツマス条約（日露戦争の講和条約）を締結。関税自主権の回復を実現した。

3 ①

ウィーン会議（1814 ～ 15）の結果，フランス外相タレーランの主張した正統主義がヨーロッパ国際秩序再建の指導原理として採用され，ウィーン体制が成立した。

4 ④

①大日本帝国憲法の発布（1889）：ドイツ系君主制憲法を参考とする。
②満州事変起きる（1931）：関東軍による満鉄爆破が発端。
③日ソ中立条約を結ぶ（1941）：日本は北方の脅威を取り除く必要があった。
④袁世凱政府に対し 21 か条要求の提出（1915）：この結果，中国では反日運動が激化。
⑤日英同盟条約の調印（1902）：この結果，日露戦争が必至となった。

TEST 5

実 1 赤道が通っていない国は，次のうちどこか。

① ケニア　② コロンビア　③ ベネズエラ
④ ウガンダ　⑤ インドネシア

実 2 島国でないのは，次のうちどこか。

① モロッコ　② スリランカ　③ アイスランド
④ マダガスカル　⑤ ドミニカ

実 3 次のうち，川にちなむ国名はどれか。

① インド　② イラク　③ レバノン
④ フィンランド　⑤ オーストラリア

実 4 硬層と軟層が交互に重なり合って緩傾斜している場合に形成される階段状の地形を何というか。

① 扇状地　② 三角州　③ ケスタ
④ メサ　⑤ ビュート

実 5 熱帯雨林気候に属するのは，次のうちどれか。

① カイロ　② デリー　③ バンコク
④ ラスベガス　⑤ シンガポール

実 6 （　　）は, 主にスロバキア, ポーランド, ウクライナ, ルーマニアにまたがる山脈で，途中で向きが何度も変わる。同山脈は，ルーマニア全土の3分の1を占めている。
（　　）に該当するものは，次のうちどれか。

① アペニン山脈　② アルプス山脈　③ アトラス山脈
④ カルパティア山脈　⑤ カフカス山脈

ANSWER 5

1 ③

赤道が通る国は，南アメリカのブラジル，コロンビア，エクアドル，東南アジアのインドネシア，アフリカのソマリア，ケニア，ウガンダ，コンゴ民主共和国，コンゴ共和国，ガボン，などがある。

2 ①

モロッコはアフリカの北西端に位置し，ジブラルタル海峡をへだててイベリア半島と対する。

3 ①

インドは“インダス川”にちなむ。イラクは“低地”という意味。レバノンは“レバノン山脈”にちなむ。フィンランドは“フィン人”が大部分を占める。オーストラリアは“南の地”という意味。

4 ③

ケスタ，メサ，ビュートはいずれも，侵食により硬い地面が取り残されたことにより形成された地形である。ケスタが緩傾斜した地層で形成されるのに対し，メサとビュートは水平な地層で，硬い層が垂直に取り残されることで形成される。

5 ⑤

熱帯雨林気候の特色は，年中高温で，一年中多雨であること。午後にはスコールがある。シンガポール，ジャカルタなどがこれに属する。

カイロ，ラスベガスは砂漠気候，デリーはステップ気候，バンコクはサバナ気候に属する。

6 ④

・アペニン山脈…イタリア半島を縦走する山脈。
・アルプス山脈…スイス，フランス，イタリア，オーストリア，ドイツなどにまたがり，北西ヨーロッパと南ヨーロッパを分ける山脈。
・アトラス山脈…アフリカ大陸の地中海沿岸を走る山脈。
・カフカス山脈…英語ではコーカサス山脈。黒海からカスピ海まで走る山脈。山麓には油田が多い。

TEST 6

実 [1] ノルウェーの大西洋岸，グリーンランドなどでみられるもので，氷河の侵食をうけた氷食谷が沈水し形成された地形を何というか。

① リアス(式)海岸　② U字谷　③ カール
④ フィヨルド　⑤ エスチュアリ

実 [2] （　　）は熱帯雨林に分布する赤色の土壌である。多雨により有機物がすぐに分解され流出するため，やせ地となっている。
（　　）にあてはまるものは，次のうちどれか。

① プレーリー土　② ラトソル　③ ポドゾル
④ チェルノーゼム　⑤ レグール土

実 [3] 等角航路が直線で示されるため，海図として用いられる図法は，次のうちどれか。

① モルワイデ図法　② エケルト図法　③ ハンメル図法
④ サンソン図法　⑤ メルカトル図法

実 [4] （　　）はアルゼンチンとウルグアイの国境をなす川で世界で最も川幅が広いといわれている。
（　　）に該当するものは，次のうちどれか。

① オビ川　② アムール川　③ ラプラタ川
④ オリノコ川　⑤ ミズーリ川

実 [5] 小麦の生産量が世界一である国はどこか。

① ウクライナ　② ロシア　③ アメリカ
④ 中国　⑤ ブラジル

ANSWER 6

1 ④

氷食谷とは，氷河によって形成された谷のことである。氷食谷の断面がU字状になったものをU字谷，そして，それが沈水したものをフィヨルドという。また，氷食谷はU字状が大半であるため，氷食谷のことをU字谷ともいう。カールとは，氷食作用により山頂に形成された凹地のこと。

2 ②

プレーリー土は，北アメリカのプレーリーに分布する黒色土である。**ポドゾル**は，亜寒帯のタイガに分布する灰白色の土壌で，農耕には不適である。**チェルノーゼム**は，ロシア平原からウクライナにかけて分布する黒色土で，最も肥沃な土壌である。**レグール土**は，デカン高原に分布する玄武岩などが風化した黒色の土壌である。

3 ⑤

メルカトル図法は**正角図法**である。一方，モルワイデ図法，エケルト図法，ハンメル図法，サンソン図法，グード図法，ボンヌ図法は**正積図法**である。モルワイデ図法はサンソン図法を改良したものである。また，**正方位図法**には，正射図法，平射図法，心射図法，正距方位図法，ランベルト正積方位図法がある。

4 ③

オビ川…西シベリア低地を流れてカラ海（北極海の一部）にそそぐ河川である。**アムール川**…中国とロシアの国境河川で，間宮海峡にそそぐ。**オリノコ川**…ベネズエラ中部を東流して，河口には大三角州が広がる。**ミズーリ川**…ミシシッピ川の最も大きな支流である。セントルイスは，ミシシッピ川とミズーリ川の合流地点にある。

5 ④

小麦（2021年）…中国，インド，ロシア，アメリカ
米（2021年）…中国，インド，バングラデシュ，インドネシア
とうもろこし（2021年）…アメリカ，中国，ブラジル，アルゼンチン
大豆（2021年）…ブラジル，アメリカ，アルゼンチン，中国

TEST 7

実 ① 「IPCC」は何の略語か，次から選びなさい。

① 国連難民高等弁務官事務所
② 国際原子力機関
③ 気候変動に関する政府間パネル
④ 包括的核実験禁止条約
⑤ 国際エネルギー機関

② 2023年5月に先進7か国首脳会議（G7サミット）が日本で開催されたが，どの都市で行われたか。

① 東京　② 名古屋　③ 大阪
④ 広島　⑤ 福岡

③ 2023年4月，北大西洋条約機構（NATO）に加盟したのは，次のうちどれか。

① スウェーデン　② フィンランド
③ ノルウェー　④ ポーランド
⑤ デンマーク

④ （　　）は2021年12月に打ち上げられた世界最大の望遠鏡で，2022年7月以降観測データの公開が始まり，遠方の銀河の鮮明な画像などが次々に公開されている。
（　　）に該当するものは，次のうちどれか。

① ケプラー宇宙望遠鏡　② ハーシェル宇宙望遠鏡
③ スピッツァ宇宙望遠鏡　④ ハッブル宇宙望遠鏡
⑤ ジェイムズ・ウェッブ宇宙望遠鏡

ANSWER 7

1 ③

下記の正式名称の略語は次の通りである。

① 国連難民高等弁務官事務所 — UNHCR

② 国際原子力機関 — IAEA

④ 包括的核実験禁止条約 — CTBT

⑤ 国際エネルギー機関 — IEA

2 ④

岸田首相の出身地が広島県であることもあって，2023年のG7サミットは広島市で開催された。また，同サミットにはロシアと戦うウクライナのゼレンスキー大統領を招待し，西側諸国がウクライナに対して全面支援する決意を示した。

3 ②

北大西洋条約機構（NATO）は2023年4月，フィンランドの新規加盟を正式に決定した。この結果，NATOは31か国体制となった。フィンランドはロシアとの国境が南北1300キロ・メートル以上にわたっていることから，ロシアに配慮して非軍事同盟の立場をとってきたが，ロシアによるウクライナ軍事侵攻を機に，安全保障戦略を転換した。

また，スウェーデンについても，2023年7月にトルコがスウェーデンのNATO加盟に賛成したことから，近い将来，NATOに新規加盟するものと考えられる。

4 ⑤

ジェイムズ・ウェッブ宇宙望遠鏡は，NASA（米航空宇宙局）が中心となって開発したハッブル宇宙望遠鏡の後継機で，20年以上の歳月と開発費1,000億ドルをかけた巨大科学プロジェクトである。

ジェイムズ・ウェッブ宇宙望遠鏡の最大の目的は，宇宙誕生の謎を解明することにある。宇宙が誕生して最初にできた星の構成元素やそれらの大きさなどを観測することで，その謎の手がかりを得ようというものである。

なお，ジェイムズ・ウェッブは，NASAの第2代長官で，アポロ計画などで主導的な役割を果たしたジェイムズ・ウェッブ氏にちなんでいる。

TEST 8

1 （　　）はバイデン米大統領が2022年5月，東京で発表した米国主導の経済連携協定のことで，その狙いは中国に対抗する経済圏の構築にある。

（　　）に該当するものは，次のうちどれか。

① IPEF　② QUAD　③ TPP
④ AUKUS　⑤ SWIFT

2 次の時事用語の説明について，正しいものには○，誤っているものには×をつけなさい。

① カーボンプライシング ── 温室効果ガスの排出量と森林などの吸収量を均衡させ，温室効果ガスの排出を実質ゼロにすること。
② インフレターゲット ── 政府や中央銀行が中長期的に目標とするインフレ率を定め，それを達成できるよう金融政策を行うこと。
③ グローバルサウス ── 南半球に位置する新興国・途上国のこと。新興国・途上国であっても，北半球に位置する場合にはグローバルサウスに該当しない。
④ リモートワーク ──「テレワーク」とほぼ同義語で，従業員が会社のオフィス以外の場所でノートパソコンなどを使って仕事をすること。

実 3 水素と酸素を反応させてできた電気で走る車で，“究極のエコカー”と呼ばれているのは次のうちどれか。

① ハイブリッド車　② プラグインハイブリッド車
③ 電気自動車　④ ディーゼル車
⑤ 燃料電池車

ANSWER 8

1 ①

IPEFは「インド太平洋経済枠組み」(Indo-Pacific Economic Framework for Prosperity)の略語である。この枠組みは,サプライチェーンの強靭化,デジタル貿易の促進,クリーンエネルギーへの転換,課税逃れ・汚職対策の4分野から構成され,日本,インド,オーストラリア,韓国など計13か国が参加している。

2 ①−× ②−○ ③−× ④−○

①説明文は「カーボンニュートラル」に関するものである。「カーボンプライシング」とは,二酸化炭素など温暖化ガスなどの排出に価格をつけ,排出量に応じて負担する制度のこと。代表的なものに,炭素税,排出量取引がある。

②日本銀行は2013年に消費者物価上昇率2％を設定したが,特殊な時期を除いて,目標を達成できていない。

③「グローバルサウス」の定義としては,「南半球に位置する新興国・途上国」で正しいが,北半球に位置している新興国・途上国もグローバルサウスに含まれるというのが最近の見解である。つまり,グローバルサウスとは,世界経済のグローバル化以降,その恩恵を受けられず,依然取り残された国の総称として使われている。

④「リモートワーク」は,英語の「remote（遠い）」と「work（働く）」の合成語である。一方,「テレワーク」は,英語の「tel（離れた）」と「work（働く）」の合成語である。よって,リモートワーク,テレワークとも,「時間や場所に制約されずに柔軟に働く勤務形態のこと」をいう。

3 ⑤

燃料電池車（FCV）は走行時に排出するものは水だけで,二酸化炭素などを出さないことから,環境に非常にやさしい車といえる。また,電気自動車（EV）は環境に非常にやさしい車であるとともに,水素ステーションが必要となる燃料電池車と異なり,自宅のコンセントから充電できるというメリットもある。このため,世界の大手メーカーは現在,EVの開発を競っている。

TEST 9

1 日本で初のカジノ施設が誕生することになったが，それは次のどこか。

① 北海道　② 神奈川県　③ 愛知県
④ 大阪府　⑤ 長崎県

2 2019年以降，□□□改革関連法が順次施行され，時間外労働の上限規制が大企業および中小企業で実施された。ただ，物流など一部業界では2024年3月まで猶予期間が設けられた。物流業界は現在，慢性的な人手不足が続いているため，これに労働時間の上限規制が加わると，安定輸送がさらに困難になることが予想されることから，これを□□□□年問題という。
上記の□□に該当するものを記入しなさい。

3 GAFAMを構成する企業は5つである。次のうち，GAFAMに該当しない企業はどれか。

① メタ　② ネットフリックス　③ グーグル
④ アマゾン　⑤ マイクロソフト

実 4 （　　）とは，自然環境や人間社会を将来にわたって，現在の価値を失うことなく，良好な状態を保ち続けていくという考え方のことである。
上記の（　　）にあてはまるものは，次のうちどれか。

① トレーサビリティ　② コンプライアンス
③ サステナビリティ　④ エコロジカル
⑤ ワーク・ライフ・バランス

ANSWER 9

1 ④

政府は2023年4月，大阪府・大阪市が申請した人工島・夢洲にカジノを含む統合型リゾート（IR）を建設するための区域整備計画を正式に認定した。一方，2022年4月，大阪府と同様，「区域整備計画」を国土交通省に提出した長崎県については，資金調達面に課題があるとして，継続審査とした。

2 **働き方，2024**

働き方改革関連法（正式名称：働き方改革を推進するための関係法律の整備に関する法律）は2018年6月に成立し，翌2019年4月以降順次施行された。

時間外労働の上限規制については，大企業は2019年4月，中小企業は2020年4月から実施された。ただ，物流，建設など一部の業界については上限規制の適用が2024年3月まで猶予された。

3 ②

GAFAM（ガーファム）を構成する企業は，Google（グーグル），Apple（アップル），Facebook（フェイスブック），Amazon（アマゾン），Microsoft（マイクロソフト）の5つである。ただ，Facebookは，2021年10月にMeta（メタ）に社名変更した。

また，FAANG（ファング）の構成企業は，Facebook，Apple，Amazon，Netflix（ネットフリックス），Googleである。

4 ③

サステナビリティとは「持続可能性」を意味し，自然環境や人間社会などを将来にわたって，現在の価値を損なうことなく，保ち続けていくことをいう。

また，サステナビリティを実現するため，2015年，国連において「持続可能な開発目標（SDGs）」が採択された。SDGsは17の目標に対して169のターゲットが設けられ，これらを2030年までに実現することを目指している。

TEST 10

時　事

実 ① 再生可能エネルギーは，枯渇することなく，繰り返し利用できるエネルギーのことである。デメリットは，天候に左右されることなどである。
次のうち，再生可能エネルギーに該当しないものはどれか。

① 太陽光　② 水力　③ 天然ガス
④ 風力　⑤ バイオマス

② 次の（　　）あるいは□□□に適切な語句を記入しなさい。

① DX（□□□□□□□□□□□□□□□□□□□□□）とは，デジタル技術（AI，IoTなど）を活用して新しいビジネスモデルなどを創出することで，競争上の優位を確立すること。
② （　　）は“プーチンの料理人”とも呼ばれたプリゴジンが2014年に創設した民間軍事会社である。
③ イギリスの（　　）国王の戴冠式が2023年5月，ロンドン中心部の□□□□□□□□□寺院で行われた。
④ 米連邦準備制度理事会（FRB）の急速な利上げの影響により，2023年3月，カリフォルニア州にある□□□□□□□銀行が経営破綻した。
⑤ 従来のコンピューターが情報を処理する際，1回につき「0」か「1」のどちらかしか使えないのに対し，□□コンピューターは，「0」と「1」を同時に使う，いわゆる「重ね合わせ」の状態をつくって情報を処理するものである。

③ （　　）は米航空宇宙局（NASA）が主導する月面有人探査計画のことで，2025年以降，宇宙飛行士を月に着陸させ，月面基地の建設などを目指している。
上記の（　　）にあてはまるものは，次のうちどれか。

① アポロ計画　② アルテミス計画
③ ガイア計画　④ プロメテウス計画
⑤ アトラース計画

ANSWER 10

1　③

総発電量に占める，再生可能エネルギーの発電割合は，2010年度は9.5%であったが，2021年度には20.2%に上昇した。内訳としては太陽光発電の割合が8.3%で最も大きく，次に水力発電（7.5%）となっている。バイオマス発電は3.2%，風力発電は0.9%，地熱発電は0.3%。

なお，広義の天然ガスは，不燃性天然ガスと可燃性天然ガスに大別され，一般に天然ガスという場合，可燃性天然ガスをいう。天然ガスはメタンを主成分とした，化石燃料の一種である。

2　**①デジタルトランスフォーメーション　②ワグネル　③チャールズ，ウェストミンスター　④シリコンバレー　⑤量子**

① DXの「D」は「Digital」の頭文字。「X」は，「Transformation」の「Trans」をXと略したもの。DXは広義には，デジタル技術などを活用することで，人々の生活をあらゆる面でよい方向に変えることをいう。

②ワグネルは2022年に始まったウクライナ侵攻では，多数のロシア国内の受刑者を採用し，前線基地に送り込んだとされている。なお，プリコジンは2023年10月，飛行機の墜落により死亡したとされる。

③チャールズ国王は2022年9月，エリザベス女王の死去に伴って自動的に即位しているので，戴冠式はチャールズ国王の即位を国内外に示す象徴的な儀式である。

④シリコンバレー銀行破綻の2日後，ニューヨーク州のシグネチャー銀行が経営破綻した。また，2023年5月には，地銀のファースト・リパブリック銀行が経営破綻した。

⑤量子コンピューターは「重ね合わせ」の技術を使って計算するので，計算回数を従来のコンピューターよりも格段に減らすことができ，高速計算が可能となる。

3　②

アルテミス計画では，地球と月を結ぶ「中継点」となる宇宙ステーション「ゲートウェイ」を建設し，ここから月着陸船に乗り換えて月面を往復することになる。また将来，ここを拠点に火星の有人探査を目指すことになる。

TEST 11

1 次の時事用語の説明について，正しいものには○，誤っているものには×をつけなさい。

① アダムズ方式 ― 1票の格差の是正を目的に2023年以降の選挙で導入される議席配分方法のこと。
② 待機児童数 ― 2023年4月1日時点の待機児童数は，新型コロナウイルス感染症を懸念した利用控えが著しく減少したことで，前年比で約10,000人増加した。
③ 生成AI ― AI(人工知能)の一種で，利用者の指示に対応して，文書，テキスト，画像，動画，音声などをつくることができる。
④ iDeCo ― 個人型確定拠出年金のことで，加入は任意である。ただし，厚生年金の加入者は対象外となっている。

2 次の（　　）にあてはまるものを選びなさい。

米連邦準備制度理事会（FRB）は2023年5月，米銀行の経営破綻が相次ぎ金融不安がくすぶる中，政策金利を0.25％引き上げることを決定した。この結果，政策金利となるフェデラル・ファンド金利の誘導目標は，（　　）へ引き上げられた。

① 年3.00～3.25％　② 年5.00～5.25％
③ 年8.00～8.25％　④ 年10.00～10.25％
⑤ 年12.00～12.25％

3 （　　）は仏教徒が約9割を占めるミャンマーで，西部ラカイン州で暮らす少数派のイスラム教徒である。2017年8月，（　　）の武装集団がミャンマーの警察を襲ったことで戦闘が激化し，70万人以上の（　　）がバングラデシュに逃れた。
上記の（　　）に該当するものは，次のうちどれか。

① クルド　② ウイグル　③ マオリ
④ ロヒンギャ　⑤ アボリジニ

ANSWER 11

1 ①ー○　②ー×　③ー○　④ー×

① 2020年国勢調査の速報値をもとに，アダムズ方式を適用した結果，衆議院の小選挙区は10増10減の見直しが必要となった。定数が増えるのは，東京都（5増），神奈川県（2増），埼玉県・千葉県・愛知県（1増）の1都4県。

② 4月1日時点の待機児童数は前年比で，2018（平成30）年～2023（令和5）年の間，いずれも減少した。この結果，待機児童数は26,081人（2017年）から2,680人（2023年）に減少した。つまり，6年間で23,401人減少し，約10分の1になった。

③ 生成AIが従来のAIと異なる点は，AIを用いて人間のようにクリエイティブな成果物を生み出せることである。生成できるものは多岐にわたるが，使用に際しては，それぞれのAIツールに対応した形式でデータを入力しなければならない。

④ iDeCo（イデコ）は，確定拠出年金法に基づいて実施されている私的年金である。よって，厚生年金の加入者もiDeCoに加入できる。iDeCoは自分で決めた額の掛け金を積み立てて，自分で運用方法を決め，60歳以降に年金や一時金として受け取るものである。

2 ②

FRBは2020年3月，ゼロ金利政策を導入した。しかし，2021年12月以降，消費者物価上昇率が7％以上を記録したため，政策金利を2022年3月，0.25％引き上げた。そして，その後，連続9回政策金利を引き上げたことで，2023年5月，フェデラル・ファンド金利の誘導目標は年5.00～5.25％になった。また，2023年7月に政策金利が引き上げられたことで，同年9月末時点での金利の誘導目標は5.25～5.50％となっている。

3 ④

ロヒンギャはミャンマーではバングラデシュから流入した不法移民と見なされているため，大半は国籍も与えられていない。

クルド人は中東のクルディスタンに住むイラン系山岳民族で，「国を持たない世界最大の民族」とも呼ばれる。

ウイグル人（族）は中国の新疆ウイグル自治区，カザフスタン，ウズベキスタンなど中央アジアの国に住んでいるが，その大半は新疆ウイグル自治区で暮らしている。

CHECK !

★わが国の選挙制度

	選挙制度	定数	選挙区数	投票方法
衆議院	小選挙区	289 人	289 選挙区	候補者名で投票
	比例代表 (拘束名簿式)	176 人	11 ブロック	政党名で投票
参議院	選挙区	148 人	各都道府県	候補者名で投票
	比例代表 (*非拘束名簿式)	100 人	全国 1 区	政党または候補者名で投票

＊：参議院比例代表選挙においては，原則「非拘束名簿式」が採用されている。しかし，2019 年の参院選から新たに「特定枠」が導入され，「特定枠」についてのみ「拘束名簿式」が採用された。

★わが国の租税体系

国　税	直接税	所得税，法人税，相続税，贈与税など
	間接税	消費税，酒税，関税，印紙税，揮発油税，石油石炭税，航空機燃料税，自動車重量税，たばこ税など
地方税	直接税	道府県民税，市町村民税，事業税，自動車税，軽自動車税，鉱区税，鉱産税，固定資産税，事業所税など
	間接税	地方消費税，道府県たばこ税，市町村たばこ税，ゴルフ場利用税，入湯税など

・**国税**……国が徴収する租税のことで，国の財政の大半はこれでまかなわれている。しかし近年，社会保障関係費などの増大により，赤字国債の発行などで不足分を補っている。

・**地方税**……都道府県や市町村が徴収する租税のこと。しかし，歳出総額の 4 割程度しか満たないため，不足分は地方交付税交付金などが国から配分されている。

★歴史上の重要人物

○チンギス＝ハン（？～ 1227）

モンゴル帝国の始祖。その孫であるフビライ＝ハン（1215 ～ 94）は元朝初代皇帝となり，1279 年南宋を滅ぼして中国全土を支配した。

○ナポレオン 1 世（1769 ～ 1821）

軍事的成功を背景にフランス皇帝となり，全ヨーロッパを制圧した。しかし，モスクワ遠征に失敗，最後はセント・ヘレナ島で死去。

○ビスマルク（1815 ～ 98）

ドイツの鉄血宰相。オーストリア，フランスに勝利して，ドイツ帝国を成立させた。内政は社会主義鎮圧法が有名である。

○チャーチル（1874 ～ 1965）

イギリスの保守党指導者。第二次世界大戦では，フランクリン＝ローズヴェルト，スターリンとともに連合軍の勝利に貢献した。ノーベル文学賞受賞。

○フランクリン＝ローズヴェルト（1882 ～ 1945）

民主党出身の第 32 代米大統領。世界恐慌の際，ニューディールと呼ばれる一連の政策を実行した。アメリカ史上初の 4 選に輝いた。

★気候区分

気候区分	特　色	主な都市
サバナ気候（Aw）	高温で乾季と雨季に分かれる。草食動物とこれを追う肉食動物が多い。	バンコク カルカッタ
ステップ気候（BS）	砂漠の周辺にあり，長い乾季と短い雨季がある。気温は年較差より日較差の方が大きい。	デリー ウランバートル
地中海性気候（Cs）	夏は雨が少なく乾燥し，冬は比較的高温多雨。樹木農業が発達している。	ローマ サンチアゴ
温暖湿潤気候（Cfa）	四季の変化が明瞭であり，比較的気温の年較差が大きい。	東京 ワシントン
西岸海洋性気候（Cfb・Cfc）	偏西風と暖流の影響で冬は緯度のわりに温和。よって，気温の年較差が比較的小さい。	パリ ロンドン

★試験によく出るカタカナ語

□ ブロックチェーン　分散型台帳技術のことで，取引のデータを特定の管理者によってではなく，インターネット上の参加者全員で相互にチェックする仕組みのこと。

□ デジタル・デバイド　パソコンなどの情報技術を使える人と使えない人との間に生じるさまざまな格差のこと。

□ クラウドファンディング　資金を必要とする起業家などがインターネットを通じて，不特定多数の人々から資金などの協力を得ること。

□ カーボンニュートラル　温室効果ガスの排出量と森林などの吸収量を均衡させ，温室効果ガスの排出を実質ゼロにすること。

□ ハサップ　食品の製造，加工，出荷のあらゆる段階で異物が混入しないか連続的に監視するとともに，異変が生じた場合にすぐに対策をとる仕組みのこと。

□ トレーサビリティ　食品の安全を確保するため，生産段階から流通段階および最終消費段階まで履歴を管理し追跡できる仕組みのこと。

□ デリバティブ　金融派生商品のこと。

□ フィンテック　金融 IT あるいは金融テクノロジーともいわれる。

□ シェアリングエコノミー　多くの人がモノ，サービス，場所を共有・交換すること。

□ ベーシックインカム　何の条件などもつけないで，政府がすべての国民に生活に必要な最低限のお金を支給する制度のこと。

□ プライマリーバランス　基礎的財政収支のこと。プライマリーバランスをゼロにするための条件は，国債費－国債発行額＝0，である。

□ ペイオフ　金融機関が破綻した場合，金融機関に代わり預金保険機構が預金を払い戻すこと。

□ サプライチェーン　原材料から生産段階，流通段階を経て最終消費者に財が届くまでの一連の流れのこと。

□ ビッグデータ　インターネット上で生み出される大量の情報のこと。

□ ディープラーニング　深層学習のこと。

□ ポピュリズム　大衆迎合主義のこと。

□ プラットフォーマー　GAFA などの巨大 IT 企業をいう。

□ サブスクリプション　月単位あるいは年単位で定期的に料金を支払うことで利用するコンテンツやサービスのこと。

□ ギグワーカー　インターネット上のプラットフォーマーを介して，単発の仕事を請け負う人のこと。特定の企業と雇用関係を結ばないため，好きな時間に働くことができるというメリットがある。

★試験によく出る英略語

- □ AI　人工知能
- □ APEC　アジア太平洋経済協力会議
- □ ASEAN　東南アジア諸国連合
- □ BWC　生物兵器禁止条約
- □ CEO　最高経営責任者
- □ COO　最高執行責任者
- □ COP*　締約国会議
- □ CTBT　包括的核実験禁止条約
- □ DX　デジタルトランスフォーメーション
- □ ECB　欧州中央銀行
- □ ECOSOC　国連経済社会理事会
- □ EEZ　排他的経済水域
- □ EPA　経済連携協定
- □ ETF　上場投資信託
- □ EU　欧州連合
- □ FAO　国連食糧農業機関
- □ FRB　米連邦準備制度理事会
- □ FTA　自由貿易協定
- □ GDP　国内総生産
- □ GNP　国民総生産
- □ GPS　全地球測位システム
- □ GX　グリーントランスフォーメーション
- □ IAEA　国際原子力機関
- □ IBRD　国際復興開発銀行
- □ ICC　国際刑事裁判所
- □ ICJ　国際司法裁判所
- □ iDeCo　個人型確定拠出年金
- □ IEA　国際エネルギー機関
- □ ILO　国際労働機関
- □ IMF　国際通貨基金
- □ IoT　モノのインターネット
- □ IPCC　気候変動に関する政府間パネル
- □ IPEF　インド太平洋経済枠組み
- □ ISO　国際標準化機構
- □ ISS　国際宇宙ステーション
- □ JAXA　宇宙航空研究開発機構
- □ LED　発光ダイオード
- □ M&A　合併・買収
- □ MVNO　仮想移動体通信事業者
- □ NATO　北大西洋条約機構
- □ NGO　非政府組織
- □ NISA　少額投資非課税制度
- □ NPT　核拡散防止条約
- □ ODA　政府開発援助
- □ OHCHR　国連人権高等弁務官事務所
- □ POS　販売時点情報管理システム
- □ PTSD　心的外傷後ストレス障害
- □ RCEP　地域的包括的経済連携
- □ SDGs　持続可能な開発目標
- □ SLBM　潜水艦発射弾道ミサイル
- □ SNS　ソーシャルネットワーキングサービス
- □ START　戦略兵器削減条約
- □ SWIFT　国際銀行間通信協会
- □ THAAD　終末高高度防衛ミサイル
- □ TICAD　アフリカ開発会議
- □ TOB　株式公開買い付け
- □ TOPIX　東証株価指数
- □ TPP　環太平洋経済連携協定
- □ UNCTAD　国連貿易開発会議
- □ UNESCO　国連教育科学文化機関
- □ UNHCR　国連難民高等弁務官事務所
- □ UNICEF　国連児童基金
- □ VR　仮想現実
- □ WHO　世界保健機関
- □ WMD　大量破壊兵器
- □ WTO　世界貿易機関

＊「COP」は，様々な条約に関する締約国会議の総称である。

文学作品，音楽，美術

スマートチェック

☞文学作品も出題された!!

かつて，SCOAの「常識」において，「文学作品」に関する問題は出題されなかった。しかし，近年得られた情報によると，「シェークスピアの次の作品の中で，悲劇はどれか」などの文学作品に関する問題がたまに出題されていることがわかった。

つまり，SCOAの「常識」において出題の対象となるのは，「社会」「時事用語」「理科」に限らず，「言語」「数理」「論理」「英語」を除いた分野で，一般に常識といわれるものすべてということである。よって今後は，「音楽」「美術」に関する基礎知識を問う問題もたまに出題される可能性はあるといえる。なぜなら，「ルノアール」の名前を知っていることは，「チャーチル」の名前を知っているのと同じ程度の価値あることだからである。

☞著名な作者の代表作品からチェックしていこう

「シェークスピアの次の作品の中で，悲劇はどれか」というような，少し突っ込んだ問題も出題されるが，まずは著名な作者の代表作品をチェックすることから始めよう。なぜなら，次のような易しい問題が出題されたとき，これが解けないとライバルにすぐに差をつけられることになる。少し準備しておけば解けるような問題は確実に処理しよう。

次の作品と作者の組み合わせのうち，正しいものはどれか。

① 『赤と黒』——— バルザック
② 『悪の華』——— チェーホフ
③ 『魔の山』——— トーマス・マン
④ 『父と子』——— フローベル
⑤ 『罪と罰』——— トルストイ

〈解き方〉

『魔の山』の作者が「トーマス・マン」であることを知っていれば，すぐに正解は③とわかる。

作品と作者の正しい組み合わせは次のようになっている。

① 『赤と黒』――― スタンダール
② 『悪の華』――― ボードレール
④ 『父と子』――― ツルゲーネフ
⑤ 『罪と罰』――― ドストエフスキー

☞音楽，美術も多くの人が知っている作品が出題対象

文学作品については，日本文学から始めるとよい。「島崎藤村―夜明け前」「夏目漱石―三四郎」「武者小路実篤―お目出たき人」というように覚えていこう。対策に苦慮するのが現代文学で，どの程度新しいものをチェックしておくべきか。これについては，「村上春樹―ノルウェイの森」のように有名なものだけでよいと思われる。

「音楽」「美術」についても同様で，多くの人が知っていると思われる作曲家や画家などの代表的作品だけをチェックしておけばよい。

右の２つの作品がすべて左の作者のものであるものはどれか。

① 夏目漱石 ――― 『草枕』，『友情』
② 志賀直哉 ――― 『和解』，『暗夜行路』
③ 森　鷗外 ――― 『阿部一族』，『破戒』
④ 川端康成 ――― 『高瀬舟』，『雪国』
⑤ 芥川龍之介 ―― 『蒲団』，『河童』

〈解き方〉

本問については，選択肢①から順番に正誤をチェックするのがよい。

①―『草枕』は夏目漱石の作品であるが，『友情』は武者小路実篤の作品である。
③―『阿部一族』は森鷗外の作品であるが，『破壊』は島崎藤村の作品である。
④―『雪国』は川端康成の作品であるあるが，『高瀬舟』は森鷗外の作品である。
⑤―『河童』は芥川龍之介の作品であるが，『蒲団』は田山花袋の作品である。

正解は②

TEST 1

実 1 次の作者と作品の組み合わせのうち，正しいものはどれか。

① 二葉亭四迷 ―― 金色夜叉
② 菊池　寛 ―― 路傍の石
③ 永井荷風 ―― 五重塔
④ 谷崎潤一郎 ―― 山椒魚
⑤ 横光利一 ―― 機械

実 2 シェークスピアの次の作品の中で，悲劇はどれか。

① リア王
② ヴェニスの商人
③ 真夏の夜の夢
④ ビーナスとアドニス
⑤ ロミオとジュリエット

3 江戸時代前期の元禄文化に対して，後期の文化を化政文化という。次のうち，化政文化に関するものはどれか。

① 井原西鶴の『好色一代男』
② 近松門左衛門の『心中天の網島』
③ 菱川師宣の『見返美人図』
④ 十返舎一九の『東海道中膝栗毛』
⑤ 松尾芭蕉の『奥の細道』

4 次の作者と作品の組み合わせのうち，正しいものはどれか。

① 遠藤周作 ―― 裸の王様
② 井上　靖 ―― 宮本武蔵
③ 松本清張 ―― 点と線
④ 大江健三郎 ―― 沈黙
⑤ 村上春樹 ―― キッチン

ANSWER 1

1　⑤

作　者	作　品	作　者	作　品
二葉亭四迷	浮雲	尾崎紅葉	金色夜叉
菊池　寛	父帰る	山本有三	路傍の石
	恩讐の彼方に		女の一生
永井荷風	あめりか物語	幸田露伴	五重塔
谷崎潤一郎	刺青，細雪	井伏鱒二	山椒魚

2　①

シェークスピアの四大悲劇といわれるのは，『ハムレット』『オセロ』『マクベス』『リア王』である。これらはいずれも戯曲。

シェークスピアは37編の戯曲と7編の詩を残した。戯曲には，初期の『真夏の夜の夢』『ロミオとジュリエット』，中期の『ヴェニスの商人』『お気に召すままに』などがある。『ビーナスとアドニス』は詩である。

3　④

①井原西鶴は元禄期で，浮世草子の代表的作家である。『好色一代女』『日本永代蔵』『世間胸算用』などの代表作もある。
②近松門左衛門は元禄期で，人形浄瑠璃の脚本家。『曾根崎心中』『冥途の飛脚』『国性爺合戦』などの代表作もある。
③菱川師宣は元禄期で，浮世絵で大成した。また，元禄期には装飾画の俵屋宗達，尾形光琳がいる。
⑤松尾芭蕉は元禄期で，独自の俳風「蕉風（正風）」を開いた。

4　③

作　者	作　品	作　者	作　品
遠藤周作	白い人，沈黙	開高　健	裸の王様，パニック
井上　靖	氷壁，敦煌	吉川英治	鳴門秘帖，宮本武蔵
松本清張	点と線，砂の器	大江健三郎	飼育，個人的な体験
宮尾登美子	一絃の琴，序の舞	五木寛之	蒼ざめた馬を見よ，青春の門
中上健次	岬，千年の愉楽	宮本　輝	泥の河，優駿
村上春樹	風の歌を聴け，ノルウェイの森	吉本ばなな	キッチン，TUGUMI

TEST 2

実 1　次の作者と作品の組み合わせのうち，正しいものはどれか。

① ミルトン ―――― 人間嫌い
② バルザック ――― 即興詩人
③ フローベル ――― 人形の家
④ ゾラ ――――― 居酒屋
⑤ チェーホフ ――― どん底

2　古典文学に関する次の記述のうち，誤っているものはどれか。

① 万葉集は現存最古の歌集である。
② 古今和歌集は最初の勅撰和歌集である。
③ 新古今和歌集の編者は紀貫之らである。
④ 源氏物語は紫式部による長編小説である。
⑤ 枕草子は「春はあけぼの」に始まる，清少納言の随筆である。

3　次のA～Eの文学作品を年代の古い順に並べたものとして，正しいものはどれか。

A　徒然草　　B　平家物語　　C　雨月物語
D　増鏡　　E　竹取物語

① B―D―E―C―A　　② B―E―C―D―A
③ D―E―C―A―B　　④ E―B―A―D―C
⑤ E―D―B―A―C

4　近代文学に関する次の記述のうち，正しいものはどれか。。

① 夏目漱石は『坊ちゃん』を書き，作家として出発した。
② 二葉亭四迷は，ロマン主義に属する。
③ 芥川龍之介は，多くの長編小説を発表した。
④ 川端康成は，新思潮派に属する。
⑤ 与謝野晶子は歌集『みだれ髪』を発表した。

ANSWER 2

[1] ④

作　者	作　品	作　者	作　品
ミルトン	失楽園	モリエール	人間嫌い
バルザック	人間喜劇	アンデルセン	即興詩人
	谷間の百合		絵のない絵本
フローベル	ボバリー夫人	イプセン	人形の家
チェーホフ	かもめ，桜の園	ゴーリキー	どん底
カフカ	変身，審判	ジョイス	ユリシリーズ
カミュ	異邦人	サン･テグジュペリ	星の王子さま
サガン	悲しみよこんにちは	ガルシア･マルケス	百年の孤独

[2] ③

①編者は不明。歌人は柿本人麻呂，山部赤人らである。
②編者は紀貫之らで，歌人は在原業平，小野小町らである。歌風は優美で繊細である。
③編者は藤原定家らで，歌人は西行，藤原俊成らである。歌風は感覚的で象徴的である。
④と⑤清少納言と紫式部は，ほぼ同時代に官邸で活躍した女流文学者である。

[3] ④

A：『徒然草』の作者は吉田兼好で，鎌倉時代後期の作品。
B：『平家物語』の作者は不詳で，鎌倉時代前期の作品。
C：『雨月物語』の作者は上田秋成で，江戸化政期の作品。
D：『増鏡』の作者は不詳で，南北朝時代の作品。
E：『竹取物語』の作者は不詳で，平安時代中期の作品。

[4] ⑤

①『坊ちゃん』ではなく『吾輩は猫である』が正しい。
②ロマン主義ではなく，写実主義が正しい。
③芥川龍之介はすぐれた短編小説を書いた。
④新思潮派ではなく，新感覚派が正しい。新思潮派に属するのは，芥川龍之介，菊池寛　山本有三などである。

TEST 3

1 次の作曲家と作品の組み合わせのうち，正しいものはどれか。

① ベートーベン ――――― 天地創造
② ハイドン ――――――― 水上の音楽
③ モーツァルト ―――― 小犬のワルツ
④ チャイコフスキー ―― ブランデンブルグ協奏曲
⑤ ウェーバー ―――――― 魔弾の射手

2 画家に関する次の記述のうち，正しいものはどれか。

① マネは1874年,『日の出，印象』を発表した。印象派の名前はこの作品に由来する。
② ピカソは1907年,『アヴィニヨンの娘たち』を発表し，キュービズムが生まれた。
③ ミレーはスペインの画家で,『種をまく人』『落穂拾い』などが傑作として有名である。
④ ドラクロアはフランスの画家で，ゴッホ，ゴーギャンとともに，後期印象派の三大巨匠といわれる。
⑤ マチスはフォービズムの運動をおこした。代表作に『タヒチの女』『舞台の踊り子』『水浴』などがある。

3 作曲家に関する次の記述のうち，誤っているものはどれか。

① バッハはドイツの作曲家で，近代音楽の祖といわれる。
② シューベルトは，ポーランドの作曲家，ピアニストで，ピアノの詩人といわれる。
③ ベートーベンは，古典音楽の完成者であるとともにロマン音楽のさきがけとなり，楽聖といわれた。
④ ワグナーは音楽，文学，演劇，美術のすべてを生かした歌劇をつくり，それを楽劇と名づけた。
⑤ ドビッシーはフランスの作曲家で，印象派画家と交際し，その影響を受けて印象主義音楽をつくった。

ANSWER 3

1　⑤

作曲家	作品	作曲家	作品
ベートーベン	英雄，田園	メンデルスゾーン	真夏の夜の夢
ハイドン	天地創造	ヘンデル	水上の音楽
モーツァルト	フィガロの結婚	ショパン	小犬のワルツ
	トルコ行進曲	バッハ	ブランデンブルグ協奏曲
チャイコフスキー	白鳥の湖		ヨハネ受難曲

2　②

①『日の出，印象』を発表したのはモネである。モネの代表作は『睡蓮』である。マネはモネと同じくフランスの画家で，印象派の父と呼ばれる。印象派には，ルノアール，ドガなども属する。

②キュービズムは，従来の遠近法，明暗法を排し，２次元平面上に３次元を表現する新たな方法の探求である。

③ミレーはフランスの画家で，バルビゾン派に属した。バルビゾン派とは，パリ郊外のバルビゾンの小村で自然と相対し，制作にいそしんだ風景画家の集団の総称である。

④ドラクロアはロマン主義に属し，代表作に『キオス島の虐殺』『民衆をひきいる自由の女神』がある。

後期印象派の三大巨匠といわれるのは，セザンヌ，ゴッホ，ゴーギャンである。ゴッホの代表作は『ひまわり』。

⑤「マチスはフォービズム（野獣派）の運動をおこした」という記述は正しい。『タヒチの女』はゴーギャンの代表作，『舞台の踊り子』はドガの代表作，『水浴』はセザンヌの代表作。マチスの代表作は『若い水夫』。

上記のほかに重要な画家は，「シュルレアリスム」の代表的画家であるキリコ，ダリ，「エコール・ド・パリ」と称され，独自の作品を描いたモディリアニ，シャガールなどがいる。

3　②

②シューベルトではなく，ショパンが正しい。シューベルトはオーストリアの作曲家で，代表作に『未完成交響曲』『野ばら』『冬の旅』がある。

③・④　ベートーベンとワグナーはドイツの作曲家である。

理　　科

スマートチェック

☞ 社会と同様，“広く，浅く準備する”

理科も社会と同様，各科目ともすべての分野が出題対象となる。ただし，出題内容の大部分は基礎的な知識を問うものである。したがって，理科も“広く，浅く準備する”ことがポイントとなる。

☞ 社会と同様，中学校の参考書を活用する。

“広く，浅く準備する”ためには，中学校の参考書が効率的である。そして，比較的出題頻度の高いテーマに絞って準備することがポイントとなる。

中学校の理科は，物理，化学，生物，地学が一括して入っているので，まずは物理と決めたら，中学１年，中学２年，中学３年の物理の箇所だけを勉強するとよい。

方法はどうであれ，結果さえよければOKなので，自分なりに工夫することが肝要である。

☞ 問題を解いてみる。

例えば，物理の「運動とエネルギー」の箇所で，参考書を読んでも，納得できないと思ったら，問題集にアタックしてみることをおすすめする。いくつか問題を解くと，自分が納得できなかったことを別の視点からみることができるようになる。つまり，理解が深まることになる。

また，“理科はじっくり考えるもの”と思い込んでいる人が多いが，理科も社会と同様，ポイントをつかみ，それを覚えてしまうことが肝要である。よって，類似問題も解いてみよう。

☞ 物理はオームの法則からマスターしよう！

物理でよく出るのが，フックの法則，オームの法則，アルキメデスの原理，等速直線運動，自由落下に関する問題である。したがって，試験に出る・出ないにかかわらず，これらから準備しておこう。

例えば，**オームの法則**は，　$\text{電流(A)} = \dfrac{\text{電圧(V)}}{\text{抵抗}(\Omega)}$

したがって，電熱線の抵抗が20Ωの場合，電熱線の両端に10Vの電圧を加えると，オームの法則より，10÷20＝0.5。つまり，0.5Aの電流が流れることになる。

☞ 化学は計算問題も出題される！

化学で比較的よく出題されるのが，酸化と還元，酸とアルカリ，原子の構造，元素の周期表，気体の法則に関する問題である。

気体の法則では，これらについて計算問題も出題されるので，何問か解いてみて，慣れておくことが重要である。

化学は物理に比べると，出題頻度の高いテーマが少ないので，“広く，浅く準備する”ことが一層求められる。

☞ ヒトの血液型の遺伝は完全マスターしよう！

生物で比較的よく出るのが，光合成，消化と酵素，血液，脳，遺伝である。

ヒトの血液型の場合，A型の遺伝子はAA，AO，B型はBB，BO，O型はOO，AB型はABとなる。

右に示すように，両親がA型（AO）とO型の場合，A型かO型しか生まれない。両親がA型（AO）とB型（BO）の場合，A型，B型，O型，AB型のいずれかが生まれる。

	A	O
O	AO	OO
O	AO	OO

	A	O
B	AB	BO
O	AO	OO

☞ 地学は興味のある分野から始めよう！

地学で比較的よく出るのが，地球・月・太陽，地球の自転と公転，太陽系の惑星，大気の構造，高気圧と低気圧，日本の天気，地震に関する問題である。地学も他の科目と同様，“しっかり理解する”というよりは，“覚える”という姿勢で臨んでもらいたい。

TEST 1

実 1　力に関する次の記述のうち，誤っているものはどれか。

① 重力とは，地球の引力と地球の自転による遠心力との合力である。
② 物体の重さは引力の大きさが異なる所でも変わらない。
③ 磁力は磁極間の距離が小さいほど大きい。
④ 机や床の上に置いた物体には，重力のほかに抗力がはたらく。
⑤ ある木片にはたらく浮力が100g重であるとき，木片の重さは100g重となる。

実 2　下図において，ひもOAに加わる力の大きさは次のうちどれか。

① 100g重
② 150g重
③ 200g重
④ $80\sqrt{3}$g重
⑤ $100\sqrt{3}$g重

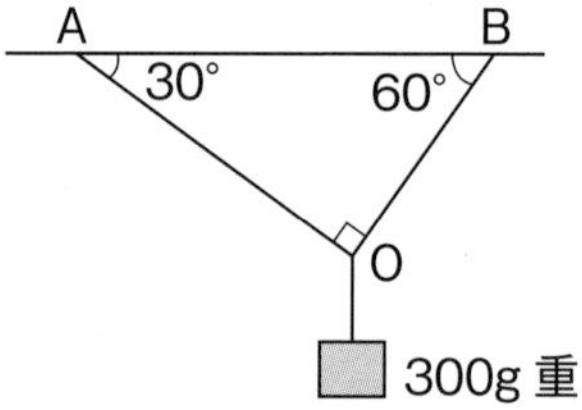

実 3　高さ50mの橋の上から，40㎤の鉄球Aと10㎤の鉄球Bを同時に自由落下させて，1秒後の鉄球AとBの速さを比較した。このとき，正しいものはどれか。ただし，空気の抵抗力は考えないものとする。

① 鉄球Aと鉄球Bは同じ速さである。
② 鉄球Aの速さは鉄球Bのそれの2倍である。
③ 鉄球Aの速さは鉄球Bのそれの4倍である。
④ 鉄球Bの速さは鉄球Aのそれの2倍である。
⑤ 鉄球Bの速さは鉄球Aのそれの4倍である。

1 ②

①ただ，地球の自転による遠心力の影響は小さいため，地球において引力と重力はほぼ等しいと考えてもよい。

②物体の重さとは，物体にはたらく重力の大きさのことである。したがって，同じ物体でも引力の大きさが異なるところでは，重さは異なる。一方，質量は物質の量のことであるので，引力の大きさが異なるところでも変わらない。

④机の上に置いた物体が静止するのは，重力のほかに抗力がはたらき，それらがつり合っているためである。

⑤浮力の大きさは物体の重さと同じである。

2 ②

△OA′Cは，∠COA′＝60°，∠OA′C＝90°，∠A′CO＝30°，の直角三角形である。よって，OA′：OC＝1：2

OCは300(g重)であるので，OA′：OC＝1：2より，$OA' = 300 \times \frac{1}{2} = 150$

したがって，OAに加わる力は150(g重)となる。

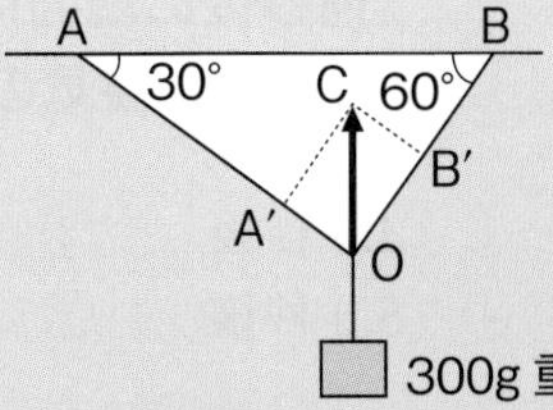

3 ①

自由落下の速さは物体の重さと無関係で，重い物も軽い物も同じ割合で速さが増していくので，同じ高さから同時に落とすと，同時に地面に着く。よって，鉄球Aと鉄球Bの1秒後の速さは同じである。

なお，空気中で鉄球と羽毛を落下させると，鉄球は羽毛より速く落ちる。ただ，それは空気の抵抗力によるものである。真空中では，羽毛も鉄球と同じ速さで落ちる。

実 [1] 次の電気回路を 10V の電源に接続した。AB 間に流れる電流の大きさはどれか。

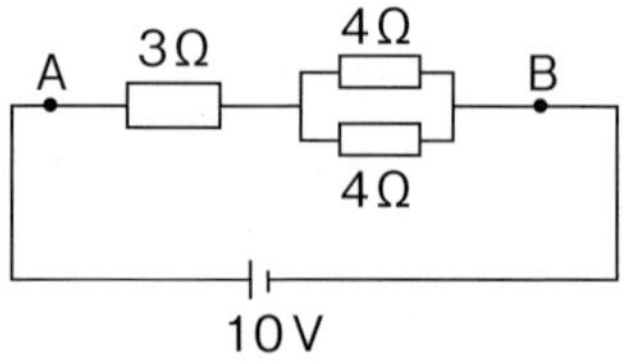

① 1 A　② 2 A　③ 3 A
④ 4 A　⑤ 5 A

実 [2] 地上 490m の位置から小球を自由落下したとき，小球は何秒後に地面につくか。ただし，重力加速度は 9.8m/S² であり，空気の抵抗はないものとする。

① 4.0 秒後　② 5.0 秒後　③ 6.0 秒後
④ 8.0 秒後　⑤ 10.0 秒後

[3] A 駅を発車した電車が，発車後下図のように速度を変えて 8 分後に B 駅に到着した。このとき，AB 間の距離はいくらか。ただし，x 軸は A 駅発車後の時間，y 軸は電車の速度をそれぞれ表す。

① 10.0km
② 10.5km
③ 11.0km
④ 11.5km
⑤ 12.0km

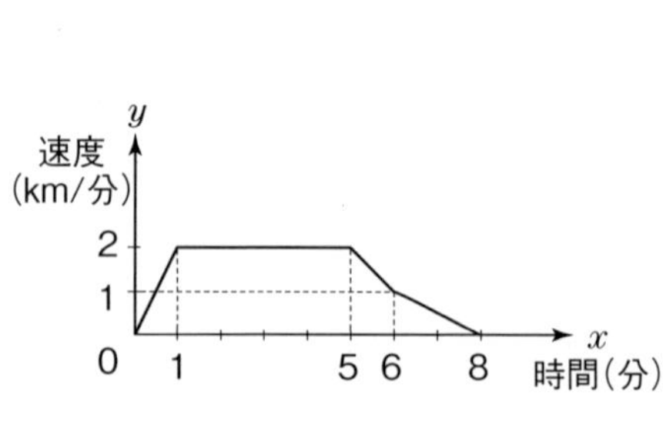

ANSWER 2

1 ②

R_1，R_2，R_3……の抵抗を直列につないだときの全抵抗Rは，$R=R_1+R_2+R_3$……。一方，R_1，R_2，R_3……の抵抗を並列につないだときの全抵抗Rは，$\frac{1}{R}=\frac{1}{R_1}+\frac{1}{R_2}+\frac{1}{R_3}$……。よって，並列接続部分の合成抵抗は，$\frac{1}{R}=\frac{1}{4}+\frac{1}{4}=\frac{1}{2}$　ゆえに，$R=2$　したがって，全抵抗は，$3+2=5$（Ω）

オームの法則より，$I=10\div5=2$（A）

2 ⑤

小球が t 秒後に地面につくとすると，次式が成立する。

$y=\frac{1}{2}gt^2$（y：落下距離，g：重力加速度），$y=490$，$g=9.8$であるので，これらを上式に代入すると，

$490=\frac{1}{2}\times9.8\times t^2$　　$\therefore t^2=100$　　$\therefore t=10\,(t>0)$

3 ④

AB間の距離は下図のS_1，S_2，S_3の斜線部の面積を合計したものに相当する。

$S_1=\frac{1}{2}\times1\times2=1$

$S_2=5\times2-\left(\frac{1}{2}\times1\times1\right)=9\frac{1}{2}$

$S_3=\frac{1}{2}\times2\times1=1$

$\therefore S_1+S_2+S_3=1+9\frac{1}{2}+1$

$=11\frac{1}{2}$

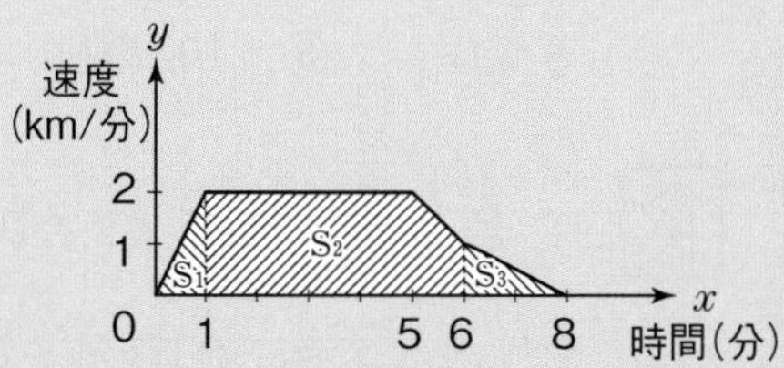

TEST 3

実 1　酸化と還元に関する記述のうち，正しいものはどれか。

① 水は水素の酸化物である。
② 激しい酸化では熱と光が出るが，ゆるやかな酸化では熱も光も出ない。
③ 酸化銅は炭素により還元され，銅になる。
④ 燃焼は還元の一種である。
⑤ 酸化と還元は同時には起こらない。

実 2　ある気体を標準状態で5.6ℓとった。この気体の質量が10.0gとすると，分子量は次のうちどれか。

① 40　② 44　③ 48
④ 52　⑤ 56

実 3　1気圧で6ℓの気体をある容器に入れたら，3気圧を示した。この容器に1気圧で20ℓの気体を入れたら，何気圧を示すか。ただし，温度は0℃とする。

① 4気圧　② 5気圧　③ 6気圧
④ 8気圧　⑤ 10気圧

実 4　酸とアルカリに関する次の記述のうち，正しいものはどれか。

① 酸性の水溶液にBTB液を加えると，青色になる。
② アルカリ性の水溶液はすっぱい味がする。
③ 酸は，水素イオンと陰イオンが結びついた物質である。
④ 塩酸は，亜鉛，マグネシウムなどの金属を溶かし，窒素を発生する。
⑤ 水酸化カルシウムは白色の固体で，水によく溶ける。

ANSWER 3

1 ①

①酸化とは，物質が酸素と結びつく変化をいう。水素が酸素と結びついたものが水である。なお，酸化によってできた物質を酸化物という。
②ゆるやかな酸化では，光は出ないが，熱は出ている。
③酸化銅は水素により還元され，銅になる。水素は銅よりも酸素と結びつきやすい。還元とは，酸化物から酸素を取り除く変化である。
④燃焼は，物質が酸化して，熱と光を出す現象である。
⑤酸化と還元は同時に起こる変化である。

2 ①

0℃，1気圧で，1モルの気体の体積は22.4 ℓを占める。分子量をxとすると，次式が成立する。$5.6:10.0=22.4:x$
$5.6x=224 \quad \therefore x=40$

3 ⑤

ボイルの法則より，次式が成立する。3気圧を示した容器の体積をVとすると，$1\times6=3\times V \quad \therefore \ V=2$（ℓ）
次に，求める気圧をpとすると，次式が成立する。$p\times2=1\times20$
$\therefore p=10$（気圧）

4 ③

①酸性の水溶液にBTB液を加えると，黄色になる。一方，アルカリ性の水溶液にBTB液を加えると，青色になる。
②すっぱい味がするのは酸性の水溶液である。アルカリ性のうすい水溶液は特有のにが味がある。
③一方，アルカリは水酸化物イオンと陽イオンが結びついた物質である。つまり，酸は水素イオンをもつ物質であり，アルカリは水酸化物イオンをもつ物質である。
④塩酸や硫酸などの酸性の水溶液は亜鉛などの金属を溶かし，水素を発生する。ただし，硝酸は水素を発生しない。
⑤水酸化カルシウムは水には溶けにくい。一方，水酸化ナトリウムは水によく溶ける。

TEST 4

実 1　原子の構造に関する次の記述のうち，誤っているものはどれか。

① 原子核は，正に帯電している陽子と，帯電していない中性子からできている。
② 原子中の陽子の数を原子番号という。
③ 原子中の陽子の数と電子の数は異なる。
④ 陽子の数と中性子の数の和を質量数という。
⑤ 原子番号が同じで，質量数が異なる原子を互いに同位体という。

2　元素の周期表に関する次の記述のうち，誤ってるものはどれか。

① 価電子数の同じ元素の化学的性質は，きわめてよく似ている。
② 典型元素とは，原子番号が増すにつれて価電子の数が増加するような元素をいう。
③ 周期表の左側の元素ほど陽イオンになりやすく，18 族を除く右側の元素ほど陰イオンになりやすい。
④ 遷移元素は，価電子の数がほとんど同じで，すべて非金属元素である。
⑤ 金属元素は，周期表の左側・下側に位置している。

実 3　10mol の気体が 27℃で 20 ℓ の容器にはいっている。このとき，容器内の圧力はいくらか。

① 6.5atm　② 8.3atm　③ 10.2atm
④ 12.3atm　⑤ 14.2atm

ANSWER 4

1　③

①まわりには，負に帯電している電子がある。

②例えば，水素の陽子の数は1であるので，水素の原子番号は1となる。ヘリウムの陽子の数は2であるので，ヘリウムの原子番号は2となる。

③陽子の数と電子の数は等しく，原子全体としては帯電していない。

④質量数＝陽子の数＋中性子の数。したがって，質量数と陽子の数がわかれば，中性子の数は自動的にわかる。

⑤同位体の質量数は互いに異なるものの，同じ元素であることから，化学的性質は互いに等しい。

2　④

①元素の多くの性質は価電子数によって決まる。例えば，価電子数が1である周期表の1族は1価の陽イオンになりやすい。

②一方，遷移元素は，原子番号が増しても，内側の電子殻の電子が増加するため，価電子の数は1～2と安定している。

④遷移元素の場合，価電子の数は1～2であるので，すべて金属元素である。つまり，陽イオンになりやすい。

⑤一方，非金属元素は周期表の右側・上側に位置している。

3　④

本問の場合，気体の状態方程式を使って解く。

$$PV = nRT \qquad n = \frac{W}{M}$$

W ← 質量(g)
M ← 分子量

P：気圧(atm)　V：体積(ℓ)　n：モル数　R：0.082　T：絶対温度(K)

$p \times 20 = 10 \times 0.082 \times (273 + 27)$

$20p = 0.82 \times 300$

$20p = 246 \qquad \therefore p = 12.3$ (atm)

TEST 5 生物

実 1 血液に関する次の記述のうち，誤っているものはどれか。

① 赤血球はヘモグロビンを含み，酸素を運搬する。
② 白血球には，食菌作用がある。
③ 血小板は，出血したときに血液を固まらせる。
④ 血しょうは，栄養分と不要物を運ぶ。
⑤ ヘモグロビンは，酸素の多い所では酸素をはなす。

実 2 両親がAB型であったとき，子供の血液は何型になるか。可能性のある血液型をすべて挙げているのは次のうちどれか。

① O型，AB型　② A型，B型
③ B型，AB型　④ A型，B型，AB型
⑤ O型，A型，B型，AB型

実 3 植物細胞にしか見られないものは，次のうちどれか。

① 核膜　② 染色糸　③ ミトコンドリア
④ 葉緑体　⑤ ゴルジ体

実 4 植物の光合成と呼吸に関する次の記述のうち，誤っているものはどれか。

① 光合成が行われるのは昼間だけである。
② 昼においては，呼吸による酸素の吸収量より，光合成による酸素の放出量のほうが少ない。
③ 補償点とは，見かけ上，二酸化炭素の出入りがなくなるときの光の強さである。
④ 真の光合成量は，見かけの光合成量よりも多い。
⑤ 植物の光合成と呼吸とは，まったく反対の変化である。

ANSWER 5

1 ⑤

血液は，固体成分である血球と，液体成分である血しょうから構成される。血球には，赤血球，白血球，血小板の３つがある。血しょうは，血球が浮いている液体である。

⑤ヘモグロビンは，酸素の多い所では酸素とくっつくが，酸素の少ない所では酸素をはなす。

2 ④

	A	B
A	AA	AB
B	AB	BB

つまり，A型，B型，AB型が生まれることになる。A型の生まれる可能性は25％，B型は25％，AB型は50％である。なお，O型は生まれない。

3 ④

植物細胞にしか見られないものは，葉緑体と細胞壁である。なお，葉緑体は植物の緑色をした部分にあり，ここで光合成が行われる。

・**ミトコンドリア**……細胞内のエネルギー発生の場で，ATPを多量につくる工場ともいえる。

・**ゴルジ体**……細胞内でつくられた各種物質を濃縮して一時的に蓄え，細胞外へ分泌するのが主なはたらき。

4 ②

①一方，呼吸は一日中行われる。

②昼においては，光合成による酸素の放出量は呼吸による酸素の吸収量よりも多い。

③補償点では，呼吸による二酸化炭素の放出量と，光合成による二酸化炭素の吸収量とが等しくなる。

④真の光合成量＝見かけの光合成量＋呼吸量

⑤呼吸は，酸素を使ってブドウ糖を分解し，エネルギーを取り出すものである。

TEST 6

実 ① ビタミンAが不足すると，どんな病気になるか。

① 貧血症　② くる病　③ 夜盲症
④ 脚気（かっけ）　⑤ 壊血病

実 ② エンドウの種子の形が丸形の純系と，しわ型の純系を交雑したところ，F_1（雑種第1代）では，その種子はすべて丸形であった。このF_1を自家受精させてF_2（雑種第2代）をつくったとき，丸形としわ型の比率はいくらになるか。

① 1：1　② 2：1　③ 3：1
④ 4：1　⑤ 5：1

実 ③ 脳の各部のはたらきの組み合わせとして，誤っているものはどれか。

① 大脳 ― 感覚や運動の中枢
② 間脳 ― 自律神経系の中枢
③ 中脳 ― 眼球の運動・ひとみの収縮の中枢
④ 小脳 ― 体温調節・睡眠の中枢
⑤ 延髄 ― 呼吸運動・心臓の拍動の中枢

④ 酵素の種類によって，酵素の活性が最も高いときのpH値は異なる。ペプシン（胃液中）の最適pHは，次のうちどれか。

① 2付近　② 5付近　③ 7付近
④ 8付近　⑤ 10付近

実 ⑤ すい臓から分泌される（　　）は，ブドウ糖からグリコーゲンへの合成を促進し，血糖量を減少させる。
上記の（　　）に該当するのは，次のうちどれか。

① アドレナリン　② インスリン　③ グルカゴン
④ 鉱質コルチコイド　⑤ 糖質コルチコイド

ANSWER 6

[1] ③

貧血症はビタミンB_{12}，くる病はビタミンD，脚気はビタミンB_1，壊血病はビタミンCの不足により発生する。

[2] ③

丸形の遺伝子型をAA，しわ型の遺伝子型をaaとすると，表１に示す通り，F_1では遺伝子型はすべてAaとなり，表現型はすべて丸形となる。

次に，F_1を自家受精させると（表２），F_2では，遺伝子型は，AA：Aa：aa＝1：2：1の比で現れる。よって，表現型は丸形：しわ型＝3：1となる。なお，3：1になることはそのまま覚えておくこと。

表１

	A	A
a	Aa	Aa
a	Aa	Aa

表２

	A	a
A	AA	Aa
a	Aa	aa

[3] ④

①大脳は，記憶・理解・判断の中枢でもある。
②間脳は，体温調節・睡眠の中枢でもある。
④小脳は，体の均衡を保つ中枢である。
⑤延髄は，胃・腸などの消化管の運動の中枢でもある。

[4] ①

だ液アミラーゼの最適pHは７付近，トリプシン（すい液中）は８付近である。

[5] ②

グルカゴンは，肝臓のグリコーゲンの分解を促進し，血糖量を増加させる。

実 1 太陽系に関する次の記述のうち，誤っているものはどれか。

① 惑星の公転方向はすべて同じで，北から見て時計まわりである。
② 水星と金星以外の惑星はすべて衛星をもっている。
③ 木星の衛星イオには活火山がある。
④ 惑星の軌道はどれも，ほとんど円に近いだ円である。
⑤ 彗星は，氷のかたまり，小さい塵などの集まりである。

実 2 地震波に関する次の記述のうち，誤っているものはどれか。

① P波は縦波で，S波は横波である。
② S波のほうがP波に比べて速く伝わる。
③ P波は，固体中でも，液体中でも伝わる。
④ S波は，液体中は伝わらない。
⑤ P波はS波より振幅が小さく，周期も短い。

実 3 寒気が暖気の下にもぐりこむことから，（　　）の前線面には強い上昇気流ができて，積乱雲が発達し，ときには雷をともなう強い雨が降る。
（　　）に該当するものは，次のうちどれか。

① 梅雨前線　② 温暖前線　③ 寒冷前線
④ 停滞前線　⑤ 閉塞前線

実 4 気象に関する次の記述のうち，誤っているものはどれか。

① 1気圧とは，1013ヘクトパスカルのことである。
② 等圧線は互いに交わることはない。
③ 高気圧はその中心にいくほど気圧が高くなる。
④ 等圧線の間隔が狭い所ほど，風力は大きい。
⑤ 低気圧の中心から周囲に向かって，左まわりに風が吹き出している。

ANSWER 7

1　①

①すべての惑星の公転方向は，北から見て反時計まわりである。
②惑星は**地球型惑星**（水星，金星，地球，火星）と**木星型惑星**（木星，土星，天王星，海王星）に分けられるが，木星型惑星は衛星の数が多い。
③なお，惑星も衛星も，自分では光を出さない。

2　②

P波のほうがS波に比べて速く伝わるので，どの地点でもP波が先に到着し，あとからS波が着く。P波が到着してから，次にS波が着くまでの時間を**初期微動継続時間**という。初期微動継続時間は震源までの距離に比例する。

3　③

・**温暖前線**……暖気が寒気の上にはい上がると，前線面に乱層雲ができて，弱い雨が降りはじめる。
・**停滞前線**……暖気の気団と寒気の気団が接した境目がどちら側にも動かずに停滞しているものをいう。
・**閉塞前線**……寒冷前線が温暖前線に追いついたときにできるもので，このとき大気の下層は寒気で占められ，相当な雨が降る。

4　⑤

①気象では，気圧はヘクトパスカル（hPa）で表す。
②等圧線とは，気圧の等しい地点を結んだ線のことである。
③高気圧は中心にいくほど気圧が高くなっているものであり，低気圧は中心にいくほど気圧が低くなっているものである。
④等圧線の間隔が狭い所では強い風が吹いており，その間隔が広い所では弱い風が吹いている。
⑤高気圧の場合，その中心から周囲に向かって右まわりに風が吹き出している。低気圧の場合，その中心に向かって，左まわりに風が吹き込んでいる。

TEST 8

実 1　太陽に関する次の記述のうち，誤っているものはどれか。

① 太陽は恒星で，高温の気体でできている。
② 太陽には黒点が見えるが，その部分は周りより温度が低い。
③ 太陽の自転周期は約 25 日である。
④ 太陽系の質量の大部分は，太陽で占められている。
⑤ 太陽の内部になるほど，温度は低くなる。

実 2　(　　) ではオゾンのように太陽放射を吸収する物質が少ないので，上に行くほど気温は低下する。高緯度地方の高さ 80km 付近では，夜光雲が見られる。
(　　) に該当するものは，次のうちどれか。

① 成層圏　② 熱圏　③ 対流圏
④ 中間圏　⑤ 外気圏

実 3　梅雨前線が発生する原因となる気団の組み合わせとして正しいものは，次のうちどれか。

① シベリア気団と揚子江気団
② シベリア気団と小笠原気団
③ オホーツク海気団と揚子江気団
④ オホーツク海気団と小笠原気団
⑤ シベリア気団とオホーツク海気団

4　地球の公転に関する次の記述のうち，誤っているものはどれか。

① 地球の公転の向きと地球の自転の向きは同じである。
② 地軸は公転面に対して垂直ではない。
③ 夏の真夜中の南の空には，オリオン座が見える。
④ 冬至は，日周運動の経路が最も南にかたよる日である。
⑤ 春分と秋分には，太陽は真東から出て，真西に沈む。

ANSWER 8

1　⑤

①恒星とは，自らが光を発し，天球上の位置をほとんど変えない星をいう。

②太陽表面の温度は約6,000℃であるのに対し，黒点の温度は約4,000℃である。

⑤太陽の内部になるほど温度は高くなる。

2　④

・**成層圏**……対流圏の上にあり，地表からの高さ十数 km から 50 ～ 55km の範囲の大気をいう。オゾン層がある。

・**熱圏**……中間圏の上層にある。ここでは，高さが増すにつれて気温が上昇する。電波を反射する電離層がある。

・**対流圏**……地表から十数 km の範囲の大気をいう。平均して高さが 100m 増すにつれて，0.65℃の割合で気温が低下する。

・**外気圏**……熱圏の上層にあり，地球の引力で引き寄せられ，地球の自転とともに回っている。バン・アレン帯がある。

3　④

　前線とは，冷たい空気の塊である寒気団と暖かい空気の塊である暖気団が触れ合う部分のことをいう。なお，気団とは，気温や湿度がほぼ一様な大きな空気の塊のことをいう。

　梅雨前線は，梅雨の時期に，オホーツク海気団と小笠原気団が触れ合うことにより発生するものである。

4　③

①ともに左まわりである。

②公転面とは，地球の公転の道すじがつくる面をいう。地軸は公転面に対して，66.6°傾いている。

③オリオン座が見えるのは冬である。春にはしし座，夏にはさそり座，秋にはペガサス座が見える。

④夏至は，日周運動の経路が最も北にかたよる日である。

CHECK !

□ニュートンの運動の法則

「慣性の法則」 外力が作用しないとき，運動している物体は等速直線運動を続け，静止している物体は静止状態を保つ。

「運動方程式」 物体に力を加えたとき，力の向きに加速度 a を生じ，a は加えた力 F に比例し，物体の質量 m に反比例する。

$$a = \frac{F}{m} \quad \text{または} \quad F = ma$$

「作用・反作用の法則」 物体 A が物体 B に力を及ぼしているとき，A は B から向きが反対で，大きさの等しい力を受ける。

□アボガドロの法則

同温，同圧では，あらゆる気体は同体積中に同数の分子を含む。言い換えれば，あらゆる気体では，同温，同圧で，同数の分子は同体積を占める。

□ボイル・シャルルの法則

一定量の気体の体積（V）は圧力（P）に反比例し，絶対温度（T）に比例する。一定量の気体の初めの状態を（P_1，T_1，V_1），終わりの状態を（P_2，T_2，V_2）とすると，

$$\frac{P_1V_1}{T_1} = \frac{P_2V_2}{T_2} = \text{一定}$$

□メンデルの法則

「優性の法則」 優性の親（AA）と劣性の親（aa）を交雑すると，雑種第１代は Aa の遺伝子型を持つが，劣性の a は発現せず，優性の A のみが形質として発現する。

「分離の法則」 生殖細胞ができるとき，対立遺伝子は分離して入る。

「独立の法則」 生殖細胞ができるとき，２対以上の対立遺伝子が存在しても，各対の対立遺伝子の分離と再結合は独立に行われる。

Section 6

SCOA 英語

発　音

スマートチェック

★母音

①短母音

発音記号	つづりの例
〔æ〕	bag, cat, aunt 〔ænt/aːnt〕
〔a〕	watch, doll, hobby, want 〔want, wɔːnt/wɔnt〕
〔ə〕	about, color, surprise, police, famous
〔ʌ〕	summer, touch, but, son, cup
〔i〕	lily, sit, busy, pretty, build, English
〔u〕	book, should, would, could, cook, pull
〔e〕	bed, bread, friend, said, head, pen

②長母音

発音記号	つづりの例
〔aː〕	car, father, palm
〔aːr〕	heart, card
〔əːr〕	bird, work, early, church, learn, word
〔iː〕	easy, meet, people, field, receive
〔uː〕	cool, fruit, grew, rule, moon, who
〔ɔː〕	story, talk, ball, brought, caught, short

③二重母音

発音記号	つづりの例
〔ai〕	sky, idea, cry, buy, try, guide
〔au〕	now, cow, house, out, crown
〔ei〕	play, make, eight, rain, break
〔ɔi〕	boy, voice, oil

〔ou〕	cold, know, go, home, coat, though
〔iər〕	near, hear, clear, here
〔εər〕	chair, hair, pair, care, there
〔uər〕	your, sure, poor

★子音

発音記号	つづりの例
〔p〕	pen, cap, picnic, plate
〔b〕	bat, job, bed, before, back
〔t〕	tall, touch, eat, ten, little, asked
〔d〕	dear, old, date, dog, dark, middle, sudden
〔k〕	could, kill, clock, school, kind, queen
〔g〕	big, egg, go, give, gold, guest
〔f〕	feel, fly, off, laugh, knife, farm, photo
〔v〕	five, village, very, love, save, vacation
〔θ〕	thing, mouth, birthday, think
〔ð〕	that, brother, father, with
〔s〕	bus, pass, science, us, city, sad
〔z〕	music, zoo, rose, prize
〔ʃ〕	sugar, shall, shoot, dish, station, machine
〔ʒ〕	pleasure, vision
〔tʃ〕	church, watch, nature, question
〔dʒ〕	age, just, bridge, soldier, Japan
〔h〕	hot, half, hall, hate, home, whole
〔m〕	make, may, man, mouse, come, summer
〔n〕	men, name, dinner, lend
〔ŋ〕	think, singer, ink, king, long
〔l〕	call, ball, late, look, line, sell
〔r〕	run, read, rise, write, mirror, sorry
〔j〕	year, young, yet, use, knew, view
〔w〕	woman, we, wait, swim, war, quiet

TEST 1

実 1 次の各語の下線部と同じ発音を含む語を１つを選びなさい。

(1) should

① said　② full　③ women　④ son　⑤ two

(2) wash

① hobby　② soft　③ summer　④ build　⑤ head

(3) door

① blue　② word　③ home　④ water　⑤ voice

(4) here

① deer　② eight　③ though　④ wear　⑤ field

(5) sugar

① watch　② vision　③ machine　④ mouth　⑤ pass

実 2 次の各語の下線部と同じ発音を含む語を１つ選びなさい。

(1) ant

① son　② police　③ touch　④ bag　⑤ young

(2) early

① heart　② fruit　③ journey　④ clear　⑤ broad

(3) guide

① cow　② know　③ pie　④ house　⑤ rain

(4) laugh

① vase　② thing　③ very　④ photo　⑤ save

ANSWER 1

1 (1)−② (2)−① (3)−④ (4)−① (5)−③

(1) should は〔u〕
① said は〔e〕 ② full は〔u〕 ③ women は〔i〕
④ son は〔ʌ〕 ⑤ two は〔uː〕

(2) wash は〔a〕
① hobby は〔a〕 ② soft は〔ɔ〕 ③ summer は〔ʌ〕
④ build は〔i〕 ⑤ head は〔e〕

(3) door は〔ɔː〕
① blue は〔uː〕 ② word は〔əː〕 ③ home は〔ou〕
④ water は〔ɔː〕 ⑤ voice は〔ɔi〕

(4) here は〔iər〕
① deer は〔iər〕 ② eight は〔ei〕 ③ though は〔ou〕
④ wear は〔ɛər〕 ⑤ field は〔iː〕

(5) sugar は〔ʃ〕
① watch は〔tʃ〕 ② vision は〔ʒ〕 ③ machine は〔ʃ〕
④ mouth は〔θ〕 ⑤ pass は〔s〕

2 (1)−④ (2)−③ (3)−③ (4)−④

(1) ant は〔æ〕
① son は〔sʌn〕 ② police は〔pəliːs〕 ③ touch は〔tʌtʃ〕
④ bag は〔bæg〕 ⑤ young は〔jʌŋ〕

(2) early は〔əːr〕
① heart は〔haːrt〕 ② fruit は〔fruːt〕 ③ journey は〔dʒəːrni〕
④ clear は〔kliər〕 ⑤ broad は〔brɔːd〕

(3) guide は〔ai〕
① cow は〔kau〕 ② know は〔nou〕 ③ pie は〔pai〕
④ house は〔haus〕 ⑤ rain は〔rein〕

(4) laugh は〔f〕
① vase は〔veis/vaːz〕 ② thing は〔θiŋ〕 ③ very は〔veri〕
④ photo は〔foutou〕 ⑤ save は〔seiv〕

TEST 2　発音

実 1　次の各語の下線部と同じ発音を含む語を１つ選びなさい。

(1) caught
① church　② smoke　③ broad
④ describe　⑤ flew

(2) private
① take　② creative　③ bounce
④ blind　⑤ heart

(3) temperature
① signature　② stomach　③ wonder
④ photo　⑤ democratic

(4) accustom
① ignore　② chemistry　③ reserve
④ accept　⑤ egg

(5) imagine
① about　② later　③ bread
④ cat　⑤ relative

実 2　次の各語の下線部と同じ発音を含む語を１つ選びなさい。

(1) pleasure
① receipt　② busy　③ family　④ jealousy　⑤ concede

(2) English
① breakfast　② father　③ sew　④ fifth　⑤ none

(3) perceive
① routine　② draw　③ spice　④ fasten　⑤ tight

(4) loose
① tub　② pull　③ shoe　④ conform　⑤ spread

ANSWER 2

1 (1)―③ (2)―④ (3)―① (4)―② (5)―④

(1) caught は〔ɔː〕

① church は〔əːr〕 ② smoke は〔ou〕 ③ broad は〔ɔː〕

④ describe は〔ai〕 ⑤ flew は〔uː〕

(2) private は〔ai〕

① take は〔ei〕 ② creative は〔ei〕 ③ bounce は〔au〕

④ blind は〔ai〕 ⑤ heart は〔aːr〕

(3) temperature は〔ə〕

① signature は〔ə〕 ② stomach は〔ʌ〕 ③ wonder は〔ʌ〕

④ photo は〔ou〕 ⑤ democratic は〔æ〕

(4) accustom は〔k〕

① ignore は〔g〕 ② chemistry は〔k〕 ③ reserve は〔z〕

④ accept は〔ks〕 ⑤ egg は〔g〕

(5) imagine は〔æ〕

① about は〔ə〕 ② later は〔ei〕 ③ bread は〔e〕

④ cat は〔æ〕 ⑤ relative は〔ə〕

2 (1)―④ (2)―④ (3)―① (4)―③

(1) pleasure は〔e〕

① receipt は〔risiːt〕 ② busy は〔bizi〕 ③ family は〔fæməli〕

④ jealousy は〔dʒeləsli〕 ⑤ concede は〔kənsiːd〕

(2) English は〔i〕

① breakfast は〔brekfəst〕 ② father は〔faːðər〕 ③ sew は〔sou〕

④ fifth は〔fifθ〕 ⑤ none は〔nʌn〕

(3) perceive は〔iː〕

① routine は〔ruːtiːn〕 ② draw は〔drɔː〕 ③ spice は〔spais〕

④ fasten は〔fæsn/faːsn〕 ⑤ tight は〔tait〕

(4) loose は〔uː〕

① tub は〔tʌb〕 ② pull は〔pul〕 ③ shoe は〔ʃuː〕

④ conform は〔kənfɔːrm〕 ⑤ spread は〔spred〕

英単語の意味

スマートチェック

★試験によく出る英単語

- □ appearance 出現，外観
- □ impatient いらいらして，短気な
- □ respond 答える，反応する
- □ temptation 誘惑，衝動
- □ contain ～を含む，抑制する
- □ sufficient 十分な
- □ threaten ～を脅迫する
- □ undertake ～を引き受ける，～に着手する
- □ substitute ～の代わりに用いる
- □ resemblance 類似，似ていること
- □ appreciation 鑑賞，評価，認識
- □ fertility 肥沃，多産，繁殖力のある
- □ disappointment 失望，期待はずれ
- □ attitude 態度，考え方，姿勢
- □ conservative 保守的な，保守主義の
- □ pessimistic 悲観的な，厭世的な
- □ emphasize ～を強調する
- □ embarrass (人前で)困らせる，(問題を)こじらせる
- □ conclusion 結論，終わり，結末
- □ abundance 多量，多数，豊富
- □ fierce どう猛な，(風雨などが)激しい
- □ erase (感情などを)ぬぐい去る，～をこすって消す
- □ hesitate ためらう，ちゅうちょする
- □ exaggerate 誇張する
- □ rural いなかの，田園の
- □ cosmopolitan 国際的な，国際感覚のある
- □ unanimous 満場一致の，全員異議のない
- □ restrict ～を制限する，限定する
- □ eager ～を切望している，熱心な
- □ resolve ～を決心する，～を解決する
- □ establish 設立する，証明する
- □ fundamental 基本的な，根本的な
- □ wonder 不思議に思う，感嘆する
- □ indicate ～を指し示す，～だと知らせる
- □ perceive ～を知覚する，～を理解する
- □ outcome 結果，成果
- □ inspect ～を詳しく調べる，検査する
- □ persuade ～を説得する，納得させる
- □ constitute ～を構成する，～を制定する
- □ occasional 時々の，時折の
- □ prosperous 繁栄している，盛んな
- □ nourish 養う，～に栄養を与える
- □ substantial (量などが) 相当な，実質的な
- □ obstinate 頑固な，強情な
- □ dignify 威厳を付ける，仰々しくする
- □ succession 連続，相続
- □ encourage ～を勇気づける，～を奨励する
- □ generous 気前のよい，寛大な
- □ immense 巨大な，多大な
- □ accumulation 蓄積，蓄財
- □ inevitable 避けられない，必然の，確かな
- □ obedient (～に対して)従順な，おとなしい
- □ contemporary 現代の，(～と) 同時代の
- □ indifference 無関心，むとんちゃく
- □ stimulate 活気づける，興奮させる
- □ pollution 汚染，汚染物質

★英単語の同意語

☐ How do you respond to that question?
(あなたはその質問にどう答えますか)
She did not reply to his question.
(彼女は彼の質問に答えなかった)

☐ I couldn't remember your name.
(私はあなたの名前を思い出せなかった)
I recalled meeting her once.
(私は一度彼女に会ったことがあることを思い出した)

☐ The final decision should be made by child's parents.
(最終的な決定は子供の親がすべきだ)
What is his ultimate goal in life?
(彼の人生の究極の目標は何ですか)

☐ Her father is a notable scholar.
(彼女の父親は著名な学者である)
The painter was one of many illustrious visitors to the town.
(その画家は町への多くの著名な訪問者の一人だった)

☐ I heard a strange noise in the kitchen last night.
(昨晩，台所で変な音がした)
It's curious that my uncle ignored me at that time.
(おじがあの時，私を無視したのは妙だ)

☐ I can't understand why she did it.
(彼女がなぜそんなことをしたのか私には理解できない)
He didn't realize that he had failed.
(彼は自分が失敗したことをわからなかった)

☐ I took a contrary position on the proposal.
(私はその提案について反対の立場をとった)
The supervising professor took the opposite view of the newspaper.
(指導教授は新聞とは反対の見方をした)

☐ Make modest demands on management.
(経営者に対して，控えめな要求をする)
My grandfather has a temperate disposition.
(私の祖父は穏やかな気質である)

TEST 1

実 1 次の英単語の意味に最も近いものを 1 つ選びなさい。

(1) order
① authority ② loyalty ③ submission
④ command ⑤ request

(2) brief
① short ② difficult ③ easy
④ long ⑤ bad

(3) respond
① agree ② object ③ effect
④ answer ⑤ confuse

(4) stupid
① smart ② scientific ③ foolish
④ reasonable ⑤ intelligent

実 2 次の英単語の意味に最も近いものを 1 つ選びなさい。

(1) maintain
① protest ② sustain ③ establish
④ perceive ⑤ suspend

(2) profound
① shallow ② faraway ③ narrow
④ sensitive ⑤ deep

(3) affect
① penetrate ② surround ③ dare
④ influence ⑤ undertake

ANSWER 1

1 (1)ー④ (2)ー① (3)ー④ (4)ー③

(1) order「命令，順序，注文」
① authority「権威，権限」 ② loyalty「忠誠，誠実」
③ submission「服従，屈服」 ④ command「命令，指揮」
⑤ request「要請，依頼」
plus「submission」の動詞は「submit」
「submit oneself to A」(A に服従する)
(2) brief「短い，短時間の，簡潔な」
① short「短い，背が低い」 ② difficult「難しい，困難な」
③ easy「容易な，易しい」 ④ long「(物・距離・時間が) 長い」
⑤ bad「悪い，(病気などが) 重い」
(3) respond「答える，応答する，反応する」
① agree「(意見が) 一致する，同意する」 ② object「反対する」
③ effect「～をもたらす」 ④ answer「答える，応答する」
⑤ confuse「混同する，～を困惑させる」
(4) stupid「愚かな，ばかげた」
① smart「りこうな，抜け目のない」 ② scientific「科学的な」
③ foolish「愚かな，ばかな」 ④ reasonable「道理にかなった」
⑤ intelligent「知能の高い，頭のよい」

2 (1)ー② (2)ー⑤ (3)ー④

(1) maintain「維持する，保全する」
① protest「抗議する」 ② sustain「維持する，(行動などを) 続ける」
③ establish「～を設立する，～を制定する」 ④ perceive「～を知覚する」
⑤ suspend「つるす，(活動などを) 一時中断 (中止) する」
(2) profound「深い，深遠な，難解な」
① shallow「浅い，浅薄な」 ② faraway「遠く離れた」
③ narrow「狭い，限られた」 ④ sensitive「感じやすい」
⑤ deep「(湖などが) 深い，(眠りなどが) 深い」
(3) affect「影響する，(人を) 感動させる」
① penetrate「(弾丸などが物を) 貫く」 ② surround「取り巻く」
③ dare「あえて (思い切って) ～する」 ④ influence「～に影響を与える」
⑤ undertake「～を引き受ける，～を企てる」

TEST 2

実 1 次の英単語の意味に最も近いものを 1 つ選びなさい。

(1) maybe

① purely　② unfortunately　③ hopefully
④ surely　⑤ perhaps

(2) seem

① see　② look　③ watch
④ observe　⑤ appear

(3) suggest

① speak　② talk　③ propose
④ consent　⑤ support

(4) notion

① conception　② story　③ tale
④ terror　⑤ intention

実 2 次の英単語の意味に最も近いものを 1 つ選びなさい。

(1) ample

① poor　② fine　③ moderate
④ thick　⑤ plenty of

(2) breed

① kind　② breath　③ organ
④ doctrine　⑤ field

(3) rude

① polite　② notorious　③ violent
④ apparent　⑤ bashful

ANSWER 2

1 (1)—⑤ (2)—⑤ (3)—③ (4)—①

(1) maybe「たぶん，おそらく」
① purely「ただ，まったく」 ② unfortunately「不運にも」
③ hopefully「希望を持って，願わくば」 ④ surely「確かに，確実に」
⑤ perhaps「たぶん，おそらく」

plus「たぶん，おそらく」の意味を表す英単語は，「maybe」「perhaps」のほかに，「probably」「likely」「possibly」がある。

(2) seem「～のように思われる」
① see「～が見える，～しているのが見える」
② look「(人・物を) じっと見る」
③ watch「(動いているものを)じっと見る」 ④ observe「～を観察する」
⑤ appear「～のように思われる，～のように見える」

(3) suggest「～を提案する」
① speak「話す，演説する」 ② talk「(ある事柄について) 話す」
③ propose「～を提案する」 ④ consent「同意する，承諾する」
⑤ support「～を支える，扶養する，～を支持する」

(4) notion「(～についての) 考え，意見，観念」
① conception「考え，概念，観念」「idea」も同意語
② story「話，物語」 ③ tale「昔話，おとぎ話」
④ terror「恐怖，恐ろしいもの (人)」 ⑤ intention「意思」

2 (1)—⑤ (2)—① (3)—③

(1) ample「十分な，十分すぎるほどの」
① poor「貧しい，かわいそうな」 ② fine「立派な，元気な」
③ moderate「適度な，穏健な」 ④ thick「厚い，太い」
⑤ plenty of「たくさんの，十分すぎるほどの」「sufficient」も同意語

(2) breed「種類，品種，系統」
① kind「種類，性質，本質」 ② breath「息，呼吸」
③ organ「器官，機関」 ④ doctrine「教義，主義」
⑤ field「畑，牧草地，競技場」

(3) rude「粗暴な，荒々しい，失礼な，下品な」
① polite「ていねいな，上品な」 ② notorious「悪名高い」
③ violent「乱暴な，激しい」 ④ apparent「明白な」
⑤ bashful「内気な」「bashful」の同意語は「shy」

TEST 3

実 1　次の英単語の意味に最も近いものを 1 つ選びなさい。

(1) property

① money　② income　③ wealth
④ health　⑤ poverty

(2) involve

① surround　② gather　③ withdraw
④ entangle　⑤ invent

(3) obscure

① voluntary　② tender　③ ambiguous
④ modest　⑤ sanitary

(4) ponder

① attempt　② consider　③ design
④ plan　⑤ constitute

実 2　次の英単語の意味に最も近いものを 1 つ選びなさい。

(1) substance

① material　② evidence　③ existence
④ testimony　⑤ exhibition

(2) elemental

① natural　② fundamental　③ underground
④ satisfactory　⑤ promising

(3) flee

① fly　② flow　③ rush
④ escape　⑤ charge

ANSWER 3

1 (1)—③ (2)—④ (3)—③ (4)—②

(1) property「財産，資産」
① money「金，金銭，貨幣」 ② income「収入，所得」
③ wealth「富，財産」 ④ health「健康，健康状態」
⑤ poverty「貧乏，欠乏」

(2) involve「～を巻き込む，～と関係させる」
① surround「取り囲む，取り巻く」 ② gather「～を集める」
③ withdraw「～を引っ込める」 ④ entangle「～を巻き込む」
⑤ invent「～を発明する，～をでっちあげる」

(3) obscure「明りょうでない，あいまいな，はっきりしない」
① voluntary「自発的な」 ② tender「柔らかい，優しい」
③ ambiguous「あいまいな，多義的な」 ④ modest「謙虚な」
⑤ sanitary「衛生の，公衆衛生の」

(4) ponder「よく考える，熟考する」
① attempt「～を企てる」 ② consider「よく考える」
③ design「～をデザインする，～を設計する」 ④ plan「～を計画する」
⑤ constitute「～を構成する，～を制定する」

2 (1)—① (2)—② (3)—④

(1) substance「物質，内容，実質」
① material「物質，材料，原料」 ② evidence「証拠，根拠」
③ existence「存在，生存」 ④ testimony「証言，証明」
⑤ exhibition「展覧会，展示」

plus material は「使用を目的とした特定の物質，すなわち原料」の意味。substance は「物質の本質的構成物」の意味。

(2) elemental「基本的な，根本的な」
① natural「自然の，当然の」 ② fundamental「基本的な，根本的な」
③ underground「地下の，秘密の」 ④ satisfactory「十分の，満足な」
⑤ promising「前途有望な，見込みのある」

(3) flee「逃げる，避難する」
① fly「飛ぶ，飛行機で行く」 ② flow「流れる，(潮が) 満ちる」
③ rush「突進する，急いでする」 ④ escape「逃げる，(ガスなどが) もれる」
⑤ charge「～を請求する，～をクレジットカードなどで支払う」

TEST 4

実 1 次の英単語の意味に最も近いものを 1 つ選びなさい。

(1) extinguish
① put out ② disappear ③ put off
④ revolve ⑤ desert

(2) continue
① perform ② carry on ③ carry out
④ fulfill ⑤ emigrate

(3) vocational
① occasional ② perpendicular ③ academic
④ benevolent ⑤ occupational

(4) celebrated
① zealous ② countable ③ well-known
④ anonymous ⑤ tremendous

実 2 次の英単語の意味に最も近いものを 1 つ選びなさい。

(1) workable
① irrational ② considerable ③ manual
④ portable ⑤ practicable

(2) figure out
① understand ② classify ③ yield
④ discover ⑤ operate

(3) look up to
① despise ② deliver ③ concentrate
④ respect ⑤ encourage

ANSWER 4

1 (1)―① (2)―② (3)―⑤ (4)―③

(1) extinguish「(火などを) 消す,(希望などを) 失わせる」
① put out「(火・明かりを) 消す」 ② disappear「見えなくなる」
③ put off「～を延期する」 ④ revolve「回転する」
⑤ desert「(家族・職務などを) 捨てる」
plus put off dismissing her「彼女の解雇を延期する」
put off = postpone (延期する)
(2) continue「～を続ける,～を継続する」
① perform「～を行う,果たす」 ② carry on「～を続ける」
③ carry out「～を実行する」 ④ fulfill「～を果たす,～を実現する」
⑤ emigrate「(他国へ) 移住する」
(3) vocational「職業の」
① occasional「ときどきの」 ② perpendicular「垂直の,直立の」
③ academic「学園の,学問の」 ④ benevolent「慈悲深い」
⑤ occupational「職業の,職業に関係のある」
(4) celebrated「名高い,有名な」
① zealous「熱心な,熱狂的な」 ② countable「数えられる」
③ well-known「よく知られている,有名な」 ④ anonymous「匿名の」
⑤ tremendous「すさまじい,恐ろしい」

2 (1)―⑤ (2)―① (3)―④

(1) workable「(計画などが) 実行できる,(機械などが) 使用できる」
① irrational「不合理な,分別のない」 ② considerable「かなりの」
③ manual「手の,手でする」 ④ portable「携帯用の」
⑤ practicable「(計画などが) 実行可能な,(道具などが) 実際に使える」
(2) figure out「～を理解する,解決する (= solve)」
① understand「～を理解する」 ② classify「分類する」
③ yield「～を産する,～を明け渡す」 ④ discover「～を発見する」
⑤ operate「(機械などが) 動く,作用する」
(3) look up to「～を尊敬する」
① despise「～を軽蔑する」 ② deliver「～を配達する」
③ concentrate「集中する」 ④ respect「～を尊敬する」
⑤ encourage「～を勇気づける,～を奨励する」

TEST 5

実 [1] 次の英単語の意味に最も近いものを 1 つ選びなさい。

(1) measure

① contract　② adjust　③ conform
④ estimate　⑤ anticipate

(2) obstacle

① obsession　② battle　③ obstruction
④ disaster　⑤ cluster

(3) intelligent

① precious　② sensible　③ careful
④ generous　⑤ healthful

(4) trait

① tolerance　② diversity　③ intimacy
④ characteristic　⑤ astonishment

実 [2] 次の英単語の意味に最も近いものを 1 つ選びなさい。

(1) remove

① put away　② bring about　③ turn out
④ take off　⑤ look forward to

(2) marvel(l)ous

① crazy　② amusing　③ believable
④ proficient　⑤ improbable

(3) continuously

① distinctly　② nearly　③ incessantly
④ occasionally　⑤ through

ANSWER 5

1 (1)―④ (2)―③ (3)―② (4)―④

(1) measure「～を測る，(人などを) 評価する」
① contract「契約する」 ② adjust「調節する」
③ conform「従う，順応する」 ④ estimate「見積もる，評価する」
⑤ anticipate「～を予期する，～を先取りする」
(2) obstacle「障害（物）」
① obsession「(妄想などに) 取りつかれること」 ② battle「戦闘」
③ obstruction「障害（物）」 ④ disaster「大災害，惨事」
⑤ cluster「密集した群れ，集団」
(3) intelligent「知能の高い，頭のよい」
① precious「高価な，大事な」 ② sensible「分別のある」
③ careful「注意深い，用心深い」 ④ generous「気前のよい」
⑤ healthful「健康によい，健全な」
(4) trait「特性，特質」
① tolerance「寛容，寛大」 ② diversity「多様性，変化」
③ intimacy「親密，親交」 ④ characteristic「特性，特質」
⑤ astonishment「驚き」

2 (1)―④ (2)―⑤ (3)―③

(1) remove「～を脱ぐ，～を解任する」
① put away「～を片づける」 ② bring about「引き起こす」
③ turn over「～をひっくり返す」 ④ take off「～を脱ぐ」
⑤ look forward to「～を楽しみに待つ」
plus 口語では,「～を脱ぐ」を表現する場合,「remove」よりも,「take off」が一般に使われる。
(2) marvel (l) ous「すばらしい，驚くべき，不思議な」
① crazy「正気でない，愚かな」 ② amusing「おもしろい，おかしい」
③ believable「信用できる」 ④ proficient「熟練した」
⑤ improbable「ありそうもない，起こりそうもない」
(3) continuously「連続的に」
① distinctly「はっきりと，疑いもなく」 ② nearly「ほとんど」
③ incessantly「間断なく，ひっきりなしに」 ④ occasionally「ときどき」
⑤ through「通り抜けて，すっかり，まったく（＝ completely)

英　会　話

スマートチェック

★英語の慣用的表現

□ I'm going to ～　～に行くところです。
I'm going to the office.　会社に行くところです。

□ Won't you ～？　～しませんか。
Won't you come with me？　私と一緒に来ませんか。

□ How about ～？　～はどうですか。
How about playing tennis next week?　来週テニスをすることについてはどうですか。

□ Can I have a ～？　～をお願いします。
Can I have a coffee？　コーヒーをお願いします。

□ This is ～　人を紹介するとき，電話で自分のことをいうとき
This is Hiroshi.　こちらはヒロシです。(紹介)
This is Hiroshi.　ヒロシですが。(電話)

□ How do you like ～？　～はいかがですか。～をどう思いますか。
How do you like Japan？　日本はいかがですか。

□ You don't have to ～　～する必要はありません。
You don't have to worry.　心配する必要はありません。

□ What's the matter〔with you〕？　どうしましたか。
What's wrong〔with you〕？　どうしましたか。
→ I caught a cold.　かぜをひきました。

□ Who is your favorite ～？　大好きな～は誰ですか。
Who is your favorite writer？　大好きな作家は誰ですか。

☐ **What do you think of ～?　～をどう思いますか。**

What do you think of his singing?　彼の歌をどう思いますか。

→ I think it's very good.　とてもすばらしいと思います。

☐ **Please ＋ 一般動詞 ～　～してください。**

Please don't make a noise.　音を立てないでください。

☐ **How far is ～ from here?　ここから～までどれくらいですか。**

How far is the bank from here?　ここから銀行までどれくらいですか。

☐ **It's kind of you to ～　～していただいてありがとう。**

It's kind of you to help me.　お手伝いいただいてありがとう。

☐ **I'm not interested in ～　私は～に興味はありません。**

I'm not interested in sports.　私はスポーツに興味はありません。

☐ **Whose ～ is that ?　あれは誰の～ですか。**

Whose car is that?　あれは誰の車ですか。

→ It's Mr.Takahashi's.　タカハシさんの車です。

☐ **What's your ～?　あなたの～は何ですか。**

What's your occupation?　あなたの職業は何ですか。

☐ **Can you ～?　～してくれませんか。**

Can you lend me an umbrella?

かさを貸していただけませんか。

☐ **What time does this train leave?　この列車は何時に出発しますか。**

→ At 8:30.　8時30分です。

☐ **Which ～ is yours?　どの～があなたのですか。**

Which baggage is yours?　どの荷物があなたのですか。

TEST 1

実 ◎　次の文の＿＿線部に入るものを１つ選んで，会話を完成させなさい。

1　A：My desk is old. I want to get a new one. Where should I go?
B：＿＿＿＿＿＿＿＿＿＿

ア：To a bookstore.
イ：To a tailor.
ウ：To a railway station.
エ：To a department store.
オ：To a restaurant.

2　A：Risa usually plays the piano for about an hour everyday. How long does she play the piano in a week?
B：＿＿＿＿＿＿＿＿＿＿

ア：About one hour.
イ：About three hours.
ウ：About five hours.
エ：About seven hours.
オ：About ten hours.

3　A：Who was on the phone, Masaru?
B：＿＿＿＿＿＿＿＿＿＿

ア：I'll call again later.
イ：It was Yukio, a friend of yours.
ウ：I couldn't hear Yukio.
エ：Yukio put it on the phone.
オ：I telephoned Yukio half an hour ago.

4　A：How often do you wash your face in a day?
B：＿＿＿＿＿＿＿＿＿＿

ア：Yes, of course.
イ：Before breakfast.
ウ：Two times.
エ：About ten minutes.
オ：I have no interest.

ANSWER 1

1 エ

A：私の机は古いので，新しい机が欲しい。どこに行くべきか。

ア：本屋　イ：洋服屋　ウ：駅

エ：デパート　オ：レストラン

2 エ

A：リサは毎日約1時間ピアノをひいている。彼女は1週間に何時間ピアノをひいているか。

ア：約1時間　イ：約3時間　ウ：約5時間

エ：約7時間　オ：約10時間

3 イ

A：マサル，電話に出ていたのは誰でしたか。

ア：また後でかけ直します。

イ：あなたの友達のユキオでした。

ウ：ユキオの電話が聞こえなかった。

エ：ユキオはそれを電話で話した。

オ：私が30分前，ユキオに電話した。

4 ウ

A：あなたは1日に何回顔を洗いますか。

ア：はい，もちろんです。

イ：朝食の前です。

ウ：2回です。

エ：約10分です。

オ：関心ありません。

TEST 2

実 ◎ 次の文の____線部に入るものを１つ選んで，会話を完成させなさい。

1 A：I'm sorry, I kept you waiting this morning.
B：________________

ア：Never mind, I called on you this morning.
イ：No problem, I'm not sleepy.
ウ：That's all right. I had plenty to do.
エ：Don't mention it. There's a phone call for you.
オ：Go ahead, I don't mind waiting this morning.

2 A：How long does it take to go from Tokyo to Osaka by Shinkansen?
B：________________

ア：Very far.
イ：Very fast.
ウ：Five hundred kilometers an hour.
エ：About three hours.
オ：This afternoon.

3 A：Do you mind if I leave here after supper?
B：________________

ア：Of course not.
イ：Yes, as you like.
ウ：You are welcome.
エ：Certainly, with pleasure.
オ：I'm glad to hear that.

4 A：How are you going to spend this vacation?
B：________________

ア：I climbed Mt.Aso last summer.
イ：I'm going to climb Mt.Aso.
ウ：I don't need to talk to anybody about this.
エ：I'm going to go there by bicycle.
オ：I like summer vacation the best.

ANSWER 2

1 ウ

A：今朝，あなたをお待たせしてしまい，すみませんでした。
ア：気にしないで下さい。今朝，私はあなたを訪問しました。
イ：大丈夫です。私は眠くありません。
ウ：いいんです。私はすることがたくさんありましたから。
エ：いいんです。あなたに電話です。
オ：さあどうぞ。今朝は待つのは平気ですから。

2 エ

A：新幹線で東京から大阪までどのくらいかかりますか。
ア：とても遠いです。　イ：とても速いです。
ウ：時速 500 キロです。　エ：約３時間です。
オ：今日の午後です。

3 ア

A：夕食後，ここを出てもかまいませんか。
ア：もちろん，いいですよ。
イ：お好きなように。
ウ：どういたしまして。
エ：確かに，喜んで。
オ：それはよかった。

4 イ

A：今度の休暇はどのように過ごすつもりですか。
ア：昨年の夏，阿蘇山に登りました。
イ：阿蘇山に登るつもりです。
ウ：私はこのことを誰にも相談する必要はない。
エ：私はそこに自転車で行くつもりです。
オ：私は夏休みが最も好きです。

TEST 3

実 ◎ 次の文の＿＿線部に入るものを１つ選んで，会話を完成させなさい。

[1] A：You are one of our regular customers. Just pay next time.
B：＿＿＿＿＿＿＿＿＿＿＿＿

ア：Yes,I know. I'm sorry, but I lost your name.
イ：Oh really ? Your restaurant must be crowded right now.
ウ：Because I'm a stranger here myself.
エ：Don't be emotional, please.
オ：Thank you. I was sure I had my wallet with me.

[2] A：I'm going to the supermarket.
B：Could you get me a few things, please ?
A：＿＿＿＿＿＿＿＿＿＿＿＿
B：OK. I'll give you a list.

ア：I'm sorry. I'll have too much to carry.
イ：Why don't you choose them yourself ?
ウ：I will, if you tell me what you want.
エ：Is there anything else you want ?
オ：Please fax me your rough estimate.

[3] A：Can I take books out of this library ?
B：If you live in this city, you can.
A：I do.
B：＿＿＿＿＿＿＿＿＿＿＿＿

ア：In that case, you must move here.
イ：Then you can read them here any time.
ウ：In that case, you don't have to go at once.
エ：In that case, I'm afraid you can't.
オ：Then you just have to fill out this card.

ANSWER 3

1 オ

A：あなたはこの店の常連客です。次にお越しの際にまとめてお支払い下さい。
　ア：はい，わかっています。すみませんが，あなたの名前を忘れました。
　イ：そうですか。あなたのレストランは今混んでいるでしょう。
　ウ：なぜなら，私はこのあたりは初めてです。
　エ：感情的にならないで下さい。
　オ：ありがとう。確かに，財布を持って来たつもりだったが。

2 ウ

A：スーパーへ行くつもりです。
B：どうか，2，3品買って来てもらえませんか。
　ア：すみません。荷物が多すぎて持てません。
　イ：あなたがそれらを自分でなぜ選ばないのですか。
　ウ：欲しい品を言ってくれれば，私が買ってきましょう。
　エ：他に何か欲しい物はありますか。
　オ：概算の見積りをファックスして下さい。
B：はい，リストを渡しますね。

3 オ

A：この図書館から本を持ち出してもよいですか。
B：もしあなたがこの町に住んでいれば，かまいません。
A：住んでいます。
　ア：その場合，あなたはここへ移住しなくてはなりません。
　イ：では，あなたはいつでもここで本を読むことができます。
　ウ：その場合，あなたはすぐに行く必要はありません。
　エ：その場合，あなたは持ち出しはできないと思います。
　オ：では，このカードに記入するだけで結構です。
㊟ fill out「記入する」

空欄補充

スマートチェック

★重要な英熟語，これだけは覚えておこう！！

□ take part in ～　　～に参加する

At school, I took part in various sports.
（学生時代，私はいろいろなスポーツに参加した。）

□ be similar to ～　　～に似ている

Your watch is similar to mine in shape and color.
（あたなの時計は型も色も私の時計に似ている。）

□ one ～ the other …　　一方は～，他方は…

One is a Japanese doll, and the other is a French doll.
（１つは日本人形で，もう１つはフランス人形です。）

□ no longer ～　　もはや～ない

You are no longer young.
（あなたはもう若くない。）

□ make it a rule to ～　　～するのが習慣である

I make it a rule to go to bed early.
（私は早く寝ることにしている。）

□ cannot help ～ ing　　～せずにいられない

I cannot help admiring his courage.
（私は彼の勇気を賞賛せざるをえない。）

□ prevent ～ from … ing　　～が…できないようにする

Illness prevented me from going to school.
（私は病気のために学校にいけなかった。）

☐ anything but ～　　少しも～でない

He is anything but a brain worker.

（彼は決して頭脳労働者ではない。）

☐ have one's（own）way　　思いどおりにする

You cannot have your way in everything.

（あなたは何でも思いどおりにするわけにはいかない。）

☐ as ～ as possible　　できるだけ～

（as ～ as … can）

Hiroshi ran as fast as possible.

Hiroshi ran as fast as he could.

（ヒロシはできるだけ速く走った。）

☐ used to ～　　よく～したものだ

Grandfather used to tell good jokes.

（祖父はよく面白い冗談を言ったものだ。）

☐ may well ～　　～するのはもっともだ

Naomi may well complain of her husband.

（ナオミが夫の不平を言うのはもっともだ。）

☐ by no means　　決して…ない

It is by no means easy to satisfy everyone.

（すべての人を満足させるのは決して容易ではない。）

☐ a large number of ～　　多数の～

The terminal was thronged with a large number of commuters.

（ターミナルは大勢の通勤客でごったがえした。）

☐ speak ill of ～　　～の悪口を言う

I was brought up never to speak ill of others.

（他人の悪口を言わないようにしつけられた。）

□ may as well ～　　～するほうがよい

You may as well keep it a secret.
(それは秘密にしておいたほうがよい。)

□ so ～ as to …　　…するほど～だ

The driver was so fortunate as to escape death.
(運転していた人は幸運にも死を免れた。)

□ in short　　要するに

The man, in short, is not be trusted.
(要するに，その男は信用できない。)

□ some ～ others …　　～するものもあれば，…するものもある

Some enjoy swimming, and others enjoy playing tennis.
(水泳を楽しむものもいれば，テニスを楽しむものもいる。)

□ not so much ～ as …　　～よりもむしろ…

He is not so much a genius as a man of diligence.
(彼は天才というよりもむしろ勤勉の人である。)

□ be dependent on (upon) ～　　～しだいである

Promotion is dependent on the way you do your work.
(昇進は君の仕事のやり方しだいである。)

□ by oneself　　(一人で，一人ぼっちで，独力で)

My grandmother lived by herself.
(祖母は一人で暮らしていた。)

□ no more ～ than …　　～でないのは…でないのと同じだ

A whale is no more a fish than a horse is.
(鯨が魚でないのは馬が魚でないのと同じだ。)

□ in some way or other　　どうにかして

I helped the girl in some way or other.
(私はどうにかしてその少女を助けた。)

□ be worthy of ～　～に値する

His brave action is worthy of a medal.
(彼の勇敢な行為は勲章に値する。)

□ look into ～　～を調べる

The police are looking into the incident.
(警察がその事件を調べている。)

□ neither ～ nor …　～でも…でもない

Neither you nor he is wrong.
(君も彼も悪くない。)

□ A is to B what C is to D
A と B の関係は C の D の関係と同じだ

Reading is to the mind what exercise is to the body.
(読書と精神の関係は，運動と身体の関係と同様である。)

□ far from ～　～どころではない，少しも～ではない

The building is far from completion.
(その建物は完成にはほど遠い。)

□ remind ～ of …　～に…を思い出させる

He reminds me of his brother.
(彼を見ると，彼の弟を思い出す。)

□ whether ～ or …　～であろうと……であろうと

Whether the news is true or false, I won't change my plan.
(そのニュースが本当であろうとうそであろうと，私は計画を変えない。)

□ be engaged in ～　～に従事している

He is engaged in medical research.
(彼は医学研究に従事している。)

TEST 1

実 ◎ 次の英文の空欄に入るものを１つ選びなさい。

1 I want you to carry (　　) what you once promised.

ア on　　イ out　　ウ with
エ up　　オ in

2 She gave (　　) her attempt without a word.

ア at　　イ by　　ウ up
エ on　　オ of

3 I am afraid (　　) making mistakes.

ア from　　イ in　　ウ for
エ of　　オ to

4 I was very tired, (　　) I didn't go out.

ア for　　イ and　　ウ or
エ but　　オ so

5 Can you speak either French (　　) German?

ア or　　イ and　　ウ nor
エ but　　オ as

6 My little brother is looking (　　) to meeting you.

ア above　　イ through　　ウ across
エ forward　　オ with

7 Hide the picture lest he (　　) see it.

ア would　　イ should　　ウ could
エ might　　オ must

ANSWER 1

1 イ

(一度約束したことは履行してもらいたい。)

carry out　実行する，履行する

carry out = perform, fulfill

2 ウ

(彼女はひと言も言わずにその企てをあきらめた。)

give up　断念する

give up = abandon

3 エ

(私は失敗するのを恐れています。)

be afraid of ～　～を恐れる

4 オ

(私はとても疲れていて，だから外出しなかった。)

この場合の「so」は，「結果」を表す。

5 ア

(あなたはフランス語かドイツ語のどちらかを話せますか。)

either ～ or …　～か…かどちらか一方

6 エ

(弟はあなたに会うのを楽しみにしている。)

look forward to ～　～を楽しみにしている

7 イ

(彼に見られないようにその写真をかくしなさい。)

lest ～ should…　…しないように～

TEST 2

実 ◎ 次の英文の空欄に入るものを１つ選びなさい。

1 When we Japanese go to (　　) countries, we usually use planes.

ア native　イ next　ウ foreign
エ home　オ relative

2 Oil has (　　) an important part in a progress of civilization.

ア gone　イ kept　ウ made
エ played　オ taken

3 Masao was (　　) an interesting program on TV in his room.

ア taking　イ watching　ウ looking
エ seeing　オ sighting

4 This kind of books are not much in (　　) now a days.

ア need　イ want　ウ demand
エ supply　オ shortage

5 Out of all the students, only three spoke (　　) the plan.

ア in search of　イ for want of　ウ in honor of
エ in company with　オ in favor of

6 What is the main language (　　) in Malaysia?

ア speaking　イ spoken　ウ to be spoken
エ having spoken　オ being spoken

7 It's very (　　) for us to play on a busy street.

ア careful　イ different　ウ dangerous
エ nice　オ terrible

ANSWER 2

1 ウ

(私たち日本人が外国へ行くときは，通常飛行機を使う。)

2 エ

(石油は文明の発達の過程において，重要な役割を演じてきた。)

play a part　役割を演じる

3 イ

(マサオは自分の部屋でおもしろいテレビ番組を見ていた。)

テレビを見る場合には「watch」を使う。

4 ウ

(この種の本は今あまり読まれていない。)

in demand　需要のある

5 オ

(すべての学生の中で，３人だけが計画に賛成した。)

in search of ～　～を探し求めて

for want of ～　～がないために，～が不足して

in honor of ～　～に敬意を表して

in company with ～　～と一緒に

in favor of ～　～に賛成して

6 イ

(マレーシアで主に話されている言語は何ですか。)

受身になるため「spoken」が入る。

7 ウ

(交通の激しい路上で遊ぶことはとても危険である。)

Be careful of that corner.（あの角のところは気をつけなさい。)

TEST 3

実 ◎ 次の英文の空欄に入るものを１つ選びなさい。

1 When we have a toothache, we usually go to see a (　　).

ア dentist　イ craft　ウ teacher
エ farmer　オ carpenter

2 We haven't heard (　　) news lately.

ア few　イ more　ウ many
エ much　オ large

3 They are not (　　) taking bribes.

ア ashamed　イ thinking　ウ concerned
エ behind　オ above

4 Go up the 7th (　　) on the escalator, please.

ア base　イ floor　ウ block
エ ceiling　オ story

5 A room that is used for cooking is a (　　).

ア bedroom　イ classroom　ウ kitchen
エ restaurant　オ living room

6 This meat needs far more cooking, it is almost (　　).

ア raw　イ live　ウ material
エ fresh　オ natural

7 When I got home from my week-long trip, all the flowers in the garden (　　) dead.

ア is　イ was　ウ were
エ has been　オ had

ANSWER 3

1 ア

(歯が痛んだときには，歯医者に行く。)

2 エ

(私たちは最近ニュースをあまり聞かない。)
「news」は数えられない名詞である。

3 オ

(彼らは賄賂を受け取ることを何とも思っていない。)
他は，「be ashamed of ～」「be thinking of ～」「be concerned about ～」の形で使われる。

4 イ

(エスカレーターで7階までお上がりください。)
「story」は「～階建ての」のように建物の高さを示すことが多い。したがって，「ある階」を示す場合には「floor」を使う。

5 ウ

(調理に使われる部屋は台所である。)

6 ア

(この肉は生だからもっと焼かなければならない。)
「fresh」は「新鮮な」。「natural」は「自然な」。

7 ウ

(1週間の旅行から帰ったとき，庭の花はすべて枯れていた。)
「all＋複数名詞」は複数扱いとなる。
また，**エ**は次のように使う。
She has been dead for three years.
(彼女が死んでから3年になる。)

英　作　文

スマートチェック

★基本的構文

□「～のしかた」→「how to ～」

I don't learn how to use it.

（私はその使い方を習っていない。）

□「いくつ～」（数）→「How many ～?」

How many brothers do you have?

（兄弟は何人ですか。）

□「いくら～」（量）→「How much ～?」

How much is this watch?

（この時計はいくらですか。）

□「たとえ～でも」→「even if ～」

Even if he said so, you need not believe him.

（たとえ彼がそう言っても，君は彼を信じる必要はない。）

□「～と同じくらい…」→「as … as ～」

My dog is as big as that one.

（私の犬はあの犬と同じくらいの大きさです。）

□「～せざるをえない」→「cannot help ～ ing」

Under the circumstances, we cannot help accepting his offer.

（この事情では，彼の申し出を受けないわけにはいかない。）

□「必ずしも～でない」→「not always ～」

It isn't always cold here.

（ここがいつも寒いとは限らない。）

□「〜してもよい」→「may 〜」

You may watch TV after dinner.
(夕食後，テレビを見てもよい。)

□「〜することは…である」→「it … to 〜」

It is wrong to tell a lie.
(うそをつくのはよくない。)

□「〜へ行ったことがある」
「〜へ行ってきたところです」→「have been to 〜」

I have been to Nagoya several times.
(私は名古屋へ数回行ったことがある。)

I have just been to the city.
(私はちょうどその町へ行ってきたところです。)

□「〜してくださいませんか」→「Would you mind −ing 〜？」

Would you mind opening the window a little?
(窓を少し開けていただけないでしょうか。)

□「〜したほうがよい」→「had better 〜」

He had better lose some weight quickly (early).
(彼は早いところ体重を減らしたほうがよい。)

□「〜以来…」→「It is (It has been) … since 〜」

It is (It has been) seven years since she left for the United states.
(彼女がアメリカへ行ってから７年になります。)

□「〜ですね」→「〜，isn't it？」

That is your car, isn't it？
(あれはあなたの車ですね。)

They weren't kind, were they？
(彼らは親切ではありませんでしたね。)

□「1杯のコーヒー」→「a cup of coffee」

Please give me a cup of coffee.
(コーヒーを1杯下さい。)

○1杯のお茶…………………… a cup of tea
○1杯の水……………………… a glass of water
○1枚の紙……………………… a piece (sheet) of paper
○1切れ(1個)のパン……… a slice (loaf) of bread
○2さじの塩…………………… two spoonfuls of salt

□「～ほど…でない」→「not as (so) …as ～」

She is not as (so) young as she looks.
(彼女は見かけほど若くない。)

□「ほかのどの～より…」→「比較級＋ than any other ～」

This is better than any other watch in the shop.
(これはその店のほかのどの時計よりも上等である。)

□「～のために」→「because of ～」

I didn't go out because of the rain.
(私は雨のために外出しなかった。)

because of ～ ＝ owing to ～ ＝ on account of ～

□「～することは…である」→「it … that ～」

It is natural that the students should study.
(学生が勉強するのは当然である。)

□「～するのに…かかる」→「It takes … to ～」

It took five years to build the bridge.
(その橋を建設するのに5年かかった。)

□「～らしい」→「seem to ～」

The man seems to know the secret.
(その男は秘密を知っているようだ。)

□「とても～なので…」→「so ～ that …」

The earth is so dirty that it is slowly dying.
(地球はとても汚れているので，ゆっくり死につつある。)

□「～すればするほど，ますます…」→「the ＋比較級～，the ＋比較級…」

The fatter you get, the slower you are in action.
(太れば太るほど，動作は鈍くなるものだ。)

□「なんと～でしょう」→「what ＋ a（an）＋形容詞＋名詞＋主語＋動詞！」「How ＋形容詞（副詞）＋主語＋動詞！」

What a beautiful flower this is !
(これはなんと美しい花でしょう。)
How beautiful this flower is !
(この花はなんと美しいのでしょう。)

□「～同様，…も」→「… as well as ～」

He has experience as well as knowledge.
(彼は知識があるばかりか，経験もある。)

□「まるで～のように」→「as if ～」

She looks as if she knew everything about it.
(彼女はそれについて，何でも知っているようにみえる。)

□「～という話だ」→「I hear ～」

I hear he was once a teacher.
(彼はかつて先生だったという話だ。)

□「次々と」→「one after another」

Taxi left one after another.
(タクシーが次々と出ていった。)

□「～してよろしいですか」→「Could I ～？」

Could I borrow this ?
(これをお借りしてよろしいですか。)

TEST 1

実 ◎ 次のそれぞれの日本文の意味を最もよく表している英文を１つ選びなさい。

1 びんの中には少ししかインクがない。

ア There are a few ink in the bottle.
イ There are few inks in the bottle.
ウ There is a little ink in the bottle.
エ There are little inks in the bottle.
オ There is little ink in the bottle.

2 君がどんなに金持ちでも，働かなければならない。

ア However rich you will be, you must work.
イ However rich you might be, you must work.
ウ No matter how rich you may be, you must work.
エ No matter how rich you will be, you must work.
オ No matter how a rich you are, you must work.

3 私は以前，彼に会ったことがあるのを覚えている。

ア I remember I see him before.
イ I remember having seen him before.
ウ I remembered having seen him before.
エ I remembered I had seen him before.
オ I remembered having seen him before.

ANSWER 1

1 オ

インクは数えることができない名詞であるので，「little」を用いる。一方，数えられる名詞の場合には「few」を用いる。

びんの中に少しのインクがある。

→ There is a little ink in the bottle.

びんの中に少ししかインクがない。

→ There is little ink in the bottle.

机の上に少しのエンピツがある。

→ There are a few pencils on the desk.

机の上に少ししかエンピツがない。

→ There are few pencils on the desk.

㊟「few」の場合，複数形を用いる。

2 ウ

however = no matter how

どんなに～しても　　however ～ may

= no matter how ～ may

したがって，次の英文が正しいものとなる。

No matter how (= However) rich you may be (or are), you must work.

3 イ

完了形の動名詞は主節の動詞より前の時制を示す。したがって，次のように書き換えることができる。

I remember having seen him before.

= I remember I have seen (saw) him before.

なお，

I remembered having seen him before.

= I remembered I had seen him before.

私はそれまでに，彼に会ったことがあるのを覚えていた。

TEST 2

実 ◎ 次のそれぞれの日本文の意味を最もよく表している英文を１つ選びなさい。

1 君は明日は家にいなければならないでしょう。

ア You will stay at home tomorrow.
イ You shall stay at home tomorrow.
ウ You will have to stay at home tomorrow.
エ You shall have to stay at home tomorrow.
オ You had to stay at home tomorrow.

2 あの人が死んでから５年になります。

ア The man was dead before five years.
イ The man has been dead for five years.
ウ Five years passed since the man died.
エ Five years has passed since the man was dead.
オ It is five years since the man was dead.

3 ここから駅まで約 500 メートルあります。

ア It is 500 meters from here to the station.
イ The distance from here to the station is 500 meters.
ウ We have 500 meters between here and the station.
エ The station is 500 meters out from here.
オ We takes 500 meters from here to the station.

ANSWER 2

1 ウ

「Will have to」「～しなければならないだろう」

must には未来形はないので，「～しなければならない」は「have to ～」で表すことになる。

また，「家にいる」は「stay at home」，「～しなければならなかった」は「had to ～」を使う。

私は電車で帰って来なければならなかった。

I had to come back by train.

2 イ

この文の場合，主語として次の３つが使える。

「the man」「five years」「it（時を表す）」

「the man」を主語としたとき，「dead」という形容詞を用いなければならない。

「five years」「it」を主語としたとき，「die」という動詞を用いなければならない。

また，「five years」の場合，「pass」を使う。

したがって，正しい英文は，「Five years has passed since the man died.」「It is five years since the man died.」となる。また，「It has been five years since the man died.」も正しい。

3 ア

この場合，主語として「it」を用いるのが最もよいが，「the distance」「The station」も主語となりえる。この場合，正しい英文は次のようになる。

・The distance between here and the station is 500 meters.

・The station is 500 meters away from here.

TEST 3

実 ◎ 次のそれぞれの日本文の意味を最もよく表している英文を１つ選びなさい。

1 春，夏，秋の中でどれが一番好きですか。

ア Which do you like best, spring, summer or autumn ?
イ Which do you like better, spring, summer or autumn ?
ウ Which do you like best, spring, summer and autumn ?
エ Which will you like better, spring, summer or autumn ?
オ Which season do you like in spring, summer and autumn ?

2 この写真を見ると，楽しかった昔のことを思い出す。

ア This picture reminds me upon the good old days.
イ When I saw this picture, I remembered the good old days.
ウ This picture don't prevented me from remembering the good old days.
エ I can't see this picture without remembering the good old days.
オ This picture brings me back the good old days.

3 私はそれにたった 500 ドルしか払っていない。

ア I paid no less than 500 dollars for it.
イ I paid not less than 500 dollars for it.
ウ I paid no more than 500 dollars for it.
エ I paid not more than 500 dollars for it.
オ I paid as many as 500 dollars for it.

ANSWER 3

1 ア

「どちらが，どちらを～」の場合，Which を用いる。

Which is more difficult, English or Mathematics ?
(英語と数学ではどちらが難しいですか。)

また，「どちらの～」の場合も，Which を用いる。

Which book will you choose ?
(あなたはどちらの本を選びますか。)

2 エ

この場合，主語を「人」にしても，「この写真」という無生物にしてもよい。後者の場合の正しい英文は次の通りである。

The picture reminds me of the good old days.

「remind A of B」→「A に B を思い出させる」

・That story reminds me of what my father used to say.
(その話を聞くと，父がよく言っていたことを思い出す。)

「prevent A from B」→「A が B をできないようにする」

・Illness prevented me from going out.
(病気のため，外出できなかった。)

3 ウ

・no more than ～　たった～だけ（少ないことを強調する）

・no less than ～　～も（多いことを強調する）

I paid no less than 500 dollars for it.
(私はそれに 500 ドルも支払った。)

・not less than ～　少なくとも～

I paid not less than 500 dollars for it.
(私はそれに少なくとも 500 ドルは支払った。)

・not more than ～　多くとも～

I paid not more than 500 dollars for it.
(私はそれに多くとも 500 ドルしか支払っていない。)

CHECK !

★覚えておきたい英単語

- □ nuclear disarmament　核軍縮
- □ military invasion　軍事侵攻
- □ fighter aircraft　戦闘機
- □ international conflict　国際紛争
- □ territorial issue　領土問題
- □ racial discrimination　人種差別
- □ prime minister　首相
- □ constitutional revision　憲法改正
- □ coalition government　連立政権
- □ election system reform　選挙制度改革
- □ disparity in vote values　一票の格差
- □ Lower House election　衆議院選挙
- □ Upper House election　参議院選挙
- □ crypto assets　暗号資産
- □ high value of the yen　円高
- □ depreciation of the yen　円安
- □ bonds　債券
- □ exchange rate　為替レート
- □ currency devaluation　通貨切り下げ
- □ financial policy　金融政策
- □ interest rate　金利
- □ stock market　株式市場
- □ publicy traded company　上場企業
- □ market capitalization　時価総額
- □ open market operation　公開市場操作
- □ construction bond　建設国債
- □ deficit financing bond　赤字国債
- □ deregulation　規制緩和
- □ chip crunch　半導体不足
- □ acquisition　企業の買収
- □ consumer spending　個人消費
- □ duty-free store　免税店
- □ social insurance premium　社会保険料
- □ shrinking population　人口減少
- □ falling birth rate　少子化
- □ average life expectancy　平均寿命
- □ head-count reduction　人員削減
- □ health insurance card　健康保険証
- □ children on day-care waiting list　待機児童
- □ poverty rate　貧困率
- □ human rights abuse(s)　人権侵害
- □ mass shooting　銃乱射事件
- □ global warming　地球温暖化
- □ hybrid vehicle　ハイブリッドカー
- □ electric vehicle　電気自動車
- □ renewable energy　再生可能エネルギー
- □ solar power　太陽光発電
- □ greenhouse gas　温室効果ガス
- □ air pollutant　大気汚染物質
- □ heat wave　熱波，猛暑
- □ emission regulations　排ガス規制
- □ nuclear reactor　原子炉
- □ nuclear power plant　原子力発電所
- □ electric power company　電力会社
- □ industrial waste　産業廃棄物
- □ genetically modified food　遺伝子組み換え食品
- □ endangered species　絶滅危惧種

Section 7

SCOA
パーソナリティ検査の
概要と対策

SCOA SCOA SCOA SCOA SCOA SCOA SCOA SCOA SCOA SCOA SCOA SCOA SCOA SCOA SCOA SCOA SCOA SCOA SCOA SCOA SCOA SCOA SCOA SCOA

パーソナリティ検査の概要

1 パーソナリティ検査は３側面からアプローチ

SCOA のパーソナリティ検査は，受検者の適性を「気質」「性格特徴」「意欲・態度」の３側面から測定し，評価するものである。

気　質	生まれつき備わっている性格。
性格特徴	日常生活の中で，一貫して表れる行動傾向。
意欲・態度	仕事をする際に，意欲的になることができるもの。

2 気質は６つのタイプにわけて測定される

クレッチマーは「気質」を，「循環性気質」「分離性気質」「粘着性気質」の３つのタイプに分類した。そして，これら３つのタイプはさらに２つのタイプに分けることができる。

▶循環性気質

■基本的特徴　社交的で親切であり，人と接することが好きである。

●高揚タイプ

<特徴>　気分が高揚しているときは，陽気で活発である。人間関係において，潤滑油的な役割を果たす。

●執着タイプ

<特徴>　完璧主義者であり，努力家である。義理堅く，人から頼まれたことは確実に行う。

▶分離性気質

■基本的特徴　非社交的で，おとなしく，まじめである。変わり者と思われがちである。

●敏感タイプ

＜特徴＞　まじめで，繊細で，人に干渉されることなく仕事をすることを好む。

●独自タイプ

＜特徴＞　負けず嫌いで，新しいことにチャレンジしたがる。ヤル気があり，行動も大胆な面がある。

▶**粘着性気質**

■基本的特徴　几帳面で，変化を好まず，融通がきかない。約束したことは必ず守る。

●緩慢タイプ

＜特徴＞　何事も堅実で，慎重で，着実にこなす。マイペースで，信頼感がもてる。

●率直タイプ

＜特徴＞　発言が率直であり，ストレートであり，周囲から注目される。目立ちたがり屋のところがあり，地味ではない。

3　性格特徴は５つの尺度で測定される

パーソナリティ検査では，性格特徴を「向性」「情緒安定性」「理知性」「活動性」「慎重性」の５つに分けて測定し，評価する。測定は，数値「50」を中心点とし，それよりも数値がどの程度小さいか，あるいは，どの程度大きいかでそれぞれの性格特徴を明確化している。

4　意欲は５つの尺度で測定される

意欲･態度については，「リーダーシップ」「チームワーク」「計画的に行動する」「物事をなしとげる」「柔軟に思考する」の５つに分けて測定し，評価する。これについても，それぞれについて数値化し，評価を明確なものとしている。

パーソナリティ検査の回答方法

1 質問文は２種類で，質問数は合計 240 問

パーソナリティ検査は,「検査－１」と「検査－２」に分かれている。「検査－１」の質問数は 60 問,「検査－２」の質問数は 180 問である。「検査－１」が終了したら，すぐに「検査－２」に進むことになっており，標準実施時間は合計で約 35 分となっている。

	質問数	測定領域
検査－１	60 問	意欲
検査－２	180 問	気質，性格特徴

2 「検査－１」では，A と B のどちらかにマークする

「検査－１」と「検査－２」の回答方法は異なる。

「検査－１」では,「組になっている A と B の文」を比較し,“自分にあてはまるもの，あるいは自分が優先させるもの”を選択し，回答する。

〔回答例〕
(1) A. 他人の話をよく聞くことができる。
　　B. 計画どおりに物事を進めていく。

（A：塗りつぶし）　（B）

例えば，自分は「計画どおりに物事を進めていく」というより，むしろ「他人の話をよく聞くことができる」タイプと思ったら, 上記のようにAに濃くマークして塗りつぶせばよい。

また，自分は両方に，あてはまると思った場合には，その程度を考えてみるとよい。程度の測定の仕方は人それぞれであるが，例えば「他人の話をよく聞

くことができる」程度が最大で100としたら，自分は70か80か……と考えてみる。

「計画どおりに物事を進めていく」についても同様，その程度が最大で100としたら，自分は60か70か……と考えてみる。この結果，前者が80，後者が70であった場合には，Aの「他人の話をよく聞くことができる」を選べばよい。

なお，「検査－1」の選択方法で，自分独自の方法がある場合には，もちろんそれを採用して処理していけばよい。

3 「検査－2」では原則として，YかNで答える

「検査－2」の質問数は180問。1問ごとに短文が書いてあるので，短文が180個ずらりと並ぶことになる。

回答方法は，短文で書いてあることが「自分にあてはまると思う場合にはY（Yes）にマーク」し，「自分にあてはまらないと思う場合にはN（No）にマーク」する。なお，原則としてYかNで回答することになっているが，どうしても決められないときには「？」にマークすることになっている。

〔回答例〕
(1) 自分は役に立たない人間だと思う。

(Y) ● (?)

(2) 思ったことは相手に率直に言えるほうである。

● (N) (?)

(1) については「自分は役に立たない人間だ」と思う程度が，そうは思わない程度より小さければ，上記のように(N)を濃くマークして塗りつぶせばよい。

(2) についても，そう思う程度がそう思わない程度より大きければ，上記のように(Y)を濃くマークして塗りつぶせばよい。

なお，「検査－2」では，質問は1つもとばさず，順番に回答することになっている。

「検査－1」は「意欲」を測定するもの

1　自分にあてはまるもの，自分が優先させるものを選ぶ

先に説明したように，「検査－１」では，「組になっているＡとＢの文」を比較し，“自分にあてはまるもの，あるいは自分が優先させるもの”を選択し，回答する。

(1) A. 問題を解決するにあたり，状況に応じた柔軟な対応ができる。
　B. 人間関係が円滑にいくよう，常に気を配っている。

(2) A. グループで決めたことが自分の考えと異なっても，決して文句は言わない。
　B. グループで何かをする場合，各メンバーの役割分担を適切に判断できる。

この検査は，Ａを選択したら「良い」，Ｂを選択したら「悪い」というものではない。あくまでも，ＡとＢのうち，“どちらが自分にあてはまるか，あるいはどちらを自分は優先させるか”ということである。

つまり，(1) のＡを選択すると，「柔軟性」が高い，
　(1) のＢを選択すると，「チームワーク」が高い，
と評価されることになる。

これを逆にいえば，
　(1) のＡを選択すると，「チームワーク」が低い，
　(1) のＢを選択すると，「柔軟性」が低い，
と評価されることになる。

すなわち，一方の尺度が高くなると，もう一方の尺度が低くなるというものである。

(2) についても同様で，
　(2) のＡを選択すると，「チームワーク」が高い，
　(2) のＢを選択すると，「リーダーシップ」が高い，

と評価されることになる。

これを逆にいえば，

(2) のAを選択すると，「リーダーシップ」が低い，

(2) のBを選択すると，「チームワーク」が低い，

と評価されることになる。

2 ポイントは“正直に回答すること”

「検査－1」は「意欲」を測定するためのものである。P.311を見てもらいたい。「意欲」は次の5つの尺度で測定される。

・チームワーク

・リーダーシップ

・計画的に行動する⟶これを「計画性」と言うことにする。

・柔軟に思考する⟶これを「柔軟性」と言うことにする。

・物事をなしとげる⟶これを「達成力」と言うことにする。

したがって，受検生からすれば，AとBの文について，これは5つの尺度のうちのどれにあたるかを考え，「リーダーシップ」が高い人間と評価されたいなら，そのように回答すればよいことになる。

しかし，ここで考えることがある。この検査を開発した「NOMA総研」の存在である。この道30年の実績を有する同社からすれば，受検生がそのように考えることは百も承知で検査を作成しているはずである。素人同然の受検生がその場で，回答を操作しても，よい結果が生まれるとはほとんど考えられない。

したがって，あらゆる意味で，

自分にベストの結果が出るのは，正直に回答することである。

また，どの尺度が高い方がよいかは志望する企業によって異なるので，その点もよく考えてもらいたい。

「検査－2」は「気質」と「性格特徴」を測定

1　ここでも“正直に回答することが第1”

先に説明したように，「検査－2」では，短文で書いてあることが「自分にあてはまると思う場合にはY（Yes）にマーク」し，「自分にあてはまらないと思う場合にはN（No）にマーク」するものである。

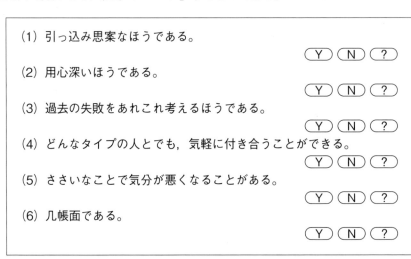

(1) 引っ込み思案なほうである。
Y　N　?

(2) 用心深いほうである。
Y　N　?

(3) 過去の失敗をあれこれ考えるほうである。
Y　N　?

(4) どんなタイプの人とでも，気軽に付き合うことができる。
Y　N　?

(5) ささいなことで気分が悪くなることがある。
Y　N　?

(6) 几帳面である。
Y　N　?

「検査－2」は「気質」と「性格特徴」を測定するためのものである。P.310とP.311を見てもらいたい。「気質」は6つのタイプ，「性格特徴」は5つの尺度で測定される。

◎「気質」の6つのタイプ

循環性気質	高揚タイプ	分離性気質	敏感タイプ
	執着タイプ		独自タイプ
粘着性気質	緩慢タイプ		
	率直タイプ		

◎「性格特徴」の5つの尺度

向性（対人接触への関心）	情緒安定性（感情のコントロール）
理知性（ものの見方，考え方）	活動性（ものごとへの対処の速さ）
慎重性（ものごとへの対処の方法）	

左記の（1）の短文は「向性」に関するもので，
・Yにマークすると，「向性」は低い，
・Nにマークすると，「向性」は高い，と評価される。

(2) の短文は「慎重性」に関するもので，
・Yにマークすると，「慎重性」は高い，
・Nにマークすると，「慎重性」は低い，と評価される。

(3) の短文は「活動性」に関するもので，
・Yにマークすると，「活動性」は低い，
・Nにマークすると，「活動性」は高い，と評価される。

(4) の短文は気質の「敏感タイプ」に関するもので，
・Yにマークすると，「敏感タイプ」と評価される。

(5) の短文は気質の「緩慢タイプ」に関するもので，
・Yにマークすると，「緩慢タイプ」と評価される。

なお，「性格特徴」については，向性，情緒安定性などの5つの尺度がすべて高いという評価がでることもありえる。反対に，5つの尺度がすべて低いという評価がでることもありえる。しかし，「意欲」の箇所で述べたと同様，各企業により，どの尺度が高くて，どの尺度が低いのがよいのかは異なる。したがって，正直に回答することが第1であると考えられる。

「気質」については，先に示した6つのタイプのいずれかか，あるいは，2つのタイプの融合（循環・分離性気質混合型など）として評価される。これも，各企業がどのタイプを好むかはわからない。

2 「組織適応性」と「回答態度」には要注意

SCOAの結果は，NOMA総研から各企業に「診断表」として渡される。この診断表には，「基礎能力検査」の点数はもちろんのこと，「意欲」での５つの尺度,「性格特徴」での５つの尺度,「気質」での６つのタイプ，が表示されている。

また，これらのほかに，「組織適応性」の高低，「パーソナリティ検査への回答態度」が表示されている。

◎組織適応性

これはその人が会社という組織になじむことができるかどうかというもので，「検査－２」の短文によりチェックされる。

〔例〕

「誰とも口をきかないことがよくある」
「ときどき頭痛がする」
「ときどきめまいがする」

これらについては，いずれもN（No）と回答した方が良い。そうでないと，組織適応性が欠如していると評価される。したがって，数多くの短文の中で，組織適応性をチェックするものと考えられる場合はNoと回答するように注意しなくてはならない。

◎回答態度

これらは「虚偽尺度」と「信頼性」の２つがある。

「虚偽尺度」とは，自分を良く見せるため，ウソの回答をしているかどうかを調べるものである。これも，「検査－２」の短文によりチェックされる。

〔例〕

（Ⅰ）「今まで嘘をついたことはない」
（Ⅱ）「他人の悪口を言ったことがある」

（Ⅰ）の場合は「No」，(2) の場合は「Yes」と答えないと，虚偽尺度に引っかかることになる。

「信頼性」に疑問がもたれることになるのは，「検査－２」において，（？）にマークを数箇所つけた場合である。したがって，できるだけ（？）にマークをしないことである。

SCOAのテストセンターに関するQ&A

Q1 SCOAにもSPIと同様，テストセンターがあるそうですが？

A はい，2015年からテストセンター方式がSCOAにも導入されています。テストセンターのほかに，自宅受験型Webテストも導入されています。

Q2 ペーパーテストのSCOAにはいろいろな種類がありますが，テストセンターでは主にどれが使われていますか？

A 「SCOA-Aの5尺度版」が主に使われています。問題の内容はペーパーテストのものとほぼ同じです。

Q3 テストセンターでは性格テストも実施されるのですか？

A 「SCOA-Aの5尺度版」と，「SCOA-B（パーソナリティ検査）」がセットで実施されることが大半です。制限時間は合計で95分です。

Q4 SPIのテストセンターではテスト全体の制限時間のほかに，問題ごとの制限時間がありますが，SCOAではどうなっていますか？

A SCOAの場合，テスト全体の制限時間はありますが，1問ごとの制限時間はありません。

Q5 SPIのテストセンターでは，前の問題に戻ることはできませんが，SCOAではどうなっていますか。

A SCOAではページ単位で行き来できるので，前の問題にも戻れるし，ページ番号を押せば，そこにも戻れます。

Q6 SCOAを受けているとき，回答状況を見たいときはどうすればよいですか？

A パソコンの画面の下の左側に「回答状況」というボタンがあるので，それを押すと，各ページでどの程度の問題を解いているかが，白や薄いグレーなどの色で表示されます。

memo

memo

2026年度版 スイスイとける　SCOA　総合適性検査

2024年1月25日　初版　第1刷発行
2024年6月20日　初版　第3刷発行

編著者　TAC株式会社
（就職試験情報研究会）
発行者　多田敏男
発行所　TAC株式会社　出版事業部
（TAC出版）
〒101-8383 東京都千代田区神田三崎町3-2-18
電話 03(5276)9492(営業)
FAX 03(5276)9674
https://shuppan.tac-school.co.jp
印刷　日新印刷株式会社
製本　株式会社常川製本

© TAC 2024　Printed in Japan
ISBN 978-4-300-10768-3
N.D.C. 336

本書は，「著作権法」によって，著作権等の権利が保護されている著作物です。本書の全部または一部につき，無断で転載，複写されると，著作権等の権利侵害となります。上記のような使い方をされる場合，および本書を使用して講義・セミナー等を実施する場合には，あらかじめ小社宛許諾を求めてください。

乱丁・落丁による交換，および正誤のお問合せ対応は，該当書籍の改訂版刊行月末日までといたします。なお，交換につきましては，書籍の在庫状況等により，お受けできない場合もございます。
また，各種本試験の実施の延期，中止を理由とした本書の返品はお受けいたしません。返金もいたしかねますので、あらかじめご了承くださいますようお願い申し上げます。

TAC出版 書籍のご案内

TAC出版では、資格の学校TAC各講座の定評ある執筆陣による資格試験の参考書をはじめ、
資格取得者の開業法や仕事術、実務書、ビジネス書、一般書などを発行しています！

TAC出版の書籍

＊一部書籍は、早稲田経営出版のブランドにて刊行しております。

資格・検定試験の受験対策書籍

- 日商簿記検定
- 建設業経理士
- 全経簿記上級
- 税　理　士
- 公認会計士
- 社会保険労務士
- 中小企業診断士
- 証券アナリスト
- ファイナンシャルプランナー(FP)
- 証券外務員
- 貸金業務取扱主任者
- 不動産鑑定士
- 宅地建物取引士
- 賃貸不動産経営管理士
- マンション管理士
- 管理業務主任者
- 司法書士
- 行政書士
- 司法試験
- 弁理士
- 公務員試験(大卒程度・高卒者)
- 情報処理試験
- 介護福祉士
- ケアマネジャー
- 電験三種　ほか

実務書・ビジネス書

- 会計実務、税法、税務、経理
- 総務、労務、人事
- ビジネススキル、マナー、就職、自己啓発
- 資格取得者の開業法、仕事術、営業術

一般書・エンタメ書

- ファッション
- エッセイ、レシピ
- スポーツ
- 旅行ガイド（おとな旅プレミアム/旅コン）

TAC出版

(2024年2月現在)

書籍のご購入は

1 全国の書店、大学生協、ネット書店で

2 TAC各校の書籍コーナーで

資格の学校TACの校舎は全国に展開!
校舎のご確認はホームページにて

資格の学校TAC ホームページ
https://www.tac-school.co.jp

3 TAC出版書籍販売サイトで

CYBER BOOK STORE TAC出版書籍販売サイト

24時間 ご注文 受付中

TAC 出版 で 検索

https://bookstore.tac-school.co.jp/

新刊情報をいち早くチェック!

たっぷり読める立ち読み機能

学習お役立ちの特設ページも充実!

TAC出版書籍販売サイト「サイバーブックストア」では、TAC出版および早稲田経営出版から刊行されている、すべての最新書籍をお取り扱いしています。
また、会員登録(無料)をしていただくことで、会員様限定キャンペーンのほか、送料無料サービス、メールマガジン配信サービス、マイページのご利用など、うれしい特典がたくさん受けられます。

サイバーブックストア会員は、特典がいっぱい!(一部抜粋)

通常、1万円(税込)未満のご注文につきましては、送料・手数料として500円(全国一律・税込)頂戴しておりますが、1冊から無料となります。

専用の「マイページ」は、「購入履歴・配送状況の確認」のほか、「ほしいものリスト」や「マイフォルダ」など、便利な機能が満載です。

メールマガジンでは、キャンペーンやおすすめ書籍、新刊情報のほか、「電子ブック版TACNEWS(ダイジェスト版)」をお届けします。

書籍の発売を、販売開始当日にメールにてお知らせします。これなら買い忘れの心配もありません。

書籍の正誤に関するご確認とお問合せについて

書籍の記載内容に誤りではないかと思われる箇所がございましたら、以下の手順にてご確認とお問合せをしてくださいますよう、お願い申し上げます。
なお、正誤のお問合せ以外の**書籍内容に関する解説および受験指導などは、一切行っておりません。**
そのようなお問合せにつきましては、お答えいたしかねますので、あらかじめご了承ください。

1 「Cyber Book Store」にて正誤表を確認する

TAC出版書籍販売サイト「Cyber Book Store」のトップページ内「正誤表」コーナーにて、正誤表をご確認ください。

CYBER BOOK STORE TAC出版書籍販売サイト

URL:https://bookstore.tac-school.co.jp/

2 1の正誤表がない、あるいは正誤表に該当箇所の記載がない ⇒ 下記①、②のどちらかの方法で文書にて問合せをする

★ご注意ください★

お電話でのお問合せは、お受けいたしません。
①、②のどちらの方法でも、お問合せの際には、「お名前」とともに、
「対象の書籍名(○級・第○回対策も含む)およびその版数(第○版・○○年度版など)」
「お問合せ該当箇所の頁数と行数」
「誤りと思われる記載」
「正しいとお考えになる記載とその根拠」
を明記してください。
なお、回答までに1週間前後を要する場合もございます。あらかじめご了承ください。

① ウェブページ「Cyber Book Store」内の「お問合せフォーム」より問合せをする

【お問合せフォームアドレス】

https://bookstore.tac-school.co.jp/inquiry/

② メールにより問合せをする

【メール宛先 TAC出版】

syuppan-h@tac-school.co.jp

※土日祝日はお問合せ対応をおこなっておりません。
※正誤のお問合せ対応は、該当書籍の改訂版刊行月末日までといたします。

乱丁・落丁による交換は、該当書籍の改訂版刊行月末日までといたします。なお、書籍の在庫状況等により、お受けできない場合もございます。
また、各種本試験の実施の延期、中止を理由とした本書の返品はお受けいたしません。返金もいたしかねますので、あらかじめご了承くださいますようお願い申し上げます。

TACにおける個人情報の取り扱いについて
■お預かりした個人情報は、TAC(株)で管理させていただき、お問合せへの対応、当社の記録保管にのみ利用いたします。お客様の同意なしに業務委託先以外の第三者に開示、提供することはございません(法令等により開示を求められた場合を除く)。その他、個人情報保護管理者、お預かりした個人情報の開示等及びTAC(株)への個人情報の提供の任意性については、当社ホームページ(https://www.tac-school.co.jp)をご覧いただくか、個人情報に関するお問い合わせ窓口(E-mail:privacy@tac-school.co.jp)までお問合せください。

(2022年7月現在)